作って学べる

Excel VBA+ ChatGPT API

の基本

池谷京子 著

日経BP

はじめに

　本書はMicrosoft Excelに付属しているExcel VBAを使って、Excel上で動作するプログラムを作成する手順を体験できる入門書です。全12章を順番に学習することで、Excel VBAによるアプリケーション作成に必要な基礎知識、開発環境の準備、ワークシートの操作、画面のデザイン、コードの書き方などを学習できます。また、本書では、AIのひとつであるChatGPTに、APIを使って接続するコードも学習できます。

実施環境

●本書の執筆にあたって、次の環境を使用しました。
　・Windows 11 Pro 23H2 64ビットを標準セットアップした状態
　・Microsoft Excel for Microsoft 365 MSO（バージョン2412）64ビット
　・OpenAI ChatGPT v2（基盤モデル：GPT-4o mini）※第6章、第7章、第12章で使用
　・画面解像度を1280×960ドットに設定した状態
　・インターネットに接続できる状態
●お使いのパソコンの設定や、ソフトウェアの状態によっては、画面の表示が本書と異なる場合があります。
●本書に掲載した情報は、本書の執筆時点で確認済みのものです。本書で扱う分野は更新が頻繁に行われるため、本書の発行後に、画面や記述の変更、追加、削除やアドレスの移動、閉鎖などが行われる場合があります。あらかじめご了承ください。

本書の使い方

●表記について
　・メニュー名やコマンド名、ボタン名など、画面上に表示される文字は［　］で囲んで示します。
　　例：［ファイル］タブをクリックする。
　・キーボードで入力する文字は、色文字で示します。
　　例：**test**と入力して［OK］ボタンをクリックする。
　・コードは次のような書体になっています。●は、次の行に続いていることを示します。実際に入力するときは、改行せずに続けて入力してください。また、アルファベットのO（オー）と区別するために、数字の0（ゼロ）を「∅」という文字で示しています。実際に入力するときは、数字の0を入力します。

```
Sub ChatGPTに質問()
    (中略)
    strApiKey = InputBox("OpenAIのキーを入力してください（キャンセルで終了）.", ➡
"APIキーの取得")
    strQuest = Range("B10").Value
    (中略)
End Sub
```

●囲み記事について
　・「ヒント」は他の操作方法や知っておくと便利な情報です。
　・「注意」は操作上の注意点です。
　・「用語」は本文中にある用語の解説です。
　・「参照」は関連する機能や情報の参照先を示します。
●手順の画面について
　・左側の手順に対応する番号を、色の付いた矢印で示しています。
　・手順によっては、画面上のボタンや入力内容などを拡大しています。

サンプルファイルのダウンロードと使い方

　本書で作成するサンプルアプリの完成例、およびサンプルアプリの作成に使用する素材（画像ファイルなど）は、日経BPのWebサイトからダウンロードできます。サンプルファイルをダウンロードして展開する手順は次のとおりです（ファイルのダウンロードには日経IDおよび日経BOOKプラスへの登録が必要です。登録はいずれも無料です）。

1. ブラウザーで次のURLを開き「サンプルファイルのダウンロード」をクリックする。
   https://nkbp.jp/08037
2. ダウンロード用のページが表示されたら、説明内容を確認してダウンロードする。
3. ダウンロードしたZIPファイルを展開（解凍）すると ［ExcelVBA_ChatGPT］ というフォルダーができる。

　それぞれのフォルダーと本文との対応は、次の表のようになります。いくつかの章を通じて1つのアプリを作っていきますので、各章の終わりや途中でいったんやめるときには、必ず作成したアプリを保存しておいてください。

フォルダー名	内容
（一番上の階層）	本文で使用するファイルが保存されています。
完成例	各章で作成したアプリの完成例がすべて保存されています。
素材	本書で使用する画像ファイルなどの素材が保存されています。

目 次

第1章　Excel VBAとChatGPT

● 一緒に学ぶキャラクターの紹介 ……………………………………… 002
1.1　Excel VBAとChatGPT ……………………………………………… 003
1.2　本書で学ぶこと …………………………………………………… 005

第2章　Excel VBAの準備

● この章で学ぶこと …………………………………………………… 012
2.1　Excel VBAを使えるようにしよう ……………………………… 013
2.2　Visual Basic Editorの画面を見てみよう …………………… 017
2.3　VBAのコードを入力してみよう ………………………………… 020
2.4　オブジェクト、プロパティ、メソッドとは ………………… 028
　　コラム　セキュリティの警告を設定する ……………………………… 030

第3章　セルの操作とユーザー入力の取得

● この章で学ぶこと …………………………………………………… 032
3.1　セルに文字を表示しよう ………………………………………… 033
3.2　セルに入力されている文字を取得しよう …………………… 042
3.3　インプットボックスで文字列を入力させよう ……………… 047
3.4　デバッグでコードを修正しよう ……………………………… 058
3.5　コメントを使おう ………………………………………………… 068

第4章　ワークシートのデータを集計

● この章で学ぶこと …………………………………………………… 074
4.1　テキストファイルのパスを取得しよう ……………………… 075
4.2　ブックにワークシートを追加しよう ………………………… 085

(4)

目 次

コラム Excelの各要素を表すオブジェクトのまとめ ················· 095

4.3 テキストファイルをワークシートに読み込もう ················· 096

4.4 ワークシートのデータを並べ替えよう ················· 102

コラム 名前付き引数に指定する引数名を確認する ················· 115

4.5 ワークシートのデータに小計を表示しよう ················· 116

コラム 集計を解除する ················· 121

4.6 イミディエイトウィンドウで実行状況を確認しよう ················· 122

第5章 ワークシートのテーブル操作

● この章で学ぶこと ················· 128

5.1 テーブル用のデータをワークシートに読み込もう ················· 129

5.2 ワークシート上のデータをテーブルにしよう ················· 138

5.3 ワークシートのテーブルを検索しよう ················· 154

5.4 ワークシートのテーブルを削除しよう ················· 165

5.5 ウォッチ式を使ってデバッグしよう ················· 170

第6章 ChatGPTのAPIを利用する準備をしよう

● この章で学ぶこと ················· 178

6.1 ChatGPTの登録準備をしよう ················· 179

6.2 ChatGPTのアカウントを作成しよう ················· 182

6.3 APIキーを取得しよう ················· 189

6.4 JSON形式について予習しておこう ················· 200

第7章 VBAでChatGPTに接続しよう

● この章で学ぶこと ················· 202

7.1 ChatGPTに接続する流れを確認しておこう ················· 203

(5)

目 次

7.2 対象となるブックとワークシートを参照しよう	205
7.3 定数と変数を宣言しておこう	208
7.4 入力チェックをしてメッセージを作成しよう	212
7.5 HTTPリクエストを送信しよう	219
7.6 HTTPレスポンスを受信しよう	226

第8章　しりとりゲームのメイン処理

●この章で学ぶこと	242
8.1 しりとりゲームの要件定義をしよう	243
8.2 モジュールレベル定数と変数を宣言しよう	247
8.3 しりとりゲームのメインプロシージャを作ろう	250
8.4 ワークシートを初期化しよう	255
8.5 シークレットキーを取得するプロシージャを作ろう	261

第9章　ユーザーフォームを作成しよう

●この章で学ぶこと	270
9.1 ユーザーフォームを用意しよう	271
9.2 ユーザーフォームにラベルを配置しよう	278
9.3 ユーザーフォームにテキストボックスを配置しよう	291
9.4 ユーザーフォームにボタンを配置しよう	293
9.5 ユーザーフォームにタブオーダーを設定しよう	298

第10章　ユーザーフォームの動作を作成しよう

●この章で学ぶこと	302
10.1 ユーザーフォームを初期化しよう	303
10.2 コマンドボタンコントロールの処理を作成しよう	310

目次

10.3 ［閉じる］ボタンの処理を作成しよう ……………………………… 324

第11章　しりとりができるようにしよう

● この章で学ぶこと ……………………………………………………… 330

11.1 ユーザーの入力を取得しよう ………………………………………… 331

11.2 連続して入力できるようにしよう …………………………………… 338

11.3 しりとりのチェックをしよう ………………………………………… 351

11.4 スコアを表示して勝ち負け判定をしよう …………………………… 368

11.5 実行してしりとりチェックを動作確認しよう ……………………… 375

　　コラム　ベストスコアを表示しよう ………………………………… 386

第12章　ChatGPTとしりとりをしよう

● この章で学ぶこと ……………………………………………………… 390

12.1 ChatGPTの回答を得るプロシージャを作ろう ……………………… 391

12.2 ChatGPTに2回目の問いかけをしよう ……………………………… 401

12.3 実行してChatGPTとしりとりをしよう ……………………………… 408

索引 ……………………………………………………………………………… 425

(7)

第 **1** 章

Excel VBAと
ChatGPT

この章では、本書でどのような学習をするのかを簡単
に紹介します。

1.1 Excel VBAとChatGPT

1.2 本書で学ぶこと

一緒に学ぶキャラクターの紹介

●ウサギ先生

はじめまして！
ガイドのウサギ先生です。
この本で一緒に学びましょう！

しっかり者でパンダくんが大好きなウサギ。この本のガイド役。

●パンダくん

はじめましてー！
いつも人気者のパンダくんです。
みなさんと一緒にExcel VBAの学習をするよ！

　ちょっとおっとりしているけれど、ウサギ先生が大好きなパンダ。生徒だけどウサギ先生のアシスタント役もできる。

 この本で一緒にExcel VBAの学習をしましょう。

 ボク、Excelしか持ってないけど……

 Excelがあれば、Excel VBAを使えますよ。この本では、Excel VBAでExcelとChatGPTを操作します。

 ChatGPT、まだ使ったことない！

 使ったことなくても大丈夫ですよ。

 大丈夫なの？　じゃあ、早速始めよう！　まずはExcel VBAの紹介からね！

 この本で作るサンプルも紹介します！

Excel VBAとChatGPT

ここでは、Excel VBA と ChatGPT について簡単に予習します。

Excel VBAとは

VBA（ぶいびーえー）は、Visual Basic for Applicationの略で、WordやExcelといった、Microsoft Officeのアプリケーションに付属しているプログラミング言語です。VBAのうち、Excelに付属しているVBAを **Excel VBA** と呼びます。

Excel VBAを利用すると、ワークシートの追加やセルのコピー・入力などの操作、検索や計算などの操作を自動的に行うことができます。また、ボタンや入力欄がある画面を作成して、対話型のシステムでExcelの操作を行うこともできます。

Excel VBAを使えるようにするには、Excelで設定を行います。この手順は、次の章で説明します。

ChatGPTとは

ChatGPTは、**OpenAI社**が作成した **AI**（人工知能）です。

AIには、画像を認識して分析したりするものや、音声を認識して分析したりするものなどもあります。AIの中でもChatGPTは、文章を読み取り、新たな文章を生成するAIです。

ChatGPTはブラウザーやアプリで利用でき、ユーザーが入力した文章に対してChatGPTからの返答が表示されます。

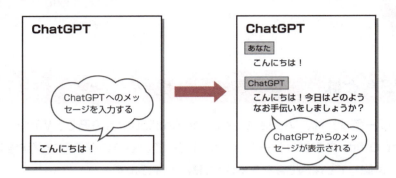

本書では、Excel VBAを使ってExcelからChatGPTに接続しますが、ChatGPTのアカウントをまだ持っていない場合（登録していない場合）は、そのまま登録せずに本書の学習を進めてください。

プログラムでChatGPTを利用する場合は、安価ですが有料になります。しかし、登録してから数ヶ月間（または数ドル分）の無料トライアル期間が付与される可能性があるため、利用する直前に登録しましょう。登録例と料金の支払い例については、後ほどあらためて紹介します。

用語

自然言語処理
AIが利用している、文章を処理する技術を**自然言語処理**と言います。

ExcelとChatGPTをつなげるには

ExcelとChatGPTを直接つなげるには、**API**（えーぴーあい）と呼ばれる機能を使います。
APIはApplication Programming Interfaceの略で、異なるアプリやWebサービスなどをつなげる仕組みのことです。

ChatGPTを操作するためのAPIはOpenAI社が公開しているので、これを使ってChatGPTを操作します。

1.2 本書で学ぶこと

本書で作成するプログラムと、これから学ぶことを見ておきましょう。

本書で作成するサンプルプログラム

本書では、次のサンプルを作成しながらExcel VBAを学習し、VBAからChatGPTを利用する方法を学びます。

- 準備編　セルを操作するプログラム
- 基礎編　集計行を追加するプログラム
- 実用編　テーブルの作成や検索をするプログラム
- 実践編　ChatGPTに接続して返答を得るプログラム
- 応用編　ChatGPTとしりとりをするプログラム

これらのプログラムは、それぞれ次のように動作します。

●準備編

セルに文字を表示したり、ユーザーが文字を入力するインプットボックスを表示します。

●基礎編

指定したテキストファイルを読み込み、項目の合計数を集計行に表示します。

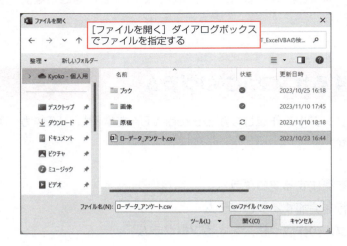

●実用編

ワークシートのデータをテーブルに変換します。また、テーブル内のデータを検索できるようにします。

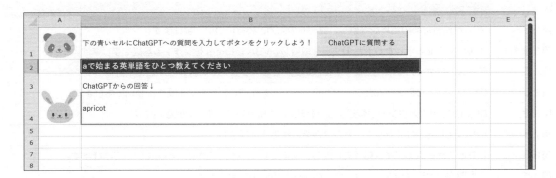

●実践編

準備編と同じブックを使用して、ChatGPTに接続し、質問文に対するChatGPTからの返答を得るプログラムを作成します。

●応用編

ChatGPTと「しりとりゲーム」をするプログラムを作成します（ChatGPTに接続せずに作成することもできます）。

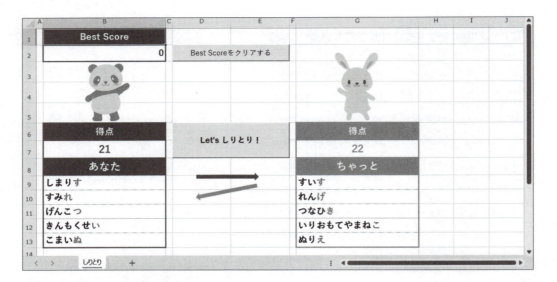

これから学習する内容

第2章から学習する内容は、次のとおりです。

章	学習内容
第2章	VBAを使うための環境を準備し、コードの入力と実行について学びます。
第3章	セルに文字を表示したりセルの文字を取得し、VBAでExcelを操作する基礎を学びます。
第4章	テキストファイルをワークシートに読み込み、ワークシートの操作と項目の集計について学びます。
第5章	ワークシートに読み込んだデータからテーブルを作成し、テーブル操作について学びます。
第6章	ChatGPTのアカウントや登録手順を確認し、ChatGPTを使う準備をします。
第7章	VBAでChatGPTに接続し、HTTP通信の基礎を学びます。
第8章	しりとりゲームのメイン処理を作成し、Subプロシージャの作成と利用について学びます。
第9章	入力画面の処理を作成し、ユーザーの操作への対処を学びます。
第10章	ユーザーが入力する画面を作成し、ダイアログボックスの作り方を学びます。
第11章	しりとりができるようにし、文字のチェックやパラメーターを受け取るプロシージャを学びます。
第12章	ChatGPTとしりとりができるようにし、ChatGPTと連続した対話をする方法を学びます。

サンプルファイルをダウンロードしておく

次の章に進む前に、本書の「はじめに」の (3) ページにある「サンプルファイルのダウンロードと使い方」の説明に従って、サンプルファイルをダウンロードして展開しておいてください（既にダウンロードしている場合は必要ありません）。サンプルファイルには、本書でVBAを入力するサンプルブックと本書の完成例のブックのほかに、画面の背景画像やキャラクター画像など、本書で作成するプログラムで使うファイルが含まれています。

 Excel VBAとChatGPTのだいたいのイメージはつかめたでしょうか？

 今はまだわからなくても、使っていくうちに理解できるので大丈夫！

 では、次の章で早速、Excel VBAを使ってみましょう。

〜 もう一度確認しよう！〜　チェック項目

☐ ExcelとChatGPTをつなげるイメージを把握できましたか？

☐ 本書で作成するプログラムのイメージを把握できましたか？

☐ サンプルファイルをダウンロードしましたか？

パンダくんの学習日記：その1

今日の日づけ：〇月◎日

今日のおやつ：笹だんご

今日のまなび：今日からプログラミング――！　と思ったら明日からだった。概要だけだとよくわかんないけど、ウサギ先生が「概要はなんとなく把握できたら大丈夫、次の章からとりあえず入力して習得しましょう」って言ってたからがんばる。がんばってExcel VBAで世界制覇を目指す！

次回の予習：Excelに触れておく。Excelでの操作が基本だし、VBAでExcelを操作するから、Excelの設定をしたりファイルを開いたり保存したりするのをスムーズにできるようにしておこうって、ウサギ先生に言われたから。

第 **2** 章

Excel VBAの準備

この章では、Excel VBAを使えるようにして、
Excel VBAを使うための基礎を学習します。

2.1	Excel VBAを使えるように しよう
2.2	Visual Basic Editorの 画面を見てみよう
2.3	VBAのコードを入力して みよう
2.4	オブジェクト、プロパティ、 メソッドとは

# この章で学ぶこと

　この章では、Excel VBAの使い方を学習しましょう。

　VBAの基礎を勉強するよ！

　そして、簡単なプログラムを作ります。

　はじめてのプログラム、楽しみ！

この章では、次について学びます。

- **Excel VBAの使い方**
- **Excel VBAのコード入力**
- **Excel VBAのプログラムの実行**
- **オブジェクト、プロパティ、メソッド**

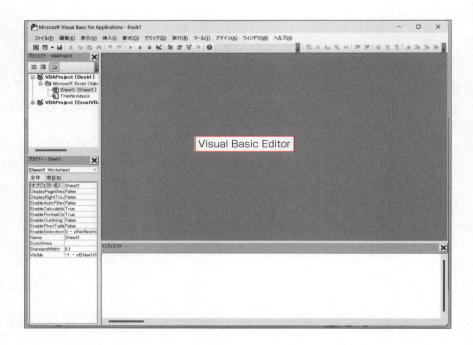

Excel VBAを使えるようにしよう

はじめに、Excelに［開発］タブを表示して、Excel VBAを使えるようにします。

Visual Basic Editorを表示しよう

　Excel VBAは、**Visual Basic Editor**（びじゅあるべーしっくえでぃたー）で入力します。次の手順で、Visual Basic Editorを使えるようにします。

（1）Excelの［オプション］ダイアログボックスを表示する
（2）詳細設定でリボンに［開発］タブを表示する
（3）［開発］タブからVisual Basic Editorを表示する

では、実際にExcelを開いてVisual Basic Editorを表示してみましょう。

1 Excelを開いて、［新規］から［空白のブック］をクリックする。

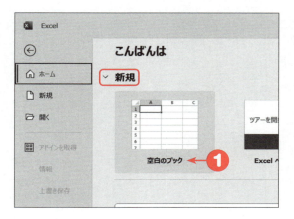

2 [ファイル] タブをクリックする。

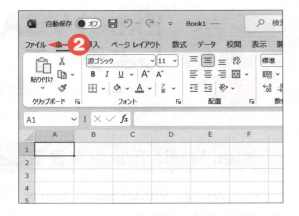

3 左下の [その他] をクリックし、[オプション] をクリックする（はじめから左下に [オプション] が表示されているときは、そのまま [オプション] をクリックする）。

結果 [Excelのオプション] ダイアログボックスが開く。

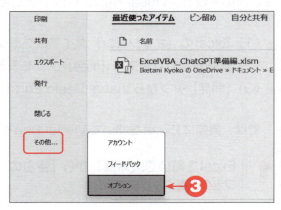

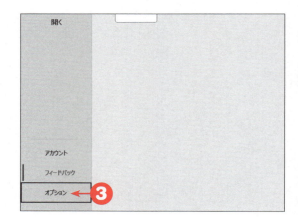

4 [リボンのユーザー設定] をクリックする。

5 右側の [メインタブ] の一覧から [開発] をクリックしてオンにする（はじめからチェックボックスがオンになっていた場合は、そのままにする）。

6 [OK] ボタンをクリックする。

結果 ワークシートが表示され、リボンに [開発] タブが追加される。

7 追加された [開発] タブをクリックする。

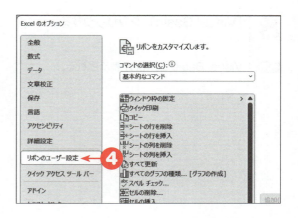

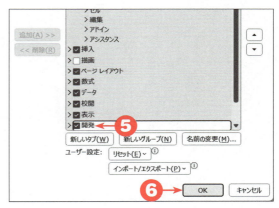

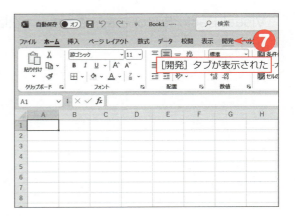

2.1　Excel VBAを使えるようにしよう

8 [Visual Basic] をクリックする。

結果 Visual Basic Editor が表示される。

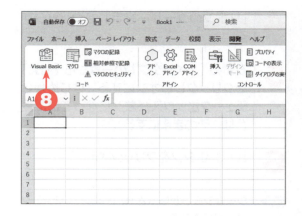

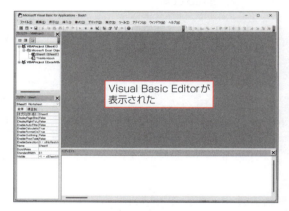

Visual Basic Editorが表示された

　Visual Basic Editorを表示できたら、次はVisual Basic Editorの画面構成を確認しましょう。

ショートカットキーでVisual Basic Editorを開く
キーボードの操作でExcelからVisual Basic Editorを開くには、[Alt] ＋ [F11] キーを押します。

2.2 Visual Basic Editorの画面を見てみよう

学習を進める前に、Visual Basic Editorの画面構成を把握しておきましょう。

VBEの画面構成

Visual Basic Editor（以降は「VBE」と表記します）は、次のような画面で表示されます。設定によって表示が異なることもありますが、ここでは例として次の画面図を確認して、そのまま進めてください。

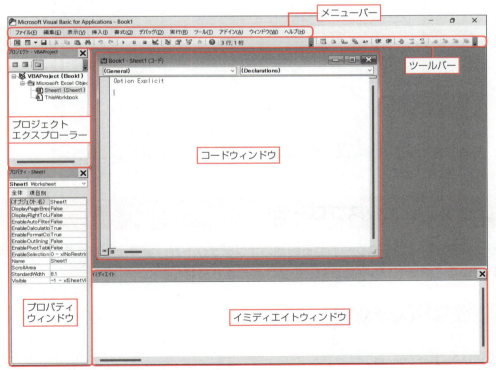

ヒント

VBEの画面配置が変わってしまった場合

各ウィンドウのタイトルバーを元の位置にドラッグします。左端に配置する場合は、左端にドラッグし、左端に薄い影ができたらドロップします。

ウィンドウが消えた場合

［表示］メニューをクリックして各ウィンドウを表示します。たとえば、プロパティウィンドウを表示する場合は［表示］メニューの［プロパティウィンドウ］をクリックします。

コードウィンドウ

　VBAのコードを入力する場所です。最初は表示されません。オブジェクトボックスやプロシージャボックス、マージンインジケーターバーについては後ほど説明します。

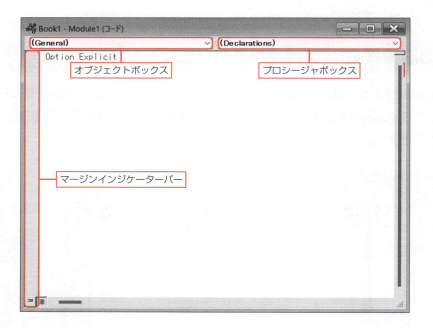

プロジェクトエクスプローラー

　ブックに含まれるワークシートやその他のオブジェクトが一覧表示されます。次の画面に表示されている「標準モジュール」は、最初は表示されません。

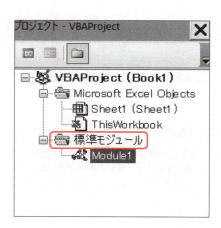

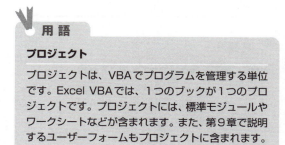

用語

プロジェクト

プロジェクトは、VBAでプログラムを管理する単位です。Excel VBAでは、1つのブックが1つのプロジェクトです。プロジェクトには、標準モジュールやワークシートなどが含まれます。また、第9章で説明するユーザーフォームもプロジェクトに含まれます。

プロパティウィンドウ

プロジェクトエクスプローラーで選択されている項目のフォントや色などを設定するウィンドウです。オブジェクトボックスには、設定の対象となるワークシート名などが表示されます。

イミディエイトウィンドウ

プログラムの実行途中の状況などを表示して、プログラムの作成や修正に役立てます。イミディエイトウィンドウは、最初は表示されていなくても大丈夫です。

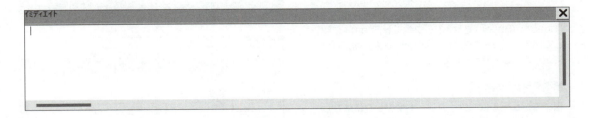

次は、簡単なプログラムを作成してみましょう。

VBAのコードを入力してみよう

メッセージボックスを表示するプログラムを作成します。

標準モジュールを挿入しよう

入力する命令文や文字を**コード**と呼びます。また、ひとまとまりのコードやコード全体を**プログラム**と呼びます。

ここでは、コードを入力するための標準モジュールを用意します。

1 VBEの［挿入］メニューの［標準モジュール］をクリックする。

結果 標準モジュールが追加され、コードウィンドウが表示される。

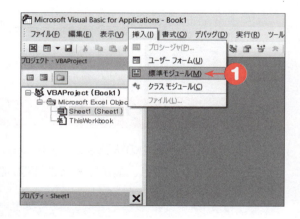

用語

モジュール

モジュールはコードを保管する概念です。プロジェクトエクスプローラーに最初から表示されている「Sheet1 (Sheet1)」と「ThisWorkbook」もモジュールのひとつです。
「Sheet1 (Sheet1)」は、ワークシートSheet1に属しているモジュールで、「ThisWorkbook」はブックに属しているモジュールです。

標準モジュール

標準モジュールは、ワークシートやブックに依存しないモジュールです。ワークシートやブックを操作する動作や、その他の動作を入力します。

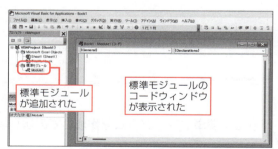

標準モジュールを挿入すると、VBEに標準モジュールのコードウィンドウが表示されます。また、プロジェクトエクスプローラーに「Module1」と表示されます。

続いて、標準モジュールにコードを入力してみましょう。

020　第2章 Excel VBAの準備

プロシージャを作成しよう

プロシージャは、VBAのコードの一連のまとまりで最小の実行単位です。プロシージャが1つ、または複数集まったものがプログラムです。

では、次の手順でプロシージャを作成してみましょう。

1 ［挿入］メニューの［プロシージャ］をクリックする。

結果▶ ［プロシージャの追加］ダイアログボックスが表示される。

2 ［名前］に**メッセージ**と入力する。

3 ［適用範囲］の［Privateプロシージャ］をクリックする。

4 ［OK］をクリックする。

結果▶ 標準モジュールに「メッセージ」という名前のプロシージャが作成される。

ヒント

［プロシージャ］をクリックできないとき

標準モジュールのコードウィンドウが選択されていない場合は、［プロシージャ］コマンドをクリックできません。この場合は、表示されている標準モジュールのコードウィンドウのタイトルバーをクリックして選択状態にしてから、［挿入］メニューの［プロシージャ］をクリックします。

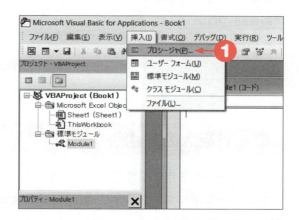

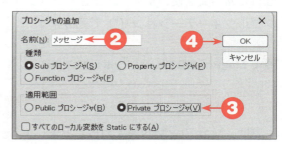

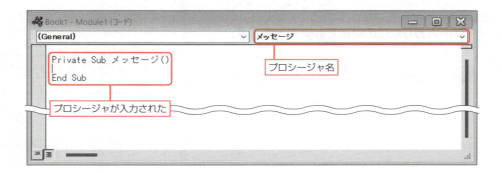

2.3 VBAのコードを入力してみよう

前のページの画面で、「Private Sub ～」の行から「End Sub」の行までの部分がプロシージャです。プロシージャを作成すると、右上のプロシージャボックスにプロシージャ名が表示されます。

用語

PrivateプロシージャとPublicプロシージャ

Privateプロシージャは、同じモジュール内からのみ利用できるプロシージャです。**Public**プロシージャは、別のモジュールからも利用できるプロシージャです。

ヒント

プロシージャを直接入力する

標準モジュールのコードウィンドウに直接「Private Sub メッセージ」と入力してプロシージャを作成することもできます。

コードを入力しよう

プロシージャを作成できたら、メッセージボックスを表示するコードを入力します。

メッセージボックスを表示するには、**MsgBox関数**（めっせーじぼっくすかんすう）と呼ばれる命令文を使います。メッセージボックスに表示する文章は、次のように、両端を半角のダブルクォーテーション（"）で囲みます。

書式 MsgBox関数でメッセージボックスを表示

MsgBox "表示する文章"

では、MsgBox関数を入力してみましょう。

1 先ほど作成したプロシージャの「Private Sub」と「End Sub」の間の行の先頭にカーソルがあることを確認してTabキーを押してから、すべて半角文字で**msgbox "Hello!"**と1行で入力する。

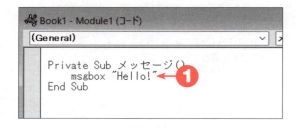

2 入力した行の最後でEnterキーを押す。

結果 「msgbox」が「MsgBox」に変換される。

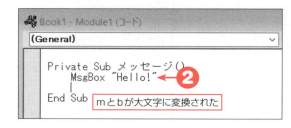

このMsgBox関数は、メッセージボックスに「Hello!」と表示します。

用語

インデント

[Tab]キーを押して字下げすることを**インデント**と言います。インデントはあってもなくてもプログラムの動作は変わりませんが、コードを見やすくするために入れます。

ヒント

ダブルクォーテーションを入力する

ダブルクォーテーションは、[Shift]+[2]キーで入力できます。

実行してみよう

作成したプロシージャを実行するには、ツールバーの ▶ [Sub/ユーザーフォームの実行]ボタンをクリックします。

1 ツールバーの ▶ [Sub/ユーザーフォームの実行] ボタンをクリックする。

結果 メッセージボックスが表示される。

2 [OK] ボタンをクリックする。

結果 メッセージボックスが消去され、VBEに戻る。

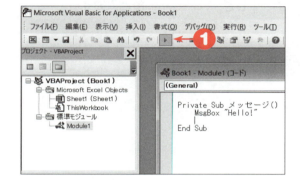

ヒント

[マクロ] ダイアログボックスが表示されたら

メッセージボックスが表示されず、[マクロ] ダイアログボックスが表示されたときは、[キャンセル] ボタンをクリックして閉じます。プロシージャ内をクリックし、再度 ▶ [Sub/ユーザーフォームの実行]ボタンをクリックして実行します。

メニューまたはショートカットキーで実行する

[実行] メニューの [Sub/ユーザーフォームの実行] をクリックして実行することもできます。
または、[F5]キーを押して実行することもできます。

プログラムができたら、次はブックを保存しましょう。

マクロ有効ブックを保存しよう

　Excel VBAのプログラムを保存するには、ブックを保存します。ただし、通常の保存とは違って、**マクロ有効ブック**として保存します。

　では、先ほどVBAを入力したブックを保存してみましょう。

1 ツールバーの 🖫 ［Book1の上書き保存］ボタンをクリックする。

結果 ［名前を付けて保存］ダイアログボックスが表示される。

2 ファイルの保存先として［ドキュメント］フォルダーを選択する。

3 ［ファイル名］の「Book1.xlsx」を削除して、**VBASample**と入力する。

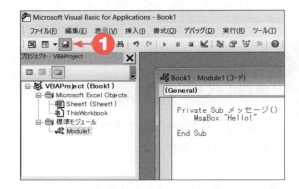

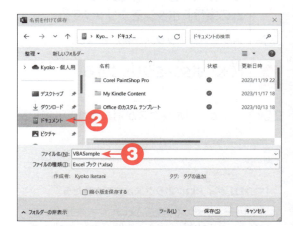

4 [ファイルの種類] をクリックして、一覧から [Excelマクロ有効ブック (*.xlsm)] をクリックする。

5 [保存] をクリックする。

結果▶ 「VBASample.xlsm」という名前でブックが保存される。

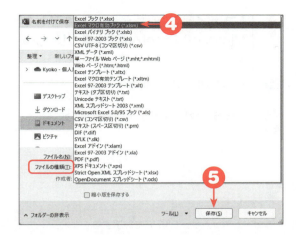

用語

マクロ有効ブック

Excelの手順や決まった処理を記録したものを**マクロ**と呼びます。マクロを記録したブックは、**マクロ有効ブック**として保存します。また、VBAで作成したコードを含むブックもマクロ有効ブックとして保存することで、VBAのコードをブックと一緒に保存できます。

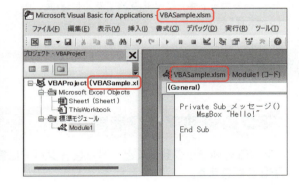

マクロ有効ブックを保存できたら、次はVBEを終了してみましょう。

VBEを閉じよう

VBEを終了するには、次のどちらかの手順を行うか、またはショートカットキーを使います。

(a) [ファイル] メニューの [終了してMicrosoft Excelへ戻る] をクリックする
(b) VBEのウィンドウ右上の [閉じる] ボタンをクリックする

ここでは、(a) の手順でVBEを終了した後、練習のためにいったんExcelを終了します。

1 [ファイル] メニューの [終了して Microsoft Excelへ戻る] をクリックする。

 VBEが閉じられ、Excelに戻る。

2 Excelを終了する。

ヒント

ショートカットキーでVBEを終了する

ショートカットキーでVBEを終了するには Alt + Q キーを押します。

Excelに戻る

VBEを閉じないでExcelに戻るには、ツールバーの左端にある ▣ [表示 Microsoft Excel] ボタンをクリックします。または、Alt + F11 キーを押してExcelに戻ることもできます。

マクロ有効ブックを開こう

マクロ有効ブックを開くと、メッセージバーに警告が表示されるため、警告を無効にしてからVBEを開きます。

1 Excelを起動して、[最近使ったアイテム] から [VBASample.xlsm] をクリックする（または、エクスプローラーを開いて [ドキュメント] をクリックし、[VBASample.xlsm] をダブルクリックする）。

 ブック「VBASample.xlsm」が開き、「セキュリティの警告」というメッセージバーが表示される（表示されないこともある）。

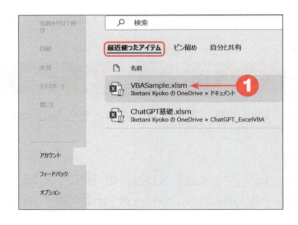

ヒント

ショートカットキーでVBEを開く

キーボード操作でVBEを開くには、Alt + F11 キーを押します。

2 メッセージバーの［コンテンツの有効化］ボタンをクリックする（「セキュリティの警告」が表示されていない場合は、そのまま手順❸に進む）。

結果 メッセージバーが消える。

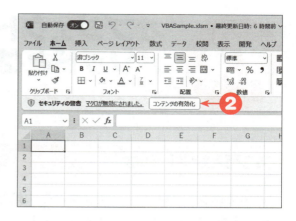

3 ［セキュリティの警告］ダイアログボックスが表示された場合は、［はい］ボタンをクリックする。

4 ［開発］タブをクリックして、［Visual Basic］をクリックする。

結果 VBEが表示される。

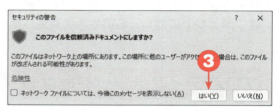

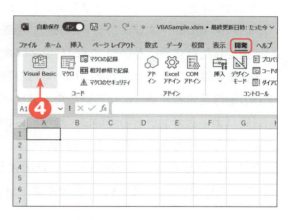

ヒント

メッセージバーではなくダイアログボックスが表示されたときは

「セキュリティの警告」というメッセージバーではなく［Microsoft Excelのセキュリティに関する通知］ダイアログボックスが表示された場合は、［マクロを有効にする］をクリックしてブックを開いてください。

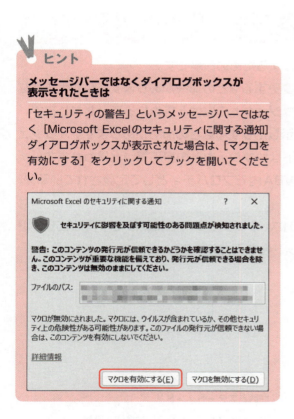

　セキュリティの警告は、マクロ（VBAのコード）が含まれるブックによるコンピューターウィルスを防ぐために表示されます。信頼できるマクロを含むブックを開いたときは、［コンテンツの有効化］ボタンをクリックすると、マクロを実行できるようになります。

2.4 オブジェクト、プロパティ、メソッドとは

オブジェクト、プロパティ、メソッドについて、軽く予習しておきましょう。

オブジェクトとは

　VBAではブックやシート、セルなどを、**オブジェクト**という概念で扱います。また、後ほど学習するウィンドウやボタンなどもオブジェクトとして扱います。
　オブジェクトに対し、名前や色を変更したり、コピーしたりします。

プロパティとメソッドとは

　プロパティとメソッドは、オブジェクトを操作するための命令です。
　プロパティには、オブジェクトの名前や色を変更するなどの命令があります。色や大きさなどを指定したりすることから、プロパティはオブジェクトの属性と言われることもあります。
　メソッドは、オブジェクトをコピーしたり表示したりするなどの命令があります。オブジェクトの動作を命令することが多いため、メソッドはオブジェクトの振る舞いと言われます
　プロパティとメソッドの違いは、厳密には、VBA内でプロパティとして定義されているか、メソッドとして定義されているかの違いです。
　プロパティとメソッドを使うには、次のように、オブジェクト名に続けて半角のピリオド（.）を入力してから、プロパティ名またはメソッド名を入力します。

書式　**プロパティを使う**

オブジェクト名.プロパティ名

書式　**メソッドを使う**

オブジェクト名.メソッド名

用 語

関数とステートメント

オブジェクトに依存しない命令は、**関数**（かんすう）と呼ばれます。先ほど入力した「MsgBox」も関数のひとつです。このほかに、処理の流れを制御する命令（構文）を**ステートメント**と言います。

🐰 みなさん、Excel VBAの基礎を理解できましたか？

🐼 全部覚えきれてないかも……

🐰 覚えきれなくても大丈夫ですよ！　使いながらマスターしていきましょう。

🐼 じゃあ、次の章に行ってみよう！

🐰 次の章では、いよいよVBAでセルを操作します。

🐼 楽しみ！

～もう一度確認しよう！～　チェック項目

☐ VBEを表示できましたか？　　　　☐ マクロ有効ブックを保存できましたか？

☐ メッセージボックスを表示できましたか？　　☐ マクロ有効ブックを開けましたか？

セキュリティの警告を設定する

　セキュリティの警告を表示するかどうかや、指定したフォルダーのファイルは警告を表示しないなどの設定を、オプションで行うことができます。Excelの［ファイル］タブで［オプション］をクリックし、［Excelのオプション］ダイアログボックスで左側のメニューから［トラストセンター］をクリックします。表示された画面で［トラストセンターの設定］をクリックし、［トラストセンター］ダイアログボックスで左側のメニューから［信頼できる場所］や［マクロの設定］をクリックして、必要な設定を行います。

第 **3** 章

セルの操作と
ユーザー入力の取得

この章では、VBAでセルを扱う方法やインプット
ボックスを表示する方法、デバッグの基礎を学習しま
す。

3.1 セルに文字を表示しよう

3.2 セルに入力されている文字を
取得しよう

3.3 インプットボックスで文字列を
入力させよう

3.4 デバッグでコードを修正しよう

3.5 コメントを付けよう

この章で学ぶこと

🐰 ここでは、セルの文字を取得したり、セルに文字を表示する方法を学習します。

🐼 VBAでセルを操作するの？

🐰 そうです。セルを操作するコードを入力して実行してみましょう。

🐼 デバッグというのも学習するんだよね？

🐰 そうですね。デバッグでコードの間違いを見つけて訂正できるようにします。

この章では、次について学びます。

- **VBAでセルに文字を表示する方法**
- **VBAでセルの文字を取得する方法**
- **変数の使い方**
- **InputBox関数で文字を入力させる方法**
- **条件によって処理を分ける方法**
- **ブレークポイントの使い方**

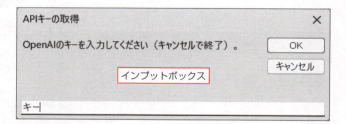

3.1 セルに文字を表示しよう

ワークシートのセルに、VBA で文字を表示する方法を学習します。

セルを参照しよう

ここでは次のようなシートで、VBA でセルに文字を表示したり、セルの文字を取得したりします。

ワークシートのセルは、VBA では **Range オブジェクト**（れんじおぶじぇくと）として扱います。

1つ1つのセルが Range オブジェクトであり、セル範囲も Range オブジェクトです。

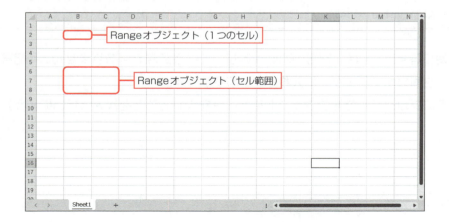

3.1　セルに文字を表示しよう　**033**

指定したセルのRangeオブジェクトを使うには、Rangeオブジェクトにセルの位置を指定します。セルの位置は、半角のダブルクォーテーション（"）で囲んで指定します。

　たとえば、セルD5のRangeオブジェクトを使うには「Range("D5")」と入力します。

書式　Rangeオブジェクトにセルを指定

```
Range(セルの位置)
```

　Rangeオブジェクト（セル）に文字を表示するには、Rangeオブジェクトの**Valueプロパティ**（ばりゅーぷろぱてぃ）を使います。

　オブジェクトのプロパティを使うには、オブジェクトに続けて半角のピリオド（.）を入力し、続けてプロパティ名を入力します。

書式　オブジェクトのプロパティを使う

```
オブジェクト.プロパティ
```

　Valueプロパティに文字を指定するには、半角の等号（=）を使って、次のように入力します。

書式　セルに文字を入力

```
Range(セルの位置).Value = "任意の文字"
```

　このように記述すると、＝の右側の文字が、＝の左側に指定されたセルに入力されます。

　たとえば、次のように記述して実行すると、セルA2に「ABC」と表示されます。

```
Range("A2").Value = "ABC"
```

　ここで使う等号（=）は、記号の両側が等しいという意味ではありません。＝記号の右側のデータを、左側のオブジェクトに入れるという意味です。

　このようにプログラムでオブジェクトにデータを入れることを**代入**（だいにゅう）と言います。

用語

代入演算子

＝や＋などの記号を**演算子**（えんざんし）と言います。演算子にはいくつかの種類があり、データを代入する＝は**代入演算子**と呼ばれます。

リテラル値

プログラムで扱うデータを**値**（あたい）と言います。値の中でも文字や数値などを**リテラル値**（りてらるち）と呼びます。コードの中でリテラル値を使う場合は、半角のダブルクォーテーション（"）で囲みます。

Rangeオブジェクトのプロパティ

セルを表すRangeオブジェクトには、セルの色を変えるプロパティやセル内の文字の大きさを変えるプロパティなど、さまざまなプロパティが用意されています。

　ここで作成するプログラムでは、セルB4に「ChatGPTからの返答」と表示することにします。そこで、＝の左側に「Range("B4").Value」と記述します。＝の右側には「"ChatGPTからの返答"」と記述します。

　では、実際にVBAを入力しますが、サンプルファイルをダウンロードしていない場合は、本書の「はじめに」の（3）ページにある「サンプルファイルのダウンロードと使い方」の説明に従ってダウンロードしておいてください。ここでは、サンプルファイルに含まれているブック「ExcelVBA_ChatGPT準備編.xlsx」を使って操作します（ダウンロードせずに、空白のブックから作成することもできます）。

　「ExcelVBA_ChatGPT準備編.xlsx」には、あらかじめデザインされたワークシートが用意されています。空白のブックを使う場合は、わかりやすいようにB列の幅を広くし、セルB2とセルB4を罫線で囲んでおきましょう。また、セルB2には「ここに質問を入力します」と入力しておいてください。

セルに文字を表示するコードを入力しよう

ブックを開いて、VBEを表示し、コードを入力します。正確な動作のため他のブックは閉じておいてください。

1 ダウンロードした「ExcelVBA_ChatGPT準備編.xlsx」を開く(または、空白のブックを開く)。

2 [Alt]+[F11]キーを押す(または、[開発]タブで[Visual Basic]をクリックする)。

結果 VBEが表示される。

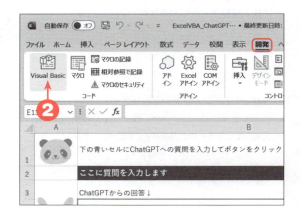

3 VBEの[挿入]メニューの[標準モジュール]をクリックする。

結果 標準モジュールが追加され、標準モジュールのコードウィンドウが表示される。

4 標準モジュールのコードウィンドウに **sub ChatGPTに質問** と入力して[Enter]キーを押す。

結果 「sub」の頭文字が大文字に変換され、行末にかっこ()が追加される。End Subステートメントも追加される。

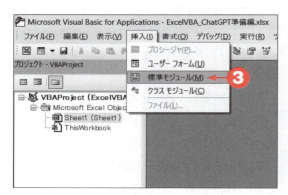

 ヒント

プロシージャ名は大文字と小文字が区別される

VBAで定義されているプロパティ名やステートメントはすべて小文字で入力しますが、プロシージャ名は大文字と小文字を区別して入力します。プロシージャ名は、ここでSubステートメントを使って定義しています。したがって、この段階で大文字と小文字を区別しておきます。

プロシージャ名に使える文字

プロシージャ名に使える文字は、アルファベット、ひらがな、カタカナ、漢字などの文字と数字、アンダースコア(_)です。数字は、プロシージャ名の先頭に付けることはできません。
また、VBAであらかじめ用意されているプロパティ名などと同じ名前は使わないようにします。

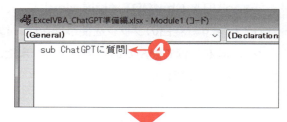

変換された / 追加された

5 「Sub ～」と「End Sub」の間の行に、Tabキーを1回押してから、**range("B4").value = "ChatGPTからの返答"** と入力してEnterキーを押す。

結果 「range」と「value」の頭文字が大文字に変換される。

6 ツールバーの🖫[ExcelVBA_ChatGPT準備編.xlsxの上書き保存] ボタン（または、[Book1の上書き保存] ボタン）をクリックする。

結果 確認メッセージ、または [名前を付けて保存] ダイアログボックスが表示される。

7 確認メッセージが表示された場合は [戻る] ボタン（または [いいえ] ボタン）をクリックする。[名前を付けて保存] ダイアログボックスが表示された場合は手順❽に進む。

結果 [名前を付けて保存] ダイアログボックスが表示される。

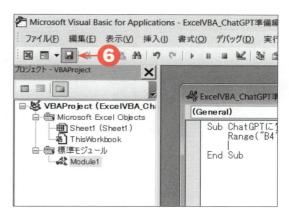

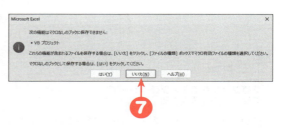

ヒント

Privateを省略してプロシージャを定義する

「ChatGPTに質問」プロシージャでは、プロシージャを作成するときの「Private」の記述を省略しています。省略した場合は、「Public」を指定したことになり、他の標準モジュールからもプロシージャを利用できます。また、ワークシート上のボタンからプロシージャを実行する場合も、「Pubic」でプロシージャを定義します。

すべて小文字で入力する

プロパティ名や関数名を入力すると、先頭の文字が自動的に大文字に変換されます。つづりが間違っている場合は、大文字に変換されません。したがって、すべて小文字で入力すると、間違っている場合は先頭が大文字に変換されないため、入力間違いに気付きやすくなります。

3.1　セルに文字を表示しよう

8 [ファイルの種類] をクリックし、[Excel マクロ有効ブック (*.xlsm)] をクリックする。

結果 ファイル名が「ExcelVBA_ChatGPT準備編.xlsm」に変わる。手順❶で空白のブックを開いた場合はファイル名が「Book1.xlsm」になるので、「ExcelVBA_ChatGPT準備編.xlsm」に変更する。

9 [保存] ボタンをクリックする。

結果 ブックがマクロ有効ブックとして保存され、ブック名が「ExcelVBA_ChatGPT準備編.xlsm」と表示される。

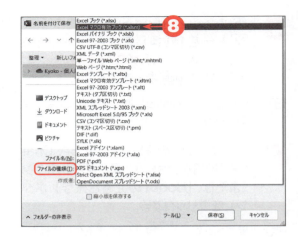

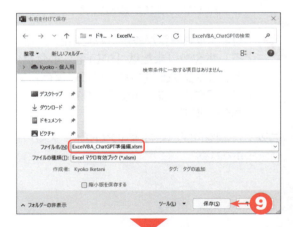

ヒント

プロジェクトエクスプローラーでモジュールを挿入する

プロジェクトエクスプローラーのブック名を右クリックして、[挿入] - [標準モジュール] をクリックして標準モジュールを挿入することもできます。

038 第3章 セルの操作とユーザー入力の取得

10 ツールバーの ▶ [Sub/ユーザーフォームの実行] ボタンをクリックする（または、F5キーを押す）。

結果 プロシージャが実行される。

11 ツールバーの ☒ [表示Microsoft Excel] ボタンをクリックする（または、Alt + F11キーを押す）。

結果 Excelが表示され、セルB4に「ChatGPTからの返答」と表示されている。

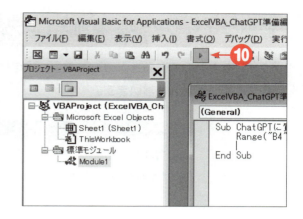

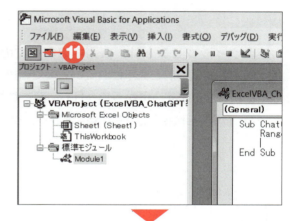

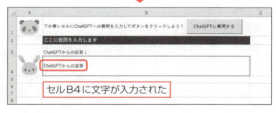

セルB4に文字が入力された

ヒント

実行できないとき

プロシージャが実行されず、[マクロ] ダイアログボックスが表示されたときは、[キャンセル] ボタンをクリックしてダイアログボックスを閉じ、プロシージャ内をクリックしてから再度実行します。
プロシージャ内の行が反転表示されて実行が中断されたり、何らかのエラーメッセージが表示された場合は、ツールバーの ■ [リセット] ボタンをクリックしてから、入力したコードを見直して訂正してから実行します。

　Excelに表示を切り替えると、セルB4に「ChatGPTからの返答」と表示されているのが確認できます。できなかった場合は、コードを見直したり、プロシージャ内をクリックしてから実行するようにしてみてください。

自動クイックヒントを利用しよう

コードを入力していると、コードの下に次の図のように表示されることがあります。これを**自動クイックヒント**と言います。

自動クイックヒントは、入力中の命令文の書式を表示しています。ここでは、「Range(Cell1, [Cell2])」と表示されているので、操作対象となるセルをかっこの中に指定するということがわかります。角かっこ（[]）に囲まれた部分は省略可能です。

また、「As Range」は、Rangeオブジェクトであることを示しています。

ヒント

自動クイックヒントが表示されないとき

自動クイックヒントを表示するかどうかは、[オプション] ダイアログボックスで設定できます。
[オプション] ダイアログボックスは、[ツール] メニューの [オプション] をクリックして表示できます。

[オプション] ダイアログボックスの [編集] タブで [自動クイックヒント] をクリックしてオンにし、[OK] ボタンをクリックすると表示されるようになります。

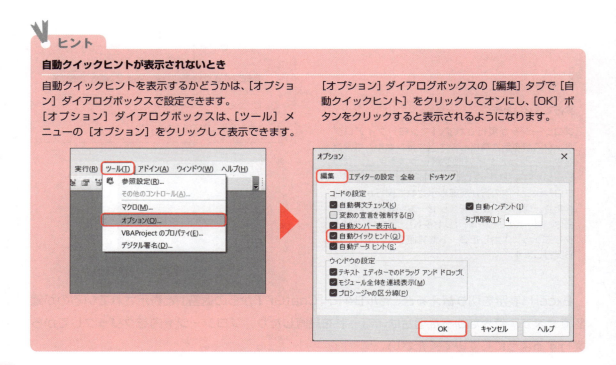

自動メンバー表示を利用しよう

「range("B4")」に続けて半角のピリオド（.）を入力すると、次の図のようなリストが表示されることがあります。これを、**自動メンバー表示**と言います。

自動メンバー表示は、次に入力するキーワードの候補を表示します。ここでは、Rangeオブジェクトのプロパティやメソッド等が表示されています。

入力候補が表示されたまま入力を続けてもかまいませんが、入力候補から選んで入力することもできます。入力候補から選ぶ場合は、次のように操作します。

① ↑ キーまたは ↓ キーでキーワードを選択する。
② Tab キーを押して入力する。

自動メンバー表示が不要な場合は、Esc キーを押すと消えます。

> **ヒント**
>
> **途中まで入力してキーワードを選択する**
>
> 入力の途中で Tab キーを押すことでも選択されているキーワードが入力されます。
>
> **自動メンバー表示が表示されないとき**
>
> 自動メンバー表示を表示するかどうかは、[オプション] ダイアログボックスで設定できます。
> [ツール] メニューの [オプション] をクリックして [オプション] ダイアログボックスを表示し、[編集] タブの [自動メンバー表示] をオンにし、[OK] ボタンをクリックすると表示されるようになります。

3.1 セルに文字を表示しよう　　041

セルに入力されている文字を取得しよう

セルに入力されている文字を取得して、メッセージボックスに表示します。

文字列と数値

　プログラミング用語で、文字データのことを**文字列**（もじれつ）と呼びます。したがって、本書でも以降は文字データのことを「文字列」と記載します。
　また、プログラムでは、123などの数は、文字としての数字と値としての数値を区別します。一般に、文字データのときは「数字」、計算に使う値のときは「数値」と記載されます。

RangeプロパティとValueプロパティで取得しよう

　前の節では、RangeオブジェクトのValueプロパティでセルに文字列を入力できることを学習しました。
　セルの文字列を取得するときも、RangeオブジェクトのValueプロパティを使います。Valueプロパティは、文字の入力と取得の両方に使えます。

書式 Valueプロパティで文字を取得

Rangeオブジェクト.Value

　ここでは、セルB2の文字列を取得するため、次のようにコードを記述します。

```
Range("B2").Value
```

　「Range("B2")」はセルB2を表しますが、実は、このRangeはRangeオブジェクトそのものではなく、厳密には**Rangeプロパティ**を記述していることになります。
　VBAでオブジェクトを扱うときは、プロパティでオブジェクトを指定する決まりになっています。したがって、ここでもRangeプロパティでRangeオブジェクトを指定します。

変数を使おう

　プログラムは、必要なデータを自動的に判断して記憶することができません。したがって、データを記録しておく必要があるときは、データを保管する場所を用意します。

　データを保管するには**変数**（へんすう）を用意します。

　変数は、**宣言**（せんげん）と呼ぶ手続きをコードで入力してから使います。変数の宣言には、**Dimステートメント**を使って次のように記述します。

> **書式　文字列を保管する変数の宣言**
>
> ```
> Dim 変数名 As String
> ```

　変数名には任意の名前を指定できます。

　As キーワードの右側には、変数が扱うデータの種類を指定します。文字列データを扱う場合は「String」と記述します。このように文字や数値などデータの種類を**型**（かた）と呼びます。

ヒント

変数名の決まり
変数名は255文字以内で付けます。また、変数名にスペース、ピリオド(.)、感嘆符(!)、@、&、$、#は使えません。数字は使えますが、先頭は文字にする決まりです。また、VBAであらかじめ用意されているプロパティ名などと同じ名前は使わないようにします。

変数名には日本語も使える
変数名には全角文字を使うこともできます。ただし、コード入力中に全角/半角を切り替える手間がかかるため、本書では半角アルファベットで変数名を宣言します。

変数に文字列を代入しよう

　変数に文字列を保管するには、前の節で学習した代入演算子＝を使います。

> **書式　変数に文字列を保管**
>
> ```
> 変数名 = 文字列
> ```

　先ほどと同じように、＝演算子の右側の値が左側の変数に代入されます。

　ここでは、セルB2の文字列を代入するため、次のように記述します。

```
変数名 = Range("B2").Value
```

3.2　セルに入力されている文字を取得しよう　**043**

では、ここまで学習した内容をVBAで入力して実行してみましょう。

文字列を取得するコードを入力しよう

次の手順で、コードを入力します。他のブックは閉じた状態で作業してください。

1 この章の「3.1 セルに文字を表示しよう」で作成した「ExcelVBA_ChatGPT準備編.xlsm」を開く。

2 Alt + F11 キーを押す（または、[開発] タブで [Visual Basic] をクリックする）。

結果 VBEが表示される。

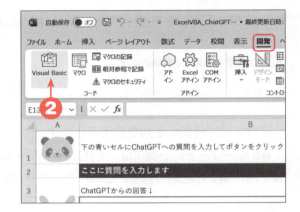

3 「ChatGPTに質問」プロシージャ内に、次のコードを入力する（色文字部分）。

```
Sub ChatGPTに質問()
    Dim strQuest As String          ←1

    strQuest = Range("B2").Value    ←2
    MsgBox strQuest                 ←3

    Range("B4").Value = "ChatGPTからの返答"

End Sub
```

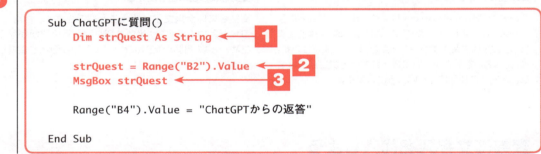

ヒント

コードウィンドウが表示されていないとき

プロジェクトエクスプローラーの [標準モジュール] の [Module1] をダブルクリックすると、コードウィンドウが表示されます。

4 ツールバーの ■ [ExcelVBA_ChatGPT準備編.xlsm の上書き保存] ボタンをクリックする。

結果 ブックが保存される。

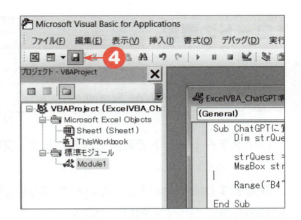

5 ツールバーの ▶ [Sub/ユーザーフォームの実行] ボタンをクリックする（または、F5キーを押す）。

結果 プロシージャが実行され、メッセージボックスが表示される。

6 [OK] ボタンをクリックする。

結果 実行が終了される。

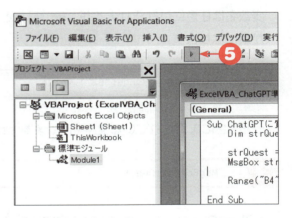

ヒント

ブックを保存してから実行する

実行したときのエラーにより、入力したコードを保存できずにブックが閉じられてしまうこともあります。ブックの自動保存をオンにしていない場合は、ここからは実行前にブックを保存するようにしましょう。

ショートカットキーでブックを保存する

ショートカットキーでブックを保存するには、Ctrl＋Sキーを押します。

　メッセージボックスには、セルB2に入力されている文字列である「ここに質問を入力します」が表示されます。

　動作が違っていた場合は、コードを見直したり、ワークシートを見直したりしてみてください。

3.2 セルに入力されている文字を取得しよう　045

コードの解説

1　`Dim strQuest As String`

　Dimステートメントで変数を宣言します。文字列を扱う変数のため、String型を指定します。

　変数名は「strQuest」としています。String型の変数であることがわかりやすいように、変数名の先頭に「str」と付けています。

　変数名は任意に付けられますが、後で見たときにわかりやすいようにしておくとメンテナンスが楽になります。

2　`strQuest = Range("B2").Value`

　セルB2に入力されている文字列を、変数strQuestに代入しています。

3　`MsgBox strQuest`

　変数strQuestに保管されている文字列をメッセージボックスに表示します。

　メッセージボックスに表示する文字列がリテラル値のときは半角のダブルクォーテーション（"）で囲みますが、変数名を指定するときはリテラル値ではないのでダブルクォーテーションは不要です。

　変数を使えたら、次は、ユーザーに文字列を入力させるインプットボックスを表示してみましょう。

 ヒント

ValueプロパティとTextプロパティ

Textプロパティを使ってセルの文字列を取得することもできます。RangeオブジェクトのValueプロパティはセルの値を取得または設定しますが、Textプロパティはセルに表示されている文字列を取得します。設定はできません。

たとえば、セルに「123456」という数値が入力されていて、通貨として表示設定が行われていてセルには「¥123,456」と表示されている場合は、Rangeプロパティの値は「123456」になり、Textプロパティの値は「¥123,456」となります。

3.3 インプットボックスで文字列を入力させよう

インプットボックスは、入力領域があるメッセージボックスです。本書で作成するプログラムでは、ChatGPT の API キーを入力させるためにインプットボックスを表示します（API キーについては、第 6 章で説明します）。

InputBox 関数でインプットボックスを表示しよう

インプットボックスには、メッセージ文と、文字入力用のテキストボックス、[OK] ボタン、[キャンセル] ボタンが表示されます。

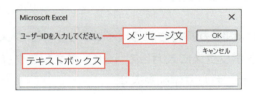

インプットボックスは、**InputBox 関数**で表示できます。

インプットボックスに表示する文字列（メッセージ文）は、MsgBox 関数のときと同じようにかっこ内に指定します。

> **書式　インプットボックスに文字列を表示**
>
> InputBox(**文字列**)

このように、関数に指定するデータのことを**引数**（ひきすう）と呼びます。

引数は、それぞれの関数ごとに 1 つまたは複数指定できるように定義されています。複数の引数を指定できる場合は、最初の引数を第 1 引数と呼び、以降は、第 2 引数、第 3 引数と続きます。

InputBox 関数では、インプットボックスに表示する文字列を第 1 引数に、タイトルバーに表示する文字列を第 2 引数に指定できます。

> **書式　インプットボックスにタイトルを表示**
>
> InputBox(**表示文字列**[, **タイトルバーの文字列**])

第2引数のタイトルバーの文字列は省略可能です。省略した場合は「Microsoft Excel」と表示されます。

インプットボックスに入力された文字列を取得しよう

インプットボックスのテキストボックスに入力された文字列は変数に代入します。インプットボックスから変数に代入するには、次の書式のように記述します。

書式 **インプットボックスの文字列を変数に取得**

変数名 = InputBox(表示文字列, タイトルバーの文字列)

このように記述すると、次の順で実行されます。

（1）=の右側のInputBox関数が実行される（インプットボックスが表示される）
（2）ユーザーがテキストボックスに入力して［OK］ボタンをクリックする
（3）InputBox関数が入力された文字列を返す
（4）=の左側の変数に、文字列が代入される

このように関数が実行されて、結果として返された値を**戻り値**（もどりち）と呼びます。

インプットボックスを表示するコードを入力しよう

次の手順で、インプットボックスを表示するコードを入力します。

1 この章の「3.2　セルに入力されている文字を取得しよう」で作成した「ExcelVBA_ChatGPT準備編 .xlsm」を開く。

2 Alt ＋ F11 キーを押す（または、［開発］タブで［Visual Basic Editor］をクリックする）。

結果 VBEが表示される。

048　第3章　セルの操作とユーザー入力の取得

3 「ChatGPTに質問」プロシージャ内に、次のコードを入力する（色文字部分）。

```
Sub ChatGPTに質問()
    Dim strApiKey As String      ← 1
    Dim strQuest As String

    strApiKey = InputBox("OpenAIのキーを入力してください（キャンセルで終了）。", ↩
"APIキーの取得")      ← 2

    strQuest = Range("B2").Value
    MsgBox strQuest

    Range("B4").Value = "ChatGPTからの返答"

End Sub
```

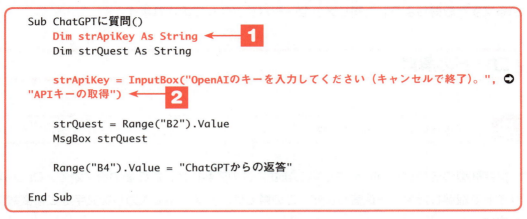

4 ブックを保存してからツールバーの[▶][Sub/ユーザーフォームの実行]ボタンをクリックする（または、F5キーを押す）。

結果▶ プロシージャが実行され、インプットボックスが表示される。

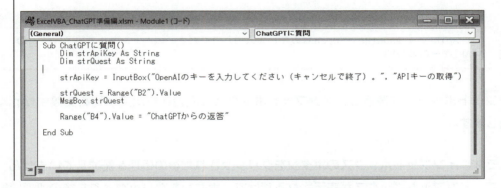

5 テキストボックスに**キー**と入力して[OK]ボタンをクリックする。

結果▶ メッセージボックスが表示される。

6 [OK]ボタンをクリックする。

結果▶ 実行が終了される。

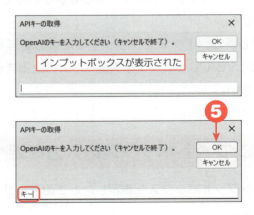

3.3 インプットボックスで文字列を入力させよう

ここでは、インプットボックスが表示された後、先ほど実行した「3.2　セルに入力されている文字を取得しよう」と同じメッセージボックスが表示されます。

コードの解説

1
```
Dim strApiKey As String
```

文字列型の変数strApiKeyを宣言します。この変数には、この後の第7章で、OpenAI社のサイトで取得したキーを保管します。この章では、テスト用に入力した文字をこの変数に保管します。

2
```
strApiKey = InputBox("OpenAIのキーを入力してください（キャンセルで終了）.", ➥
"APIキーの取得")
```

インプットボックスを表示し、インプットボックスに入力された文字列を変数strApiKeyに保管します。

ここでは、インプットボックスのボタンをクリックされた後の処理を記述していません。したがって、インプットボックスが表示されるだけで、ボタンをクリックされた後の処理は行われません。

次の項で、ボタンをクリックした後の処理を入力しますが、その前に、ツールバーの 💾 [ExcelVBA_ChatGPT準備編.xlsmの上書き保存] ボタンをクリックしてブックを保存してください。

インプットボックスの入力を調べよう

インプットボックスを表示したときのユーザーの操作は、次の3つのうちいずれかと考えられます。

（1）文字を入力して［OK］ボタンをクリック
（2）［キャンセル］ボタンをクリック
（3）文字を入力せずに［OK］ボタンをクリック

（1）の場合は、予定どおり次の処理を行います。

（2）と（3）の場合は次の処理に進めないので、メッセージを表示して処理を終了することにします。

（2）の、[キャンセル] ボタンがクリックされたかどうかは、**StrPtr関数**で判別できます。StrPtr関数は次のように記述します。

書式 StrPtr関数

```
StrPtr(InputBox関数の戻り値)
```

インプットボックスで [キャンセル] ボタンがクリックされた場合、StrPtr関数は数値「0」を返します。つまり、StrPtr関数の戻り値が0の場合は [キャンセル] ボタンがクリックされているので、処理を終了するようにします。

（3）の、インプットボックスに何も入力されずに [OK] ボタンがクリックされた場合は、InputBox関数が空（から）の文字列「""」を返します。したがって、変数strApiKeyに「""」が代入されるので、これを調べることにします。この場合も処理を終了するようにしておきましょう。

以上のように、「もし○○なら××する」といった場合には、次の項で説明する**条件分岐構文**を使います。

Ifステートメントで条件分岐をしよう

条件に一致するときだけ処理を行う場合には**Ifステートメント**を使います。
Ifステートメントは次のように記述します。

書式 Ifステートメント

```
If 条件式 Then
    処理
End If
```

「条件式」には、条件を表す式（命令文）を記述します。
ここでは、StrPtr関数の結果が0のときに終了処理を行うので、条件式を次のように入力します。

> StrPtr(戻り値を保管する変数名) = 0

　このように記述すると、StrPtr関数の結果が0の場合のみ、IfステートメントとEnd Ifステートメントの間に記述した処理が実行されます。

　ここで記述する「=」は代入ではなく、左右の値が等しいかどうかを比べる演算子です。このように比較を行う演算子を**比較演算子**と呼びます。

　比較を行う=演算子は、左右の値が等しい場合は**True**を返します。等しくない場合は**False**を返します。TrueとFalseはVBAで定義されている用語のため、そのまま記述して使えます。

　Ifステートメントは、条件式の結果がTrueのときに続きの処理を行います。Ifステートメントと対になるEnd Ifステートメントに囲まれた部分を**ブロック**と呼びます。ブロック内の処理は、インデントして記述するのが一般的です。

用語

条件分岐構文
条件に一致するかどうかによって処理を行う構文を**条件分岐構文**と言います。

式
実行されて何らかの値を返すステートメントを**式**と言います。

ステートメント
Ifステートメントのように、プログラム実行の制御を行う命令を**ステートメント**と呼びます。なお、「MsgBox "test"」のように、VBAの1つの命令単位のこともステートメントと呼びます。

ElseIfステートメントでもっと分岐しよう

　[キャンセル]ボタンはクリックされなかったけれど、文字を入力せずに[OK]ボタンをクリックされたときの処理を考えてみましょう。

　何も入力せずに[OK]ボタンをクリックされたときは、InputBox関数は空の文字列を表す「""」を返します。

　したがって、「戻り値を保管する変数名 = ""」という条件式が成立するときに終了処理を行います。

　このように別の条件に一致したら処理を行う場合は、**Else Ifステートメント**を使います。

書式 Else If ステートメント

```
If 条件式1 Then
    処理1
Else If 条件式2 Then
    処理2
End If
```

このように記述すると、次の順に処理が行われます。

（1）条件式1が評価される
（2）条件式1に一致した場合は処理1が実行されて、Ifブロックの処理を終了する
（3）条件式1に一致しない場合は、条件式2が評価される
（4）条件式2に一致した場合は処理2が実行されて、Ifブロックの処理を終了する

上から順に実行されるため、条件式1と条件式2の両方に一致した場合は、条件式1の処理のみ行われます。

［キャンセル］ボタンをクリックされたときと、何も入力されなかったときは、プロシージャの処理を終了します。このように途中で実行を終了するには、**Exit Subステートメント**を使います。

書式 Exit Subステートメント

```
Exit Sub
```

では、ここまで学習した内容をVBEで入力してみましょう。

用語

条件式

評価されてTrueまたはFalseの値を返す式を**条件式**と呼びます。たとえば、「A = B」が成り立つとき、この条件式はTrueを返します。成立しないときはFalseを返します。

入力チェックのコードを入力しよう

インプットボックスを表示したときに、入力チェックを行う処理を次の手順で入力します。

1 「ExcelVBA_ChatGPT準備編.xlsm」を開く。

2 Alt + F11 キーを押す（または、[開発] タブで [Visual Basic] をクリックする）。

結果 VBEが表示される。

3 「ChatGPTに質問」プロシージャ内の次の位置にコードを入力する（色文字部分）。

```
Sub ChatGPTに質問()
    Dim strApiKey As String
    Dim strQuest As String

    strApiKey = InputBox("OpenAIのキーを入力してください（キャンセルで終了）。❷
", "APIキーの取得")

    If StrPtr(strApiKey) = Ø Then          1            2
        MsgBox "キャンセルされました。終了します。", vbOKOnly, "ChatGPTに質問"
        Exit Sub            3       4
    ElseIf strApiKey = "" Then
        MsgBox "入力されませんでした。終了します。", vbOKOnly, "ChatGPTに質問"
        Exit Sub
    End If       5

    strQuest = Range("B2").Value
    （中略）
End Sub
```

054   第3章　セルの操作とユーザー入力の取得

4 ツールバーの 💾 ［ExcelVBA_ChatGPT準備編.xlsmの上書き保存］ボタンをクリックする。

結果｜ブックが保存される。

5 ツールバーの ▶ ［Sub/ユーザーフォームの実行］ボタンをクリックする（または、F5キーを押す）。

結果｜プロシージャが実行され、インプットボックスが表示される。

6 ［キャンセル］ボタンをクリックする。

結果｜メッセージボックスが表示される。

7 ［OK］ボタンをクリックする。

結果｜実行が終了されてVBEに戻る。

　［キャンセル］ボタンをクリックしたら「キャンセルされました」とメッセージボックスが表示されて実行が終了されたら、正しく動作しています。異なる結果になった場合は、コードを見直して訂正してください。

　正常に動作したら、続けて、何も入力せずに［OK］ボタンをクリックした場合の動作確認をしてみましょう。

1 ツールバーの ▶ ［Sub/ユーザーフォームの実行］ボタンをクリックする（または、F5キーを押す）。

結果｜プロシージャが実行され、インプットボックスが表示される。

2 何も入力しないで、そのまま［OK］ボタンをクリックする。

結果｜メッセージボックスが表示される。

3 ［OK］ボタンをクリックする。

結果｜実行が終了されてVBEに戻る。

何も入力せずに［OK］ボタンをクリックすると、ElseIfステートメントブロック内の処理が
実行されます。したがって、「入力されませんでした」と表示されてから実行が終了されます。

コードの解説

1
```
】If StrPtr(strApiKey) = 0 Then
```

StrPtr関数でインプットボックスの戻り値strApiKeyを調べています。結果が0の場合は、
［キャンセル］ボタンがクリックされているということなので、Ifブロック内の処理を行いま
す。

2
```
MsgBox "キャンセルされました。終了します。", vbOKOnly, "ChatGPTに質問"
```

メッセージを表示しています。
第2引数の**vbOKOnly**は、メッセージボックスに［OK］ボタンのみ表示するという意味で
す。
第3引数は、メッセージボックスのタイトルバーに表示する文字列です。

3
```
Exit Sub
```

プログラムの実行を終了します。このコードが実行されると、以降のコードは実行されませ
ん。

4
```
ElseIf strApiKey = "" Then
```

Ifステートメントの条件に一致しなかった場合は、ElseIfステートメントの条件式が評価さ
れます。
ここでは、InputBox関数の戻り値を保管している変数strApiKeyが空の文字列である場
合、つまり、何も入力されていない場合に、ElseIfブロック内のコードが実行されます。

5
```
MsgBox "入力されませんでした。終了します。", vbOKOnly, "ChatGPTに質問"
```

第3章　セルの操作とユーザー入力の取得

入力されていないことをメッセージボックスで知らせます。

6 `End If`

Ifブロック全体の終了を表すEnd Ifステートメントです。

　インプットボックスのボタンをクリックしたときの動作が正しいことを確認できたら、次はコードの修正をするデバッグについて学習しましょう。

用語

組み込み定数

MsgBox関数の第2引数に指定したvbOKOnlyは、VBAであらかじめ定義されているキーワードで、その実体は数値0です。このように値をあらかじめ定義したキーワードを**組み込み定数**と言います。

ヒント

組み込み定数を使う

vbOKOnlyは数値0を定義したキーワードのため、MsgBox関数の第2引数にvbOKOnlyの代わりに0を指定して実行しても同じ結果になります。ですが、数値を指定した場合は、後から見たときにわかりにくいため、できるだけ組み込み定数を使うようにしましょう。

メッセージボックスに表示するボタン

MsgBox関数の第2引数にvbOKCancelを指定して実行すると、メッセージボックスに［OK］ボタンと［キャンセル］ボタンが表示されます。また、vbYesNoを指定すると、［はい］ボタンと［いいえ］ボタンが表示されます。第2引数を省略した場合は、vbOKOnlyを指定したことになり、［OK］ボタンのみ表示されます。

3.3　インプットボックスで文字列を入力させよう　**057**

3.4 デバッグでコードを修正しよう

コードの間違いを見つけて訂正することをデバッグと言います。ここでは、デバッグに役立つ機能を学習します。

変数の宣言を強制しよう

　この章の「3.2　セルに入力されている文字を取得しよう」で「変数を使う場合には宣言する」と説明しましたが、変数は宣言せずに使うこともできます。

　ただし、宣言せずに使っていると、後からコードを見たときにわかりにくいため、本書では、変数を宣言してから使うことを推奨します。

　変数の宣言は、次の手順で［オプション］ダイアログボックスで必須に設定できます。

1　「ExcelVBA_ChatGPT準備編.xlsm」を開く。

2　Alt＋F11キーを押すか、［開発］タブで［Visual Basic］をクリックして、VBEを表示する。

3　［ツール］メニューの［オプション］をクリックする。

結果　［オプション］ダイアログボックスが表示される。

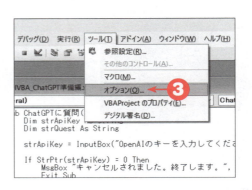

4　［編集］タブの［変数の宣言を強制する］をクリックしてオンにする（すでにチェックボックスがオンになっている場合は、そのままにしておく）。

5　［OK］ボタンをクリックする。

結果　［オプション］ダイアログボックスが閉じられる。

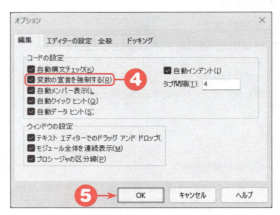

　変数の宣言を強制にしてから標準モジュールを挿入すると、標準モジュールの先頭に**Option Explicitステートメント**が自動的に入力されます。次の項で確認してみましょう。

変数宣言の強制を確認しよう

プロジェクトに標準モジュールを追加して、標準モジュールの先頭にOption Explicitステートメントが自動的に入力されるかを確認します。

1 VBEの［挿入］メニューの［標準モジュール］をクリックする（または、プロジェクトエクスプローラーのブック名を右クリックして、［挿入］－［標準モジュール］をクリックする）。

結果 標準モジュール（Module2）が追加され、新しいコードウィンドウが表示される。

2 新しく追加した標準モジュールのコードウィンドウの先頭に、Option Explicitステートメントが入力されていることを確認する。

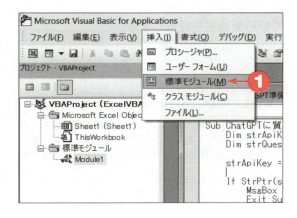

3 Module2のコードウィンドウ右上の ✕ ［閉じる］ボタンをクリックして閉じる。

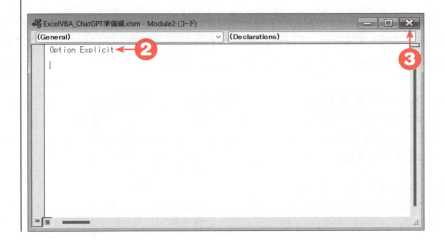

3.4 デバッグでコードを修正しよう

059

Option Explicitステートメントが入力されているモジュールで、変数を宣言しないで使おうとすると、右の図のようなエラーが発生します。したがって、変数名の入力間違いなどに気付きやすくなります。このようなエラーが発生したら、[OK] ボタンをクリックし、ツールバーの [リセット] ボタンをクリックしてから変数名を訂正します。

> **ヒント**
>
> **変数名を間違えて入力したとき**
> 変数宣言が強制ではないときに、変数名を間違えて入力すると、新しい変数とみなされます。エラー表示されないため、変数名の入力間違いに気付きにくくなります。
>
> **モジュール名は自動的に付与される**
> 追加した標準モジュールには、自動的に「Module2」という名前が付けられています。モジュール名には、追加した順にModule1、Module2、……と順に番号が振られます。
> モジュール名の変更については、後ほど学習します。

ブレークポイントを設定しよう

実行を途中で止めて、変数やオブジェクトの値を調べることができます。

実行を中断するには、中断したい行に**ブレークポイント**を設定します。ブレークポイントは、次の手順でマージンインジケーターバーをクリックして設定できます。

1 「ExcelVBA_ChatGPT準備編.xlsm」を開き、Alt + F11 キーを押して（または、[開発] タブで [Visual Basic] をクリックして）VBEを表示する。

2 プロジェクトエクスプローラーの [標準モジュール] を展開して [Module1] をダブルクリックする（または、プロジェクトエクスプローラーの [Module1] を右クリックして [コードの表示] をクリックする）。

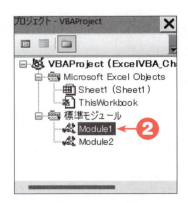

結果 Module1のコードウィンドウが表示される。

標準モジュールを表示する

[ウィンドウ]メニューの[ExcelVBA_ChatGPT準備編.xlsm - Module1（コード）]をクリックして、Module1のコードウィンドウを表示することもできます。また、プロジェクトエクスプローラーで[Module1]をクリックして [コードの表示]ボタンをクリックして表示することもできます。

3 「strApiKey = InputBox(」で始まる行の左側のマージンインジケーターバーをクリックする（マージンインジケーターバーが表示されていない場合は、次のページのヒント「マージンインジケーターバーが表示されていないとき」を参照して表示する）。

結果▶ 「strApiKey =」で始まる行が反転表示される。

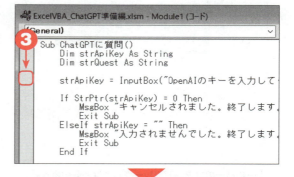

ブレークポイントは保存されない

ブックを保存しても、ブレークポイントは保存されません。ここでは、次の項でブレークポイントを利用した実行確認をするので、ブックを閉じないで、このまま次の項に進みましょう。

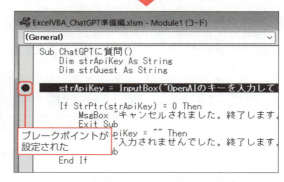

ブレークポイントを設定できたら、続けて次の項で実行して中断できるかどうか試してみましょう。

ヒント

マージンインジケーターバーが表示されていないとき

マージンインジケーターバーは設定によって表示されていないことがあります。表示されていない場合は、[オプション] ダイアログボックスの [エディターの設定] タブで [インジケーターバー] をクリックしてオンにします。[オプション] ダイアログボックスは、[ツール] メニューの [オプション] をクリックして表示できます。

 ヒント

ブレークポイントの色は変更できる

ブレークポイントの行は、既定では濃い赤色で反転表示されますが、設定によっては違う色で表示されることもあります。
ブレークポイントの色は、[オプション] ダイアログボックスの [エディターの設定] タブで [コードの表示色] の [ブレークポイント] をクリックして変更できます。

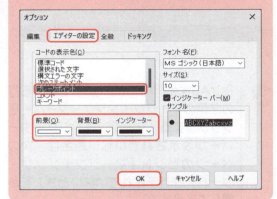

 ヒント

ツールバーのボタンでブレークポイントを設定する

ブレークポイントを設定したい行をクリックしてから、[編集] ツールバーの [ブレークポイントの設定/解除] ボタンをクリックして、ブレークポイントを設定することもできます。

[編集] ツールバーが表示されていない場合は、[表示] メニューの [ツールバー]-[編集] をクリックして表示できます。

 ヒント

メニューでブレークポイントを設定する

ブレークポイントを設定したい行をクリックしてから、[デバッグ] メニューの [ブレークポイントの設定/解除] をクリックして、ブレークポイントを設定することもできます。

ショートカットキーでブレークポイントを設定する

ショートカットキーでブレークポイントを設定するには、設定したい行をクリックしてから F9 キーを押します。

ステップ実行をしよう

ブレークポイントで実行を中断した後、1行ずつ実行することができます。これを**ステップ実行**と言います。

ステップ実行は、[デバッグ] メニューまたは F8 キーを使って次の手順で行います。前の項で設定したブレークポイントはそのままにしておいてください。

1 [ChatGPTに質問] プロシージャ内をクリックしてから、ツールバーの ▶ [Sub/ユーザーフォームの実行] ボタンをクリックする（または、F5 キーを押す）。

結果 プロシージャが実行されて中断し、ブレークポイントの行が黄色く反転表示される。

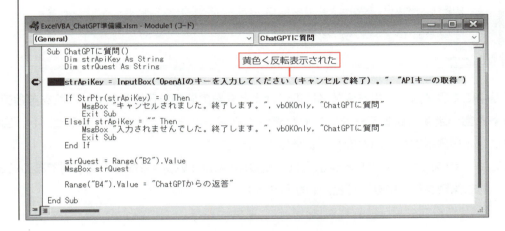

実行が中断されると、中断した行が黄色く反転表示されます。また、マージンインジケーターバーに黄色い矢印が表示されます。

ただし、反転表示された行はまだ実行されていません。したがって、ここでは、インプットボックスを表示する行で中断されていますが、まだインプットボックスは表示されていません。続けて実行状況を確認してみましょう。

> **ヒント**
>
> **中断時の行の色を変更する**
>
> 実行を中断したときの行の色は、既定では黄色で反転表示されますが、設定によっては違う色で表示されることもあります。色の確認と変更は、[オプション] ダイアログボックスの [エディターの設定] タブをクリックし、[コードの表示色] の [次のステートメント] で行います。[オプション] ダイアログボックスは、[ツール] メニューの [オプション] をクリックして表示できます。

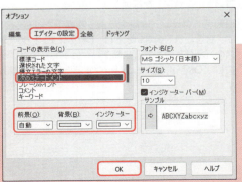

3.4 デバッグでコードを修正しよう

2 マウスカーソルを反転行の変数strApiKeyに近付ける。

結果 「strApiKey = ""」と表示される。

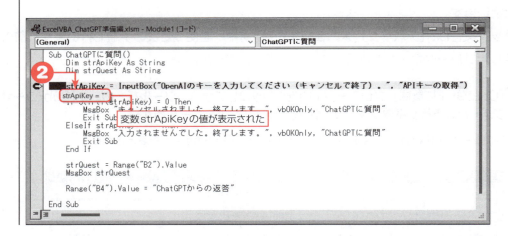

　実行途中にマウスカーソルを変数名に近付けると変数の値が表示されます。これを**自動データヒント**と言います（自動データヒントが表示されないときは、このページのヒント「自動データヒントが表示されないとき」を参照してください）。

　ここでは「strApiKey = ""」と表示され、変数strApiKeyの中身が空の文字列であること、つまり、何も保管されていないことがわかります。

ヒント

自動データヒントが表示されないとき

自動データヒントは設定によって表示されないことがあります。表示されていないときは、[オプション]ダイアログボックスの[編集]タブで[自動データヒント]をクリックしてオンにし、[OK]ボタンをクリックすると表示されるようになります。

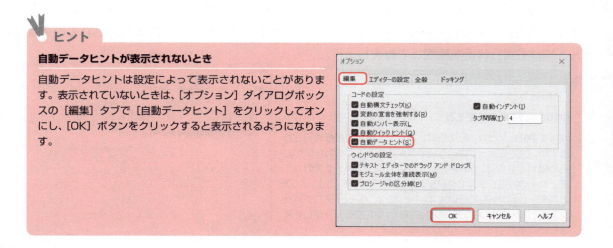

3 [デバッグ] メニューの [ステップイン] をクリックする (または、F8 キーを押す)。

結果 反転表示されていた行が実行され、インプットボックスが表示される。

4 **test** と入力して [OK] ボタンをクリックする。

結果 VBE に戻り、次の行が反転表示される。

5 変数 strApiKey にマウスカーソルを近付ける。

結果 自動データヒントに「strApiKey = "test"」と表示される。

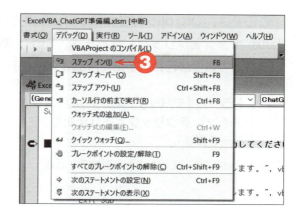

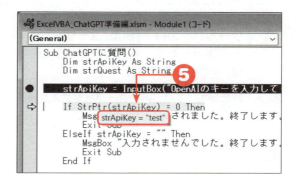

インプットボックスを表示する行が実行されたので、変数 strApiKey にテキストボックスの値「test」が保管されています。

6 [デバッグ] メニューの [ステップイン] をクリックする (または、F8 キーを押す)。

結果 ElseIf ステートメントの行が反転表示される。

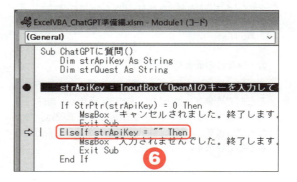

3.4 デバッグでコードを修正しよう

ここでは、[OK] ボタンをクリックしたので、StrPtr 関数の結果は 0 になりません（[キャンセル] ボタンをクリックしたときは、StrPtr 関数の結果が 0 になります）。したがって、If ブロック内の処理は行われずに、ElseIf ステートメントに制御が移っています。

7 もう一度 [デバッグ] メニューの [ステップイン] をクリックする（または、F8 キーを押す）。

結果｜End If ステートメントが反転表示される。

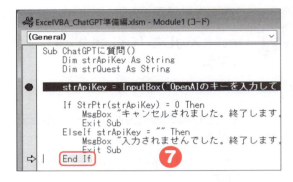

　変数 strApiKey は空（""）ではないので、ElseIf ステートメントの「strApiKey = ""」も一致しないため、ElseIf ブロックの処理も行われません。
　ここまで確認できたら、残りのコードは一気に実行してしまいましょう。

8 ツールバーの ▶ [Sub/ユーザーフォームの実行] ボタンをクリックする（または、F5 キーを押す）。

結果｜続きが実行され、メッセージボックスが表示される。

9 [OK] ボタンをクリックする。

結果｜最後まで実行され、VBE に戻る。

　このように 1 行ずつステップ実行することによって、変数の値を確認したり、If ブロックの処理が行われたかどうか確認したりできます。

ヒント

カーソル行の前まで実行する

カーソル行（クリックした行）の前まで一度に実行することもできます。カーソル行まで実行するときは、[デバッグ] メニューの [カーソル行の前まで実行] をクリックします。または、Ctrl + F8 キーを押して実行することもできます。

ステップイン

[デバッグ] メニューの [ステップイン] は、ステートメントを 1 行ずつ実行する機能です。プロシージャの実行をしていないときにステップインを行った場合は、プロシージャの最初の行（プロシージャ名の行）が反転表示されます。続けてステップインを繰り返していくと、プロシージャ内のステートメントを 1 行ずつ実行できます。

ブレークポイントを解除しよう

ブレークポイントは次のいずれかの方法で解除できます。

・解除したい行の左側のマージンインジケーターバーをクリックする
・解除したい行をクリックしてから、[デバッグ] メニューの [ブレークポイントの設定/解除] をクリックする
・解除したい行をクリックしてから、F9キーを押す

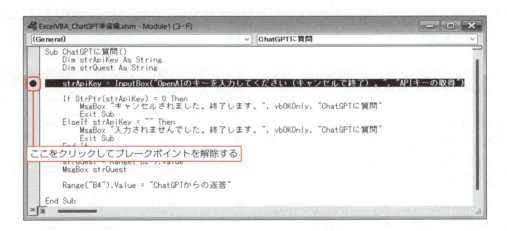

右クリックでブレークポイントを解除

ブレークポイントの行を右クリックし、[設定/解除]－[ブレークポイント] を選択して、ブレークポイントを解除することもできます。

ツールバーのボタンでブレークポイントを解除する

ブレークポイントを解除する行をクリックしてから、[編集] ツールバーの [ブレークポイントの設定/解除] ボタンをクリックして、ブレークポイントを解除することもできます。

すべてのブレークポイントを解除する

設定したすべてのブレークポイントを一度に解除するには、[デバッグ] メニューの [すべてのブレークポイントの解除] をクリックします。または、Ctrl + Shift + F9 キーを押します。

3.5 コメントを使おう

コードを後から見たときにわかりやすいように説明文を付けます。

コメントを付けよう

コードに付ける注釈を**コメント**と言います。

コメントは、半角のシングルクォーテーション（'）に続けて入力します。次の手順でコメントを入力してみましょう。

1 ブック「ExcelVBA_ChatGPT準備編.xlsm」のVBEを開く。

2 Module1のコードウィンドウが表示されていない場合は、プロジェクトエクスプローラーの［Module1］をダブルクリックして表示する。

3 「Dim strApiKey As String」の行の末尾をクリックしてカーソルを置く。

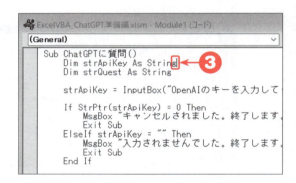

4 Tabキーを2回押してから、半角のシングルクォーテーション（'）を入力する。

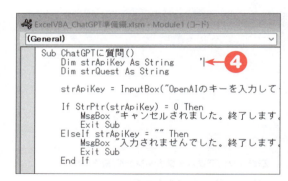

5 シングルクォーテーションに続けて**APIキー取得用**と入力する。

6 次の行をクリックする（または、↓キーを押す）。

結果 コメントが緑色表示になる。

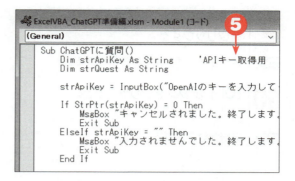

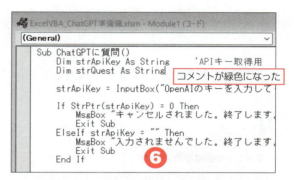

7 同様に、「strApiKey = InputBox(」で始まる行の前に、次のコメントを入力する（色文字部分）。

```
Sub ChatGPTに質問()
    Dim strApiKey As String      'APIキー取得用
    Dim strQuest As String

    'インプットボックスを表示してAPIキーを取得する。
    strApiKey = InputBox("OpenAIのキーを入力してください（キャンセルで終了）。⏎
", "APIキーの取得")

    If StrPtr(strApiKey) = 0 Then
    (中略)
End Sub
```

8 ツールバーの ▶ [Sub/ユーザーフォームの実行] ボタンをクリックする（または、F5キーを押す）。

結果 インプットボックスが表示される。

9 何も入力しないで、［キャンセル］ボタンをクリックする。

結果 メッセージボックスが表示される。

10 ［OK］ボタンをクリックする。

結果 実行が終了される。

　実行してみると、コメントを入力しても、プログラムの実行には影響がないことが確認できます。

コメントの色は変更できる

コメントは、既定では緑色で表示されますが、設定によって違う色で表示されることもあります。コメントの色の変更は、［オプション］ダイアログボックスの［エディターの設定］タブをクリックし、［コードの表示色］の［コメント］で行います。［オプション］ダイアログボックスは、［ツール］メニューの［オプション］をクリックして表示できます。

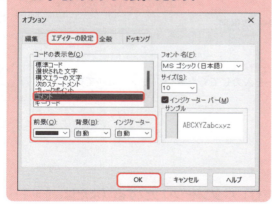

ヒント

実行したくない行をコメントにする

デバッグのときなど、コードの一部を実行したくない場合、実行したくない行の先頭にシングルクォーテーション（'）を付けるとコメントになり実行されません。

複数行をまとめてコメントにする

複数行のコードをまとめてコメントにするには、［編集］ツールバーの ［コメントブロック］ボタンを使うと便利です。コメントにしたい行を Shift ＋矢印キー等でまとめて選択してから、［コメントブロック］ボタンをクリックします。
［編集］ツールバーが表示されていない場合は、［表示］メニューの［ツールバー］－［編集］をクリックして表示できます。

コメントを解除する

コメントを解除するには、先頭のシングルクォーテーションを削除します。複数行をまとめてコメント解除する場合は、解除する行を選択してから、［編集］ツールバーの ［非コメントブロック］ボタンをクリックします。

これで第3章は終わりです。ここまで理解できましたか？

覚えることが多すぎて……

そうですね、でもこれでExcel VBAの基礎をマスターできたので、後は、いろんなステートメントや構文を使って、いろんなプログラムを作れるようになりましたね。

用語を忘れそう……

用語がわからなくなったら、巻末の索引から参照してください。

この章では何が重要ですか？

「3.4　デバッグでコードを修正しよう」です！

バグがあったときの対処ですね。

そうです。今後、プログラムが正しく動作しない場合は、この項を参考にしてデバッグしてください。

～ もう一度確認しよう！～　チェック項目

☐ ワークシートのセルに文字列を表示できましたか？

☐ 変数を宣言して使えましたか？

☐ Ifステートメントで条件分岐できましたか？

☐ インプットボックスを表示できましたか？

☐ ブレークポイントを設定できましたか？

☐ ステップ実行できましたか？

☐ コメントを入力できましたか？

3.5　コメントを使おう

パンダくんの学習日記：その2

今日の日づけ：〇月□日

今日のおやつ：タケノコ蒸しパン

今日のまなび：ワークシートに入力されている文字を取得できた。「取得できた」って言うと、なんかプログラマーっぽい気がする。
あと、変数とか条件分岐とかデバッグとか。デバッグ面倒だったけど、ウサギ先生が大事って言ってたから後で復習しとく。

今日の反省：台所のタケノコをつまみ食いしたら怒られたから、反省してプログラムを書いてみた。

```
If つまみ食いしない Then
    怒られない
End If
```

第 **4** 章

ワークシートのデータを集計

この章では、テキストファイルのデータをワークシートに読み込んで集計を行います。読み込むテキストファイルは、［ファイルを開く］ダイアログボックスで指定できるようにします。

4.1	テキストファイルのパスを取得しよう
4.2	ブックにワークシートを追加しよう
4.3	テキストファイルをワークシートに読み込もう
4.4	ワークシートのデータを並べ替えよう
4.5	ワークシートのデータに小計を表示しよう
4.6	イミディエイトウィンドウで実行状況を確認しよう

この章では、ワークシートのデータを並べ替えて集計します。

じゃあデータが必要なんですね。

はい。テキストファイルのデータをVBAでワークシートに読み込みます。メインシステムのサーバーからダウンロードしたという想定の、アンケート結果ファイルを例として使います。

売上データの集計とかいろいろ応用できそうだね！

この章では、次について学びます。

- VBAで［ファイルを開く］ダイアログボックスを表示する方法
- VBAでブックにワークシートを追加する方法
- VBAでテキストファイルのデータをワークシートに読み込み方法
- VBAでワークシートのデータを並べ替える方法
- VBAでワークシートのデータに集計行を表示する方法
- イミディエイトウィンドウへの出力

4.1 テキストファイルのパスを取得しよう

［ファイルを開く］ダイアログボックスを表示して、テキストファイルを選択できるようにします。

［ファイルを開く］ダイアログボックスを表示しよう

　ここでは、［ファイルを開く］ダイアログボックスを表示して、読み込むテキストファイルをユーザーが選択できるようにします。

　［ファイルを開く］ダイアログボックスを表示するには、Applicationオブジェクトの**GetOpenFilename**メソッドを使います。

 書式　GetOpenFilename メソッド

Applicationオブジェクト.GetOpenFilename([フィルター文字列]，，[タイトルバーの文字列])

　「フィルター文字列」には、ファイルの種類を指定します。ここでは、コンマで項目が区切られているCSVファイルを対象とするため、次のように記述します。

"csvファイル (*.csv), *.csv"

　複数のフィルター文字列を設定する場合は、半角のコンマ（,）で区切って記述します。フィルター文字列は、［ファイルを開く］ダイアログボックスの［ファイルの種類］ドロップダウンリストボックスに表示されます。

　「フィルター文字列」は省略可能です。省略した場合は、すべての形式のファイルを選択できます。

　第2引数は、既定値にするフィルター文字列を指定し、省略可能です。ここでは、フィルター文字列を1つしか指定しないため、第2引数の記述を省略します。引数の記述を省略する場合は、書式のように引数の値を記述しません。

　第3引数の「タイトルバーの文字列」には、［ファイルを開く］ダイアログボックスのタイトルバーに表示する文字列を指定します。

　なお、GetOpenFilenameメソッドは、第5引数まで引数がありますが、ここでは第1引数と第3引数のみ使います。したがって、第3引数まで記述する書式を紹介しています。プロパ

ティやメソッドの使い方は多様であるため、本書では、目的に合った使い方のみ紹介します。

Applicationオブジェクトは、**Applicationプロパティ**で取得します。

> **書式 Application プロパティ**
>
> ```
> Application
> ```

Applicationオブジェクトは、Excelを表すオブジェクトです。

用 語

ファイルフィルター文字列

「"csvファイル (*.csv),*.csv"」の「csvファイル (*.csv)」の部分を**ファイルフィルター文字列**と言います。また、コンマの後の「*.csv」を**ワイルドカードフィルター文字列**と言います。

ヒント

複数のファイルを選択するとき

GetOpenFilenameメソッドの5番目の引数にTrueを指定すると、複数のファイルを指定できます。5番目の引数の既定値はFalseです。したがって、5番目の引数を省略すると、Falseを指定したことになり、1つのファイルのみ選択できます。複数のファイルを指定できるようにする場合は、次のように記述します。

> **書式 GetOpenFilenameメソッドで複数のファイルを選択**
>
> ```
> Applicationオブジェクト.GetOpenFilename(フィルター文字列,,,,True)
> ```

［ファイルを開く］ダイアログボックスの戻り値

　［ファイルを開く］ダイアログボックスには、［開く］ボタンと［キャンセル］ボタンが表示されます。

　［開く］ボタンがクリックされたときは、GetOpenFilenameメソッドの戻り値は、選択されたファイルのファイルパスです。

　また、［キャンセル］ボタンがクリックされたときの戻り値はFalseです。したがって、GetOpenFilenameメソッドの戻り値がFalseであった場合は、キャンセル処理を行います。ここでは、メッセージボックスを表示して実行を終了することにします。

ヒント

ファイルを選択しなかったとき

ユーザーがファイルを選択せずに［開く］ボタンをクリックすると、［ファイルを開く］ダイアログボックスの動作は何も行われません（［ファイルを開く］ダイアログボックスが表示されたままになります）。したがって、GetOpenFilenameメソッドの戻り値は、選択されたファイルのファイルパスまたはFalseのどちらかです。

コードを改行しよう

　［ファイルを開く］ダイアログボックスを表示するコードを入力する前に、ステートメントが長くなったときに改行して入力する方法を予習しておきましょう。

　ステートメントを改行するときは、改行する位置に半角のスペースと半角のアンダースコア（_）を入力してから改行します。たとえば、「MsgBox "終了します。", vbOKOnly, "ChatGPTに質問"」を途中で改行する場合は、次のように記述します。

```
MsgBox "終了します。", _
        vbOKOnly, "ChatGPTに質問"
```

改行は、任意の位置で行えますが、キーワードの途中で改行することはできません。

用語

行連結文字

ステートメントを改行するときに入力する半角のスペースと半角のアンダースコア（_）を**行連結文字**と呼びます。

［ファイルを開く］ダイアログボックスを表示する処理を入力しよう

　ここでも標準モジュールに入力しますが、今回は標準モジュールの名前を変更してみましょう。

　標準モジュール名を変更するには、プロパティウィンドウの「(オブジェクト名)」に表示されている「Module1」を変更します。

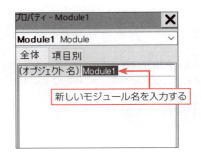

　ここでは次の手順で、新たなブックを作成し、標準モジュール名を「Shukei」に変更して、コードを入力します。プロシージャ名は「CSVファイルを読み込む」とします。

1 Excelで［空白のブック］を開く。

2 Alt＋F11キーまたは［開発］タブの［Visual Basic］からVBEを開く。

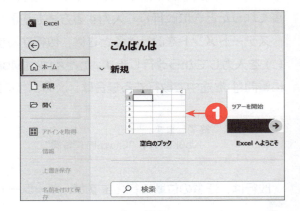

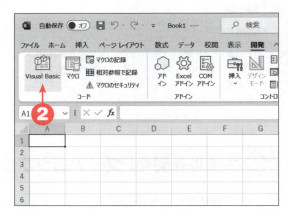

3 VBEの[挿入]メニューの[標準モジュール]をクリックする。

結果 標準モジュールModule1が挿入され、コードウィンドウが表示される。

4 プロパティウィンドウで「(オブジェクト名)」の右側の「Module1」を削除し、**Shukei**と入力してEnterキーを押す。

結果 標準モジュール名が変更され、プロジェクトエクスプローラーとコードウィンドウの表記が変更される。

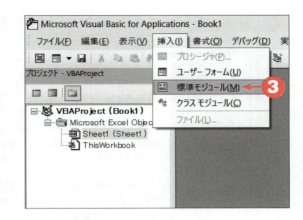

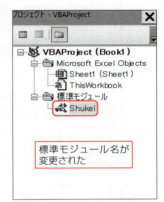

標準モジュール名が変更された

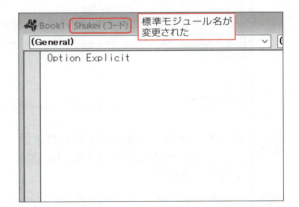

標準モジュール名が変更された

4.1 テキストファイルのパスを取得しよう

5 Shukeiモジュールのコードウィンドウに、次のコードを入力する（色文字部分）。

```
Option Explicit

Sub CSVファイルを読み込む()
    Dim strFilePath As String                                    ← 1

    ' ファイルダイアログを表示し、CSVファイルのパスを取得する        2
    strFilePath = Application.GetOpenFilename( _
        "CSVファイル (*.csv), *.csv", Title:="CSVファイルを選択してください")

    ' [キャンセル] ボタンが押されたら終了する
    If strFilePath = "False" Then                                ← 3
        MsgBox "キャンセルされました"
        Exit Sub                                                 ← 4
    End If

    MsgBox "選択されたCSVファイルのパス：" & strFilePath          ← 5
End Sub
```

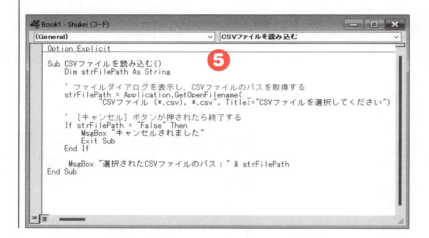

6 ツールバーの 🖫 [Book1の上書き保存] ボタンをクリックする（または、Ctrl + S キーを押す）。

結果 [名前を付けて保存] ダイアログボックスが表示される。

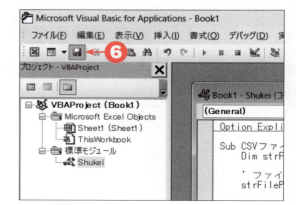

7 [ドキュメント] フォルダーの [ExcelVBA_ChatGPT] フォルダーをダブルクリックする。

8 [ファイル名] にあらかじめ入力されている「Book1.xlsx」を削除して、**ExcelVBA_ChatGPT基礎編**と入力する。

9 [ファイルの種類] をクリックし、一覧から [Excelマクロ有効ブック(*.xlsm)] をクリックする。

10 [保存] をクリックする。

結果 ブックが「ExcelVBA_ChatGPT基礎編.xlsm」という名前でマクロ有効ブックとして保存される。

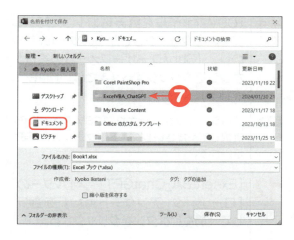

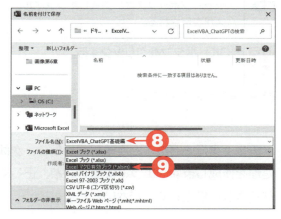

注意

サンプルファイルをダウンロードしておく

手順❼で選択する [ExcelVBA_ChatGPT] フォルダーは、本書のサンプルファイルに含まれています。サンプルファイルをまだダウンロードしていない場合は、本書の「はじめに」の (3) ページにある「サンプルファイルのダウンロードと使い方」の説明に従ってダウンロードしてください。この後の手順⓬で選択する「ローデータ_アンケート.csv」ファイルも、このフォルダーに含まれています。

11 「CSVファイルを読み込む」プロシージャ内をクリックしてから、ツールバーの ▶ [Sub/ユーザーフォームの実行] ボタンをクリックする（または、F5 キーを押す）。

結果 プロシージャが実行され、[CSVファイルを選択してください] ダイアログボックスが表示される。

12 [ExcelVBA_ChatGPT] フォルダーの「ローデータ_アンケート.csv」を選択して [開く] ボタンをクリックする。

結果 メッセージボックスに、選択したファイルのパスが表示される。

13 [OK] ボタンをクリックする。

結果 実行が終了される。

　正しく実行できたことを確認できたら、次は、選択したファイルをワークシートに読み込む処理を作成します。エラーになるなど、正しく実行できない場合は、コードを手順❺と同じになるように訂正してください。

コードの解説

1
```
Dim strFilePath As String
```

ファイル名を保管する変数 strFilePath を String 型で宣言します。

2
```
strFilePath = Application.GetOpenFilename( _
    "CSVファイル (*.csv), *.csv", Title:="CSVファイルを選択してください")
```

[ファイルを開く] ダイアログボックスを表示します。選択可能なファイル形式として、第1引数にCSVファイルを指定しています。

　「Title:="CSVファイルを選択してください"」の部分は第3引数で、ダイアログボックスの

タイトルバーに表示する文字列を指定しています。第3引数は、「Title」という名前が付いていて、「引数名:=」のように半角のコロン（:）と等号（=）を使って値を指定することができます。このように名前が付いている引数を**名前付き引数**と言います。

　名前を付けて引数を指定するときは、引数の順番に関係なく、どの位置でも指定できます。Titleは3番目の引数ですが、名前を付けて指定することにより、ここでは2番目に指定しています。

　[ファイルを開く] ダイアログボックスで選択されたファイルパスは、変数strFilePathに格納します。

3
```
If strFilePath = "False" Then
```

　変数strFilePathがFalseの場合、つまり、GetOpenFilenameメソッドの戻り値がFalseであった場合は、Ifブロック内の処理を行います。GetOpenFilenameメソッドが返すFalseはString型ではありませんが、String型の変数に代入すると自動的にString型に変換されます。そこで、ここでは「"False"」と記述しています。

4
```
Exit Sub
```

　[キャンセル] ボタンがクリックされたら、実行を終了します。

5
```
MsgBox "選択されたCSVファイルのパス：" & strFilePath
```

　選択されたファイルのファイルパスをメッセージボックスで表示します。[キャンセル] ボタンがクリックされたらIfブロック内で実行を終了するので、[キャンセル] ボタンがクリックされたときは、このステートメントは実行されません。

　「&」は、文字列と文字列変数をつなげています。このように文字列同士をつなげる演算子を**連結演算子**と言います。&演算子の両側には半角のスペースを入力してください。

4.1　テキストファイルのパスを取得しよう　**083**

&演算子

&演算子は、演算子の両側の文字列を連結した結果を返します。たとえば、次のステートメントでは、結果として文字列「"ABCDEF"」が返されます。

```
"ABC" & "DEF"
```

Applicationオブジェクトは省略できる

Applicationオブジェクトの指定は省略できます。省略する場合は、次のようにメソッド名から記述します。

```
GetOpenFilename("CSVファイル (*.csv), *.csv" _
              , Title:="CSVファイルを選択してください")
```

4.2 ブックにワークシートを追加しよう

ブック内に同名のワークシートが存在しないことを確認してから、新しいワークシートを追加します。

操作対象のブックを取得しよう

　第3章では、ワークシートのセルを指定するときに、「Range("B2")」のように記述しました。この場合は、現在アクティブになっているワークシート、つまり、現在一番手前に表示されているワークシートのセルB2が処理の対象になります。

　したがって、操作対象ではないブックやワークシートがアクティブになっていると、そのブックやワークシートに対して処理が行われてしまいます。そこで、ここからは操作対象となるブックを指定することにします。

　実行するVBAが記述されているブックを指定するには、**ThisWorkbook プロパティ**を使います。

書式　**ThisWorkbook プロパティ**

```
ThisWorkbook
```

　VBAでは、ブックを **Workbook オブジェクト**として扱います。ThisWorkbookプロパティは、実行中のVBAが記述されているブックのWorkbookオブジェクトを取得します。

　Workbookオブジェクトには、ブックを開いたり保存したりといった、ブックを操作するメソッドやプロパティが含まれています。また、ワークシートを取得するプロパティも含まれています。

> **ヒント**
>
> **Applicationオブジェクト（プロパティの記述）を省略**
>
> ThisWorkbookプロパティは、Applicationオブジェクトのプロパティです。Applicationオブジェクトの記述は省略できるため、ここではApplicationオブジェクトの記述を省略します。

ワークシートを追加しよう

　ここでは、CSVファイルを新しいワークシートに読み込みます。そのため、ファイルを読み込む前にブックにワークシートを追加する処理を作成します。

　VBAでは、ワークシートを**Worksheetオブジェクト**として扱います。Worksheetオブジェクトは、**Worksheetsコレクション**と呼ぶオブジェクトに含まれています。**コレクション**は、同じ種類のオブジェクトの集合体です。

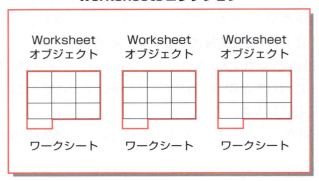

　このように、VBAではワークシートをWorksheetオブジェクトとして扱いますが、コードの中では、Worksheetオブジェクトを丸ごと取り込んで扱っているわけではありません。メモリ上のWorksheetオブジェクトの場所（アドレス）を指定して処理を行っています。

　つまり、オブジェクトの場所を参照しているので、**オブジェクトへの参照**と言います。また、プロパティでオブジェクトを取得することを、**オブジェクトへの参照を取得する**と言います。

　Worksheetsコレクションへの参照は、**Worksheetsプロパティ**で取得します。

> 書式　**Worksheetsコレクションへの参照を取得**
>
> **Workbookオブジェクト**.Worksheets

　ブックにワークシートを追加するには、Worksheetsコレクションの**Addメソッド**を使います。

> 書式　**WorksheetsコレクションのAddメソッド**
>
> **Worksheetsコレクション**.Add

Worksheetsコレクションの Add メソッドは、追加したワークシートへの参照を返します。また、追加したワークシートに名前を付けておきます。ワークシートに名前を付けるには、対象となるワークシートの Worksheet オブジェクトの **Name プロパティ**を使います。

書式 **Worksheet オブジェクトの Name プロパティ**

```
Worksheetオブジェクト.Name = ワークシート名
```

オブジェクト型変数を使おう

セルやワークシートなどのオブジェクトへの参照を変数に保管するときは、**オブジェクト型変数**を使います。

オブジェクト型変数には種類があり、オブジェクトによって型が異なります。次の表は、Excel でよく使われるオブジェクト型変数の型です。

オブジェクト	型
セル	Range
ワークシート	Worksheet
ブック	Workbook

オブジェクト型変数も他の変数と同じように宣言します。ここで使う Worksheet オブジェクト用のオブジェクト型変数は、次の書式で宣言します。

書式 **Worksheet 型変数の宣言**

```
Dim 変数名 As Worksheet
```

オブジェクト型変数にオブジェクトへの参照を代入するには、**Set ステートメント**を使います。

書式 **オブジェクトへの参照を代入**

```
Set 変数名 = オブジェクトへの参照
```

ここでは、Add メソッドが返す Worksheet オブジェクトへの参照を、Set ステートメントで変数に代入します。

4.2　ブックにワークシートを追加しよう

定数を使おう

文字列や数値などのリテラル値に名前を付けることができます。

たとえば、給料日が毎月25日の場合、25という数値に「PAYDAY」または「KYURYOBI」と名前を付けて、コードの中で「25」の代わりに使うことができます。値に名前を付けておくことによって、後からコードを見たときに理解しやすくなります。

このように値に付けた名前を**定数**と呼びます。

定数は、**Constステートメント**を使って次のように定義します。

書式　定数を定義する

```
Const 定数名 As データ型 = 値
```

定数名は変数名と同じように任意で作成できますが、本書では、変数と区別するために、定数名のアルファベットは大文字のみ使用して定義します。

ヒント

定数でコードを訂正しやすくする

リテラル値を定数として定義しておくと、後から値を変更するときに、定数の定義部分だけ変更するだけで済みます。たとえば、給料日が毎月25日で、数値「25」を定数「PAYDAY」として定義した場合、給料日が10日に変更されたときは、定数「PAYDAY」の値を「10」に変更するだけで実行できます。

```
Const PAYDAY As Integer = 25
    ↓
Const PAYDAY As Integer = 10
```

ワークシートを追加する処理を入力しよう

ブックにワークシートを追加する処理を、次の手順で入力します。

1 ブック「ExcelVBA_ChatGPT基礎編.xlsm」のVBEを開き、標準モジュールShukeiの「CSVファイルを読み込む」プロシージャ内の次の位置に、次のコードを入力する(色文字部分)。

```
Option Explicit

Const SHEET_NAME = "アンケート結果"     ← 1

Sub CSVファイルを読み込む()
    Dim strFilePath As String
    Dim mySheet As Worksheet     ← 2

    ' ファイルダイアログを表示し、CSVファイルのパスを取得する
    strFilePath = Application.GetOpenFilename( _
        "CSVファイル (*.csv), *.csv", Title:="CSVファイルを選択してください")

    ' [キャンセル] ボタンが押されたら終了する
    If strFilePath = "False" Then
        MsgBox "キャンセルされました。"
        Exit Sub
    End If

    MsgBox "選択されたCSVファイルのパス:" & strFilePath

    ' 新しいワークシートを作成する
    Set mySheet = ThisWorkbook.Worksheets.Add     ← 3
    mySheet.Name = SHEET_NAME     ← 4
End Sub
```

2 「CSVファイルを読み込む」プロシージャ内をクリックしてから実行する。

結果▶ [CSVファイルを選択してください] ダイアログボックスが表示される。

3 [ExcelVBA_ChatGPT] フォルダーの「ローデータ_アンケート結果.csv」を選択して [開く] ボタンをクリックする。

結果▶ メッセージボックスに選択したファイルパスが表示される。

4 [OK] ボタンをクリックする。

結果▶ 実行が終了され、Excelにワークシートが追加される。

4.2 ブックにワークシートを追加しよう

5 ツールバーの [表示Microsoft Excel] ボタンをクリックする（または、Alt + F11 キーを押す）。

結果 Excelが表示される。

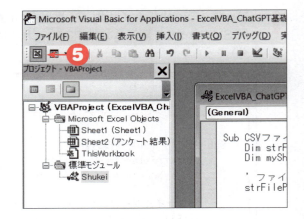

6 [アンケート結果] シートが追加されていることを確認する。

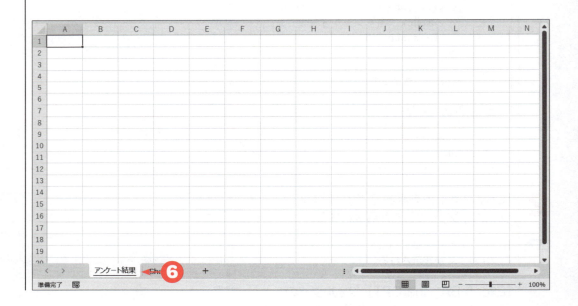

コードの解説

1
```
Const SHEET_NAME = "アンケート結果"
```

追加するワークシート名を「アンケート結果」として定義します。定数名は「SHEET_NAME」とします。

この定義は今までと違い、プロシージャの上、つまり、プロシージャの外側に入力します。プロシージャの外で定義した定数は、同じモジュール内のすべてのプロシージャで利用できます。

2
```
Dim mySheet As Worksheet
```

Worksheetオブジェクトを扱う変数を、変数名「mySheet」として宣言します。

3
```
Set mySheet = ThisWorkbook.Worksheets.Add
```

　WorksheetsコレクションのAddメソッドを使って、実行中のブックにWorksheetオブジェクトを追加します（ワークシートを追加したことになります）。
　追加したWorksheetオブジェクトへの参照は、Setステートメントを使って変数mySheetに代入します。

4
```
mySheet.Name = SHEET_NAME
```

　追加したワークシートの名前を、定数SHEET_NAMEで定義した名前にします。

　この処理は何度もテスト実行を行う可能性がありますが、実行時に同名のワークシートが存在するとエラーが発生します。そこで、次の項ではワークシートを追加する前に、同名のワークシートが存在するかどうか確認し、存在した場合はエラーメッセージを表示して終了するようにします。

用語

スコープ

変数や定数がプロシージャ内だけで使えるか、モジュール全体で使えるかといった変数や定数の有効範囲を**スコープ**と言います。

ヒント

ワークシート名は自動的に付けられる

VBAでブックにワークシートを追加すると、ワークシート名は自動的に付けられます。ブックで追加したときと同じように、Sheet1から順にSheet2、Sheet3、……のように番号が割り当てられます。ここでは、わかりやすいようにワークシートの名前を変更しています。

ブックにワークシートが存在するか確認しよう

　指定した名前のワークシートがブックに存在するかどうか確認するには、ブック内の各ワークシートの名前が指定した名前と一致するかどうか調べます。

　ワークシート名は、先ほど学習したWorksheetオブジェクトのNameプロパティで調べられます。

　ブック内のすべてのワークシートを調べるには、Worksheetsコレクションを使います。Worksheetsコレクションには、ブック内のすべてのワークシートへの参照が含まれています。

　コレクションの要素を1つずつ順に参照するには、**For Each … Nextステートメント**を使います。

書式 For Each … Nextステートメント

```
For Each 変数名 In コレクション
    処理
Next
```

　「変数名」には、コレクションの要素を代入する変数名を指定します。ここでは、Worksheetsコレクション内のWorksheetオブジェクトを扱うため、先ほど宣言したWorksheet型の変数mySheetを指定します。

　「コレクション」には、参照するコレクションを指定します。ここでは、Worksheetsコレクションを参照するため、Worksheetsプロパティを指定します。

　For Each … Nextステートメントを実行すると、次のように処理が繰り返されます。

（1）コレクション内の最初の要素が変数に代入される

（2）ブロック内の処理が行われる

（3）For Each … Nextブロックの先頭に戻る

（4）コレクション内の次の要素が変数に代入される

（5）次の要素がなければFor Each … Nextブロックを終了する。次の要素があれば（2）に戻る

　このように繰り返される処理を、**繰り返し処理**または**ループ処理**と呼びます。

　ワークシート名が一致するかどうかは、Ifステートメントを使って判断します。名前が一致するワークシートが存在した場合は、ワークシートを削除するか名前を変更してからやり直すようにメッセージを表示します。この処理は、次の手順で入力します。

092　第4章　ワークシートのデータを集計

1 ブック「ExcelVBA_ChatGPT基礎編.xlsm」のVBEを開き、標準モジュールShukeiの「CSVファイルを読み込む」プロシージャ内の次の位置に、次のコードを入力する（色文字部分）。

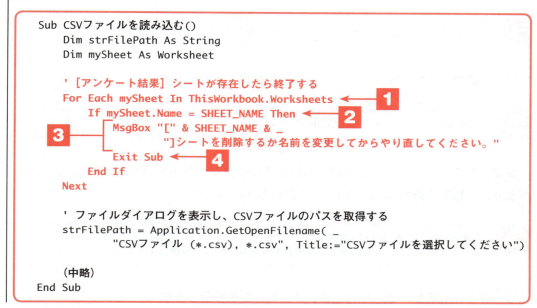

2 「CSVファイルを読み込む」プロシージャ内をクリックしてから実行する。

結果 ▶ メッセージボックスが表示される。

3 ［OK］ボタンをクリックする。

結果 ▶ 実行が終了される。

　ここでは、先ほど［アンケート結果］シートを追加しているので、同名のワークシートが存在することになり、エラーメッセージが表示され、実行が終了されます。

> **用語**
>
> **実行時エラーと構文エラー**
>
> VBAでワークシート名を変更するとき、すでにブック内に存在するワークシート名を指定すると、エラーが発生して実行が中断されます。このように実行途中に発生するエラーを**実行時エラー**と言います。また、かっこの数が合わない、つづり間違いがある場合など、警告が表示されるエラーを**構文エラー**と言います。
>
> **繰り返し構文**
>
> For Each … Nextステートメントのように処理を繰り返す構文を**繰り返し構文**と呼びます。

4.2　ブックにワークシートを追加しよう　093

コードの解説

1
```
For Each mySheet In ThisWorkbook.Worksheets
```

実行中のブック内のすべてのワークシートを順に参照します。

2
```
If mySheet.Name = SHEET_NAME Then
```

　取得したワークシートの名前が、追加するワークシート名SHEET_NAMEと一致するか調べます。一致する場合は、Ifブロック内の処理を行います。

3
```
MsgBox "[" & SHEET_NAME & _
        "]シートを削除するか名前を変更してからやり直してください。"
```

ワークシート名が一致した場合は、メッセージを表示します。

4
```
Exit Sub
```

プロシージャの実行を終了します。

　ワークシートを追加する処理ができたら、次は、ワークシートにテキストファイルを読み込む処理を作成します。

コラム Excelの各要素を表すオブジェクトのまとめ

　ここまで、Excelのセルやブック、ワークシートなどに対応するオブジェクトがいくつか出てきました。それぞれのオブジェクトについて、ここで復習しておきましょう。

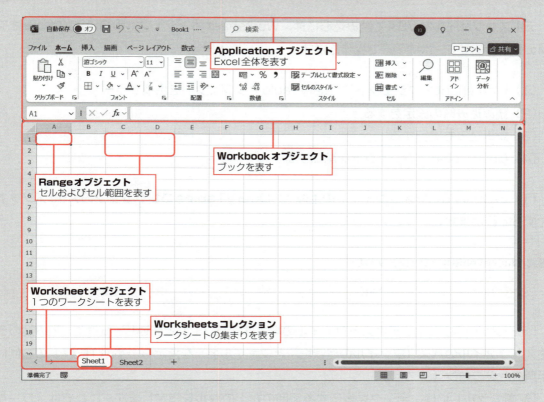

4.2　ブックにワークシートを追加しよう

4.3 テキストファイルをワークシートに読み込もう

前の節で追加したワークシートにCSVファイルの内容を読み込みます。

テキストファイルを読み込むには

　テキストファイルをVBAで読み込むには、Worksheetオブジェクトの**QueryTableオブジェクト**を使って、次の手順で操作します。

　（1）WorksheetオブジェクトにQueryTableオブジェクトを生成する
　（2）読み込み時の設定をする
　（3）読み込みを実行する
　（4）QueryTableオブジェクトを削除する

　（1）のQueryTableオブジェクトの生成は、**QueryTablesコレクション**の**Addメソッド**を使って行います。

書式　QueryTableオブジェクトの生成

```
QueryTablesコレクション.Add(データソース, 配置先セル)
```

　「データソース」には、テキストファイルの場合は「TEXT;」と記述し、続けて、読み込むテキストファイルのパス（ファイルの保管場所とファイル名）を指定します。「TEXT」の右側は半角のセミコロン（;）です。
　「配置先セル」には、データを表示する範囲の左上のセルを指定します。ここでは、ワークシートの左上からデータを表示するため、「配置先セル」には「Range("A1")」と指定します。
　Addメソッドの戻り値は、生成したQueryTableオブジェクトへの参照です。

 ヒント

セル範囲を指定する
Rangeプロパティにセル範囲を指定する場合は、半角のコロン（:）を使います。たとえば、セルA1からセルD5の範囲を指定する場合は「Range("A1:D5")」のように記述します。

（2）の読み込み時の設定は、QueryTable オブジェクトのプロパティで行います。次の表は、テキストファイルを読み込むときに使うプロパティの一部です。CSV ファイルはコンマ区切りであるため、ここでは TextFileCommaDelimiter プロパティを True に設定します。

プロパティ	説明
TextFileConsecutiveDelimiter	連続する区切り文字を1つの区切り文字として扱うときは True。既定値は False
TextFileCommaDelimiter	コンマを区切り文字とするときは True。既定値は False
TextFileTabDelimiter	タブを区切り記号とするときは True。既定値は False
TextFileSemicolonDelimiter	セミコロンを区切りとするときは True。既定値は False
TextFileSpaceDelimiter	スペースを区切り文字とするときは True。既定値は False
TextFileColumnDataTypes	データの型を指定（1 = 文字列、2 = 日付、3 = 数値、4 = その他）
TextFilePlatform	ファイルの文字コードを指定。既定値は「932」（Shift-JIS）。UTF-8の場合は「65001」を指定

（3）の読み込みの実行は、QueryTable オブジェクトの **Refresh メソッド**で行います。

書式　QueryTable オブジェクトの Refresh メソッド

> `QueryTableオブジェクト.Refresh`

（4）の QueryTable オブジェクトの削除は、QueryTable オブジェクトの **Delete メソッド**で行います。

書式　QueryTable オブジェクトの Delete メソッド

> `QueryTableオブジェクト.Delete`

ここまでの処理を、次の手順で入力します。

4.3　テキストファイルをワークシートに読み込もう

1 ブック「ExcelVBA_ChatGPT基礎編.xlsm」のVBEを開き、標準モジュールShukeiの「CSVファイルを読み込む」プロシージャ内の次の位置に、次のコードを入力する（色文字部分）。

```
Sub CSVファイルを読み込む()
    Dim strFilePath As String
    Dim mySheet As Worksheet
    Dim myQTable As QueryTable        ← 1

    'アンケート結果シートが存在したら終了する
    For Each mySheet In ThisWorkbook.Worksheets
        If mySheet.Name = SHEET_NAME Then
(中略)

    ' 新しいワークシートを作成する
    Set mySheet = ThisWorkbook.Worksheets.Add
    mySheet.Name = SHEET_NAME

    '選択されたCSVファイルをワークシートに読み込む
    Set myQTable = mySheet.QueryTables.Add( _
              "TEXT;" & strFilePath, mySheet.Range("A1"))     ← 2
    myQTable.TextFileCommaDelimiter = True    ← 3
    myQTable.Refresh    '読み込みを実行する     ← 4
    myQTable.Delete     ← 5

    MsgBox "CSVファイルを読み込みました。"    ← 6
End Sub
```

2 ツールバーの [表示Microsoft Excel] ボタンをクリックして（または、[Alt]+[F11]キーを押して）表示をExcelに切り替える。

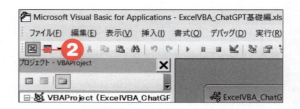

3 ［アンケート結果］シートのシートタブを右クリックして、［削除］をクリックする。

結果 削除確認のメッセージボックスが表示される。

第4章 ワークシートのデータを集計

4 [削除] ボタンをクリックする。

結果 [アンケート結果] シートが削除される。

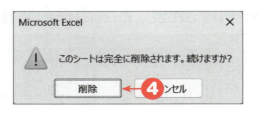

5 Alt + F11 キーを押して、VBEに表示を切り替える。

6 「CSVファイルを読み込む」プロシージャ内をクリックしてから実行する。

結果 [CSVファイルを選択してください] ダイアログボックスが表示される。

7 [ExcelVBA_ChatGPT] フォルダーの「ローデータ_アンケート.csv」を選択して [開く] ボタンをクリックする。

結果 メッセージボックスが表示される。

8 [OK] ボタンをクリックする。

結果 処理完了のメッセージボックスが表示される。

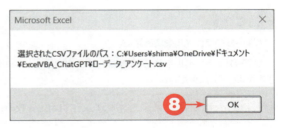

9 [OK] ボタンをクリックする。

結果 実行が終了される。

4.3 テキストファイルをワークシートに読み込もう

実行が終了されたら、Excelに表示を切り替えて結果を確認してみましょう。

［アンケート結果］シートが新たに追加されて、CSVファイルのデータが読み込まれていることが確認できます。

ヒント

UTF-8のファイルを読み込む

UTF-8のファイルを読み込む場合は、次のようにQueryTableオブジェクトのTextFilePlatformプロパティに「65001」と指定します。

> **QueryTableオブジェクト**.TextFilePlatform = 65001

TextFilePlatformプロパティは、読み込むファイルの文字コードを指定するときに使います。TextFilePlatformプロパティの指定を省略した場合は、Shift-JISを表す「932」を指定したことになります。

コードの解説

1
```
Dim myQTable As QueryTable
```

QueryTableオブジェクトへの参照を保管するための変数を宣言します。

2
```
Set myQTable = mySheet.QueryTables.Add( _
        "TEXT;" & strFilePath, mySheet.Range("A1"))
```

QueryTablesコレクションのAddメソッドで、QueryTableオブジェクトを生成します。データを表示する位置をセルA1からとします。

　Addメソッドは、QueryTableオブジェクトへの参照を返すので、これを変数myQTableに代入します。

3
```
myQTable.TextFileCommaDelimiter = True
```

項目ごとにコンマ区切りのファイルであることを指定します。

4
```
myQTable.Refresh
```

ワークシートへの読み込みを実行します。

5
```
myQTable.Delete
```

不要になったQueryTableオブジェクトを削除します。

6
```
MsgBox "CSVファイルを読み込みました。"
```

処理が終了したことをメッセージボックスで知らせます。

ワークシートのデータを並べ替えよう

ワークシートに読み込んだデータを並べ替えて表示します。

ワークシートが存在しないときのエラーに対応しよう

　ここでは、CSVファイルからワークシートに読み込んだデータを並べ替えます。ただし、読み込み前、つまり、対象となるワークシートが存在しないときに実行すると、実行時エラーが発生して実行が中断されます。

　そこで、実行時エラーが発生したときに中断しないように、**On Errorステートメント**を使って終了処理を行います。

書式 **On Errorステートメント**

```
On Error GoTo ラベル名
処理
On Error GoTo 0
```

　「処理」には、実行時エラーが発生する可能性がある処理を記述します。具体的には、次のように記述します。

```
    On Error GoTo ラベル名
    処理1
    On Error GoTo 0

    処理2

    Exit Sub

ラベル名:
    処理3
End Sub
```

　このように記述すると、次のいずれかの順に処理が行われます。

(a) 処理1が実行され、エラーが発生しなければ、処理2が実行され、Exit Subステートメントが実行されてプロシージャの実行が終了される。

(b) 処理1が実行され、エラーが発生したら、「ラベル名:」に処理が移り、処理3が行われて、End Subステートメントでプロシージャの実行が終了される。

ここでは、[アンケート結果] シートが存在するかどうか確認します。そこで、[アンケート結果] シートのWorksheetオブジェクトを変数に代入する処理を「処理1」に記述します。[アンケート結果] シートが存在しない場合は実行時エラーが発生し、「ラベル名:」以降の処理が行われるため、「処理3」の位置にエラーメッセージを表示する処理を記述します。

エラーが発生したときに処理を行う「ラベル名:」以降の部分を**エラーハンドラー**と呼びます。ラベル名の右側は半角のコロン（:）を記述します。

「On Error GoTo 0」は、エラーハンドラーを無効にします。したがって、これ以降の処理で実行時にエラーが発生しても、エラーハンドラーの処理は行われません。

では、ここまでの処理を入力してみましょう。プロシージャ名は「並べ替え」とします。

1 ブック「ExcelVBA_ChatGPT基礎編.xlsm」のVBEを開き、標準モジュールShukeiの「CSVファイルを読み込む」プロシージャの下の位置に、次のコードを入力する（色文字部分）。

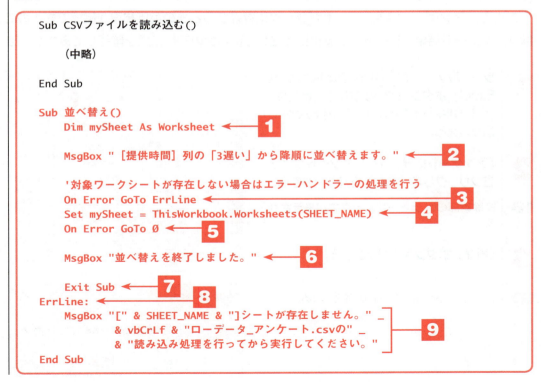

4.4 ワークシートのデータを並べ替えよう

2　「並べ替え」プロシージャ内をクリックしてから実行する。

結果　処理開始を知らせるメッセージボックスが表示される。

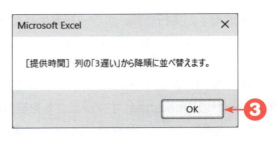

3　[OK] ボタンをクリックする。

結果　処理終了を知らせるメッセージボックスが表示される。

4　[OK] ボタンをクリックする。

結果　実行が終了される。

　この章の「4.2　ブックにワークシートを追加しよう」で、ブックに [アンケート結果] シートを追加しているため、ここでは [アンケート結果] シートを参照しても実行時エラーが発生しません。したがって、「On Error GoTo 0」の後の MsgBox 関数が実行されます。その後、Exit Sub ステートメントが実行されてプロシージャの実行が終了されます。

　これで [アンケート結果] シートがブックに存在するときの実行結果が確認できたので、次は [アンケート結果] シートがブックに存在しない場合の実行結果を確認してみましょう。

1　ツールバーの ◪ [表示 Microsoft Excel] ボタンをクリックして（または、[Alt] + [F11] キーを押して）表示を Excel に切り替える。

2　[アンケート結果] シートのシートタブを右クリックして [削除] をクリックする。

結果　削除確認のメッセージボックスが表示される。

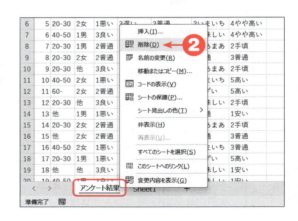

3　[削除] ボタンをクリックする。

結果　[アンケート結果] シートが削除される。

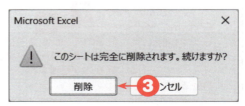

第4章　ワークシートのデータを集計

4 Alt＋F11キーを押してVBEに表示を切り替える。

5 「並べ替え」プロシージャ内をクリックしてから実行する。

結果　処理開始を知らせるメッセージボックスが表示される。

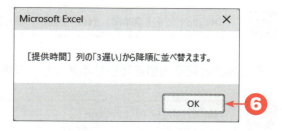

6 ［OK］ボタンをクリックする。

結果　［アンケート結果］シートが存在しないことを知らせるメッセージボックスが表示される。

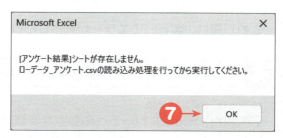

7 ［OK］ボタンをクリックする。

結果　実行が終了される。

　これで、［アンケート結果］シートが存在しないときにエラーハンドラーの処理が行われることを確認できました。

> **ヒント**
>
> **For Each … Nextステートメントで確認する**
>
> 「4.2　ブックにワークシートを追加しよう」では、For Each … Nextステートメントを使って、ブック内に同名のワークシートが存在するかどうか確認しました。ここでも同じようにFor Each … Nextステートメントを使って、同名のワークシートが存在するかどうか確認し、存在しなければエラーメッセージを表示して終了することもできます。

コードの解説

1
```
Dim mySheet As Worksheet
```

［アンケート結果］シートを扱うためのWorksheet型の変数を宣言します。

4.4　ワークシートのデータを並べ替えよう　**105**

2
```
MsgBox " ［提供時間］ 列の「3遅い」 から降順に並べ替えます。"
```

処理開始と処理内容を知らせるメッセージボックスを表示します。

3
```
On Error GoTo ErrLine
```

これ以降は、実行時にエラーが発生したら、ラベルErrLine以降の処理を行います。

4
```
Set mySheet = ThisWorkbook.Worksheets(SHEET_NAME)
```

［アンケート結果］シートへの参照を変数mySheetに代入します。［アンケート結果］シートが存在しない場合は実行時エラーが発生します。
　定数SHEET_NAMEは、このモジュールの先頭で定義しています。

5
```
On Error GoTo 0
```

エラーハンドラーを無効にします。以降は、実行時にエラーが発生しても、エラーハンドラー内の処理は行われません。

6
```
MsgBox "並べ替えを終了しました。"
```

処理終了を知らせるメッセージボックスを表示します。

7
```
Exit Sub
```

プロシージャの実行を終了します。エラーハンドラーのラベルの前に必ず記述します。

8
```
ErrLine:
```

エラーハンドラーを示すラベルです。

106 第4章 ワークシートのデータを集計

```
MsgBox "[" & SHEET_NAME & "]シートが存在しません。" _
        & vbCrLf & "ローデータ_アンケート.csvの" _
        & "読み込み処理を行ってから実行してください。"
```

　［アンケート結果］シートが存在しないことをメッセージボックスで知らせます。組み込み定数「vbCrLf」は、この位置で改行を行います。

　［アンケート結果］シートが存在するかどうか確認できるようになったら、並べ替え処理の準備完了です。次は、並べ替え処理を作成します。

ワークシートのデータを並べ替えよう

　データの並べ替え処理を**ソート**とも言います。ワークシートのデータをVBAでソートするには、Worksheetオブジェクトの**Sortオブジェクト**を使います。Sortオブジェクトへの参照は、Worksheetオブジェクトの**Sortプロパティ**で取得します。

書式 SortプロパティでSortオブジェクトへの参照を取得

```
Worksheetオブジェクト.Sort
```

　Sortオブジェクトを使った並べ替え処理は次の順に行います。

（1）Sortオブジェクトを生成する
（2）Sortオブジェクトに並べ替えの設定を行う
（3）並べ替えを実行する

（2）の並べ替えの設定では、次の項目を設定します。

設定項目	説明
SortFieldsプロパティ	並べ替えのキーや並べ替え順序を指定するためのSortFieldsオブジェクトを取得する
Headerプロパティ	最初の行がヘッダー（見出し行）かどうか設定する。ヘッダーならxlYesを指定。ヘッダーでなければxlNoを指定
SetRangeメソッド	並べ替えを行う範囲をRangeオブジェクトで指定

　SortFieldsプロパティで取得した**SortFieldsオブジェクト**は、**Addメソッド**を使って並べ替えの基準とするキーを指定します。

4.4　ワークシートのデータを並べ替えよう　107

書式　SortFieldsオブジェクトのAddメソッド

　SortFieldsオブジェクト.Add キーとする列[, 並べ替える列, 並べ替え順序]

　第1引数の「キーとする列」には、並べ替えの基準とする列をRangeオブジェクトで指定します。

　第2引数の「並べ替える列」には、並べ替え対象とする列を指定します。省略した場合は、指定した並べ替え範囲全体が並べ替えられます。

　第3引数の「並べ替え順序」には、昇順で並べ替えるか降順で並べ替えるかを指定します。昇順の場合は「xlAscending」、降順の場合は「xlDescending」を指定します。省略した場合は、昇順で並べ替えられます。

　Headerプロパティと**SetRange**メソッドの書式は次のとおりです。

書式　SortオブジェクトのHeaderプロパティ

　Sortオブジェクト.Header = xlNo/xlYes

書式　SortオブジェクトのSetRangeメソッド

　Sortオブジェクト.SetRange 並べ替え範囲を表すRangeオブジェクト

　Headerプロパティには「xlNo」か「xlYes」のいずれかを指定します。

　なお、本書では、いずれかの値を指定するとき、値を半角のスラッシュ（/）で区切って表記します。

　並べ替えの実行は、Sortオブジェクトの**Applyメソッド**で行います。

書式　SortオブジェクトのApplyメソッド

　Sortオブジェクト.Apply

ヒント

列単位で左から右に並べ替える
上から下ではなく、列単位で左から右に並べ替える場合は、SortオブジェクトのOrientationプロパティに「xlSortColumns」を指定します。Orientationプロパティの既定値は「xlSortRows」のため、指定を省略すると行単位で縦方向に並べ替えが行われます。

アルファベットの大文字と小文字を区別して並べ替える
アルファベットの大文字と小文字を区別して並べ替えを行う場合は、SortオブジェクトのMatchCaseプロパティに「True」を指定します。MatchCaseプロパティの既定値は「False」のため、指定を省略すると大文字と小文字を区別せずに並べ替えが行われます。

戻り値を取得しないときはかっこを使わない

SortFieldsオブジェクトのAddメソッドは、戻り値としてSortFieldオブジェクトへの参照を返します。ただし、ここではSortFieldオブジェクトを使わないため、戻り値を変数に取得しません。このように戻り値を変数に取得しない場合は、引数を指定するときにかっこを使いません。
SortFieldsオブジェクトのAddメソッドの戻り値を取得する場合は、次のようにかっこ()を使って記述します。

書式 **SortFieldsオブジェクトのAddメソッドの戻り値を取得**

```
Set 変数名 = SortFieldsオブジェクト.Add（キーとする列[，並べ替える列，並べ替え順序]）
```

Withステートメントで簡潔に記載しよう

　並べ替え処理のコードを入力する前に、**Withステートメント**について学習します。Withステートメントを使うと、同じオブジェクトに続けて処理を行う場合に簡潔に記述できます。

書式 **Withステートメント**

```
With オブジェクト1
    .プロパティ1
    .メソッド1
End With
```

　Withブロック内では、指定したオブジェクトのプロパティやメソッドを使うときは、オブジェクト名を記述せず、半角のピリオド（.）から記述できます。
　たとえば、セルA1とセルA2に文字列を代入する場合は、次のように記述できます。

```
With ThisWorkbook.Worksheets("サンプル")
    .Range("A1").Value = "リス"
    .Range("A2").Value = "ハムスター "
End With
```

　並べ替え処理を行うときはSortオブジェクトのプロパティやメソッドの記述が続くので、ここでは、Sortオブジェクトに対してWithステートメントを使います。

データを並べ替えるコードを入力しよう

ここまでの処理を、次の手順で入力します。

1 ブック「ExcelVBA_ChatGPT基礎編.xlsm」のVBEを開き、標準モジュールShukeiの「並べ替え」プロシージャの次の位置に、次のコードを入力する（色文字部分）。

```
Sub 並べ替え()
    （中略）

    On Error GoTo ErrLine
    Set mySheet = ThisWorkbook.Worksheets(SHEET_NAME)
    On Error GoTo 0

    'Sortオブジェクトを設定して並べ替えを実行する
    With mySheet.Sort          ◄───────────────────  1
        'E列を基準として降順にソートする
        .SortFields.Add Key:=mySheet.Range("E1"), Order:=xlDescending  ◄───  2
        .SetRange mySheet.Range("A1").CurrentRegion  'セルA1から続く範囲  ◄───  3
        .Header = xlYes                              '1行目は見出し  ◄───  4
        .Apply      ◄───  5
    End With

    mySheet.Activate      '対象ワークシートをアクティブにする  ◄───  6

    MsgBox "並べ替えを終了しました。"

    Exit Sub
    （中略）
End Sub
```

入力を終えたら実行しますが、その前に、次の手順で「CSVファイルを読み込む」プロシージャを実行して、［アンケート結果］シートをブックに追加しておきます。

110　第4章　ワークシートのデータを集計

1 「CSVファイルを読み込む」プロシージャ内をクリックしてから実行する。

結果 [CSVファイルを選択してください] ダイアログボックスが表示される。

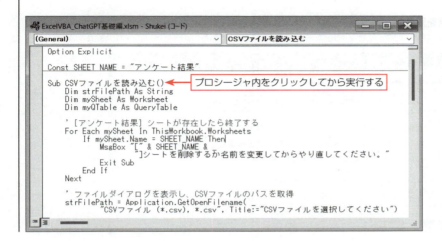

2 [ExcelVBA_ChatGPT] フォルダーの「ローデータ_アンケート.csv」を選択して [開く] ボタンをクリックする。

結果 メッセージボックスが表示される。

3 [OK] ボタンをクリックする。

結果 読み込み完了のメッセージボックスが表示される。

4 [OK] ボタンをクリックする。

結果 実行が終了される。

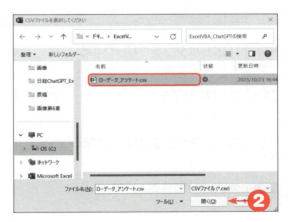

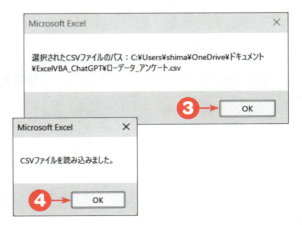

4.4 ワークシートのデータを並べ替えよう

CSVファイルを読み込めたら、「並べ替え」プロシージャを実行して確認します。

1 「並べ替え」プロシージャ内をクリックしてから実行する。

結果▶ 並べ替え開始を知らせるメッセージボックスが表示される。

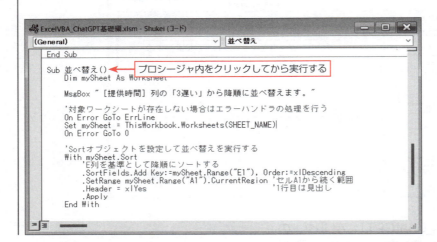

2 ［OK］ボタンをクリックする。

結果▶ 並べ替え終了を知らせるメッセージボックスが表示される。

3 ［OK］ボタンをクリックする。

結果▶ 実行が終了される。

実行が終了されたら、Excelに表示を切り替えて確認してみましょう。

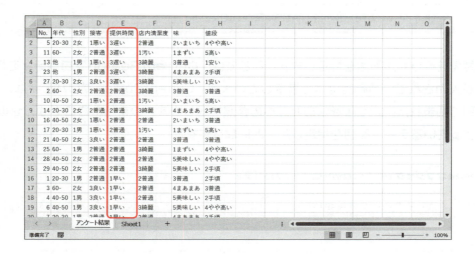

　[提供時間] 列の「3遅い」から降順に並べ替えられていたら、並べ替え処理は完了です。
　実行時にエラーが発生した場合は、Withブロック内のプロパティやメソッドの記述を半角のピリオド（.）から開始しているか確認してください。

コードの解説

1　`With mySheet.Sort`

[アンケート結果] シートのSortオブジェクトを処理対象とします。

2　`.SortFields.Add Key:=mySheet.Range("E1"), Order:=xlDescending`

　並べ替えの基準となる列をE列とします。ここでは、名前付き引数を使っています。第1引数の名前はKeyなので、「Key:=」に続けてE列を指定します。
　また、第3引数Orderの名前付き引数を使って、降順のソートを指定しています。
　SortFieldsプロパティの前に半角のピリオド（.）を入力するのを忘れないようにしてください。

4.4　ワークシートのデータを並べ替えよう　113

3
```
.SetRange mySheet.Range("A1").CurrentRegion
```

　並べ替えを行うセル範囲を指定します。ここでは、**CurrentRegionプロパティ**を使って、データが入力されている範囲全体を指定しています。CurrentRegionプロパティは、空白行と空白列で囲まれた指定セルを含む範囲への参照を返します。つまり、ここでは、セルA1からつながっているデータ範囲を指定したことになります。

書式 **RangeオブジェクトのCurrentRegionプロパティ**

```
Rangeオブジェクト.CurrentRegion
```

4
```
.Header = xlYes
```

　先頭行をヘッダー（見出し行）とします。

5
```
.Apply
```

　並べ替え処理を実行します。

6
```
mySheet.Activate
```

　［アンケート結果］シートをアクティブにして、前面に表示されるようにします。Worksheetオブジェクトの**Activateメソッド**は、ワークシートをアクティブにします。

書式 **WorksheetオブジェクトのActivateメソッド**

```
Worksheetオブジェクト.Activate
```

　並べ替え処理ができたら、次は、項目ごとの小計を表示してみましょう。

コラム 名前付き引数に指定する引数名を確認する

　名前付き引数として指定する引数名は、メソッドを入力しているときに表示される自動クイックヒントに表示されます。たとえば、SortFields.Addメソッドを入力すると、次のように表示されます。

> Add(Key As Range, [SortOn], [Order], [CustomOrder], [DataOption]) As SortField

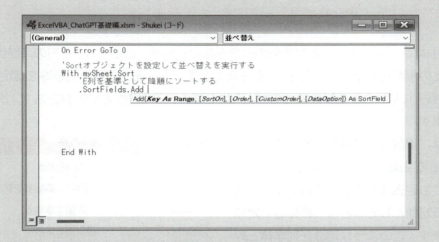

　この自動クイックヒントを見ると、第1引数の名前は「Key」であることがわかります。また、第2引数の名前は「SortOn」です。角かっこ（[]）で囲まれている引数は省略可能です（末尾の「As SortField」は、このメソッドがSortFieldオブジェクトを返すことを示します）。
　または、引数名を調べたいメソッドを選択し、F1キーを押します。メソッドのヘルプが表示されたら「構文」または「パラメーター」の項で引数名を参照してください。一部の引数名が日本語に翻訳されていることもあるので、適宜「構文」または「パラメーター」のどちらかを参照します。

4.5 ワークシートのデータに小計を表示しよう

並べ替えたデータに、項目ごとの個数の合計を表示します。

ワークシートに集計行を表示しよう

項目ごとの小計を表示するには、Rangeオブジェクトの**Subtotal メソッド**を使います。

書式 Rangeオブジェクトの Subtotal メソッド

Rangeオブジェクト.Subtotal 列番号, 小計関数, 集計する列番号

「列番号」には、集計の基準となる列の番号を指定します。ここでは、E列の［提供時間］の各項目ごとの集計を算出するので「5」を指定します（列を左から数えた順番を指定します）。

「小計関数」には、合計を算出するのか、平均を算出するのかなどの計算方法を、次の表の値で指定します。

ここでは、項目ごとの個数を表示するため「xlCount」を指定します。この値は、VBAにあらかじめ定義されている定数ですが、関連性がある定数としてひとまとめにして定義されています。このような定数を**列挙体**と呼びます。

表に示した定数は、**XlConsolidationFunction列挙体**として定義されています。XlConsolidationFunction列挙体には、ほかにも積を算出する「xlProduct」などがあります。表に挙げたのは主な定数です。

第3引数の「集計する列番号」には、集計を行う列を **Array 関数**の引数に指定します。ここでは、E列の項目を集計するため、「Array(5)」と指定します。

値	計算内容
xlAverage	平均値を算出
xlCount	項目ごとの個数を算出
xlMax	最大値を求める
xlMin	最小値を求める
xlSum	合計値を算出

用語

列挙型のメンバー

列挙体は**列挙型**という型で定義されています。列挙型に定義されたそれぞれの項目を**メンバー**と呼びます。

Array 関数は配列を返す

Array 関数は**配列**と呼ばれるデータ型の値を返します。Subtotal メソッドの第3引数には配列型の値を指定するため、配列型の値を返す Array 関数を指定しています。配列については、第7章で説明します。

集計行を表示するコードを入力しよう

項目ごとの個数表示は、次の手順でコードを入力して実行します。プロシージャ名は「件数を表示」とします。並べ替え処理のときと同じようなコードですが、ワークシートではなくセルへの参照を取得するときに、実行時エラーの対処をしています。

1 ブック「ExcelVBA_ChatGPT基礎編.xlsm」のVBEを開き、標準モジュールShukeiの「並べ替え」プロシージャの下の位置に、次のコードを入力する（色文字部分）。

```
Sub 並べ替え()
    (中略)
End Sub

Sub 件数を表示()
    Dim myRange As Range           ← 1

    MsgBox "［提供時間］列の値ごとの件数を小計表示します。"   ← 2

    '表内のセルを取得する
    On Error GoTo ErrLine          ← 3
    Set myRange = ThisWorkbook.Worksheets(SHEET_NAME).Range("A1")   ← 4
    On Error GoTo 0

    '件数を表示する
    myRange.Subtotal 5, xlCount, Array(5)   ← 5

    'ワークシートをアクティブにする
    ThisWorkbook.Worksheets(SHEET_NAME).Activate   ← 6

    MsgBox "小計を表示しました。"   ← 7

    Exit Sub   ← 8
ErrLine:       ← 9
    MsgBox "[" & SHEET_NAME & "]シートが存在しません。" _
        & vbCrLf & "ローデータ_アンケート.csvの" _
        & "読み込み処理を行ってから実行してください。"
End Sub
```

2 「件数を表示」プロシージャ内をクリックしてから実行する。

結果 メッセージボックスが表示される。

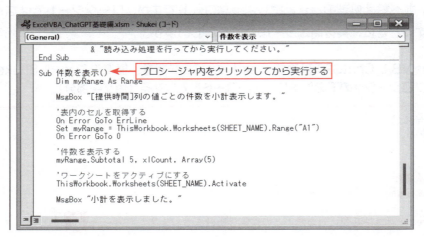

3 ［OK］ボタンをクリックする。

結果 メッセージボックスが表示される。

4 ［OK］ボタンをクリックする。

結果 実行が終了される。

実行できたら、表示をExcelに切り替えて確認してみましょう。

［提供時間］ごとの件数が表示された

　［提供時間］ごとの件数が表示されているのを確認できたら、次は、イミディエイトウィンドウを使ったデバッグの学習をします。次のコードの解説を確認したら、ブック「ExcelVBA_ChatGPT基礎編.xlsm」は閉じておいてください。

ヒント

並べ替えを行ってから集計する

Subtotalメソッドによる集計は、グループごとの件数や合計の集計なので、並べ替え処理後に行います。並べ替えてなくても集計はできますが、連続した項目ごとに集計されるため、期待した結果は得られません。

用語

エラーハンドリング

プログラムの実行中に、実行時エラーなどによる実行中断に対応する処理を、**エラーハンドリング**または**例外処理**と呼ぶこともあります。
「件数を表示」プロシージャでは、［アンケート結果］シートのセルを参照するときに発生する可能性がある実行時エラーをエラーハンドリングしています。

コードの解説

1
```
Dim myRange As Range
```

　Subtotalメソッドにセルを指定するので、Rangeオブジェクト型の変数を宣言しておきます。

4.5　ワークシートのデータに小計を表示しよう

2
```
MsgBox "［提供時間］列の値ごとの件数を小計表示します。"
```

メッセージボックスで処理内容を知らせます。

3
```
On Error GoTo ErrLine
```

次の行以降の実行中にエラーが発生した場合は、ラベルErrLine以降の処理を行います。

4
```
Set myRange = ThisWorkbook.Worksheets(SHEET_NAME).Range("A1")
```

集計範囲に含まれるセルへの参照を取得します。定数SHEET_NAMEは、この章の「4.2　ブックにワークシートを追加しよう」で、文字列「アンケート結果」を定義しているので、［アンケート結果］シートのセルA1への参照を取得することになります。

5
```
myRange.Subtotal 5, xlCount, Array(5)
```

Subtotalメソッドで集計を行います。グループごとに集計するのは5列目（E列）、集計方法は項目ごとの個数、集計する列は5列目を指定します。

6
```
ThisWorkbook.Worksheets(SHEET_NAME).Activate
```

［アンケート結果］シートをアクティブにします。

7
```
MsgBox "小計を表示しました。"
```

処理終了のメッセージボックスを表示します。

8
```
Exit Sub
```

プロシージャの実行を終了します。エラーハンドラーの前に忘れずに記述します。

9
```
ErrLine:
```

第4章　ワークシートのデータを集計

実行時エラーが発生した場合は、以降の処理を行います。

集計を解除する

集計を解除し、元の表示に戻すには、RangeオブジェクトのRemoveSubtotal
メソッドを使います。

書式 RangeオブジェクトのRemoveSubtotalメソッド

Rangeオブジェクト.RemoveSubtotal

Rangeオブジェクトには、データ範囲に含まれるセルへの参照を指定します。［アンケート結果］シートの集計を解除するには、次のサンプルコードで行えます。

```
Sub 小計表示を解除()
    '［アンケート結果］シートが存在しない場合は終了する
    On Error GoTo ErrLine
    ThisWorkbook.Worksheets(SHEET_NAME).Range("A1").RemoveSubtotal
    On Error GoTo 0
    
    ThisWorkbook.Worksheets(SHEET_NAME).Activate
    MsgBox "小計表示を解除しました。"
    
    Exit Sub
ErrLine:
    MsgBox "[" & SHEET_NAME & "]シートが存在しません。" _
            & vbCrLf & "ローデータ_アンケート.csvの" _
            & "読み込み処理を行ってから実行してください。"
End Sub
```

4.6 イミディエイトウィンドウで実行状況を確認しよう

実行中に、イミディエイトウィンドウにデバッグ情報を出力します。

イミディエイトウィンドウに出力しよう

イミディエイトウィンドウを使うと、実行途中の状況や変数の値などを出力して確認できます。

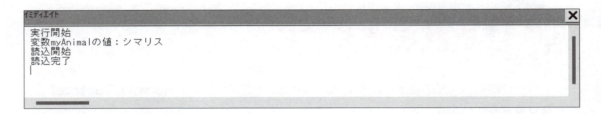

イミディエイトウィンドウに出力するには、**Debugオブジェクト**の**Printメソッド**を使います。

書式 **Debug.Printメソッドでデバッグ情報を出力**

```
Debug.Print 出力情報
```

「出力情報」には、文字列や変数名を指定します。

ここでは、前の章で作成したブック「ExcelVBA_ChatGPT準備編.xlsm」を使ってデバッグ情報を出力してみましょう。次の手順で、「ChatGPTに質問」プロシージャの進行状況と変数の値を出力します。

1 ブック「ExcelVBA_ChatGPT準備編.xlsm」のVBEを開く。

2 イミディエイトウィンドウが表示されていない場合は、[表示] メニューの [イミディエイトウィンドウ] をクリックする。

結果 イミディエイトウィンドウが表示される。

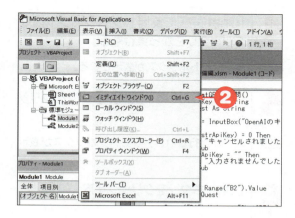

3 「ChatGPTに質問」プロシージャの最後のステートメント「Range("B4").Value = "ChatGPTからの返答"」の前後に、次のコードを入力する（色文字部分）。

```
Private Sub ChatGPTに質問()
    Dim strApiKey As String
    Dim strQuest As String
    (中略)

    strQuest = Range("B2").Value
    MsgBox strQuest

    Debug.Print strApiKey      ← 1
    Debug.Print strQuest       ← 2

    Range("B4").Value = "ChatGPTからの返答"

    Debug.Print "処理終了"      ← 3
End Sub
```

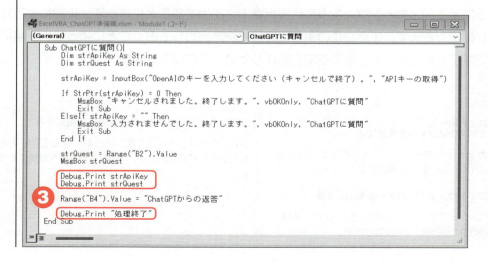

4 「ChatGPTに質問」プロシージャ内をクリックしてから実行する。

結果 インプットボックスが表示される。

5 **test**と入力して、[OK] ボタンをクリックする。

結果 続きが実行され、メッセージボックスが表示される。

6 [OK] ボタンをクリックする。

結果 実行が終了され、VBEに戻る。

7 イミディエイトウィンドウを確認する。

結果 変数strApiKeyの値と変数strQuestの値、「処理終了」の文字列が表示されている。

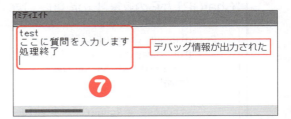

イミディエイトウィンドウを確認すると、次の項目が出力されています。

1行目：変数strApiKeyの値「test」
2行目：変数strQuestの値「ここに質問を入力します」
3行目：文字列「処理終了」

　このようにイミディエイトウィンドウに実行状況を出力することによって、正常に実行されたかどうか確認できます。また、このように実行状況を出力しておくことによって、正常に動作しないで終了したとき、どこまで正常に動作したのかを確認できます。

ヒント

**ショートカットキーで
イミディエイトウィンドウを表示する**

ショートカットキーでイミディエイトウィンドウを表示するには、Ctrl + G キーを押します。

イミディエイトウィンドウのデータを消去する

イミディエイトウィンドウに出力されたデータは、Delete キーまたは Back space キーで消去できます。

実行中にイミディエイトウィンドウを確認する

ブレークポイントなどで実行を一時停止しているときも、イミディエイトウィンドウの出力内容を確認できます。

コードの解説

1

```
Debug.Print strApiKey
```

変数名を指定することによって、変数に保管されている値を出力します。

ここでは、変数strApiKeyの値が出力されます（インプットボックスに入力した文字列です）。

2

```
Debug.Print strQuest
```

変数strQuestの値を出力します（セルB2から代入した文字列です）。

3

```
Debug.Print "処理終了"
```

文字列を直接出力します。実行の進み具合などを確認したい場合に、進行状況を出力します。

🐰 この章では、VBAでExcelならではの操作を行いました。

🐼 普段Excelで操作していることをVBAでも行えて面白かったです。

🐰 VBAでできることはまだまだたくさんありますが、次の章では、VBAでテーブル操作を行ってみましょう。

🐼 楽しみですね！

～ もう一度確認しよう！～　チェック項目

☐ ［ファイルを開く］ダイアログボックスを表示できましたか？

☐ ブックにワークシートを追加できましたか？

☐ Withステートメントを利用できましたか？

☐ エラーハンドラーを作成できましたか？

☐ ワークシートのデータを並べ替えられましたか？

☐ ワークシートに集計行を追加できましたか？

☐ イミディエイトウィンドウに出力できましたか？

第 **5** 章

ワークシートの
テーブル操作

この章では、ワークシートに読み込んだデータを
VBAでテーブルとして設定します。また、ワークシー
トにボタンを配置して、ボタンからプロシージャの実
行ができるようにします。

5.1	テーブル用のデータを ワークシートに読み込もう
5.2	ワークシートのデータを テーブルにしよう
5.3	ワークシートのテーブルを 検索しよう
5.4	ワークシートのテーブルを 削除しよう
5.5	ウォッチ式を使って デバッグしよう

この章で学ぶこと

🐰 この章では、ワークシート上のデータをテーブルに設定して、検索する方法を学習します。

🐼 Excelの［テーブルとして書式設定］をVBAで実行するんですね。

🐰 そうです。そして、ワークシートにボタンを配置して、ボタンからプロシージャを実行します。

🐼 Excelからプロシージャを実行できるようになるんだね、楽しみ！

この章では、次について学びます。

- **実行時エラーを無視する方法**
- **ワークシート上のボタンからプロシージャを実行する**
- **VBAでワークシート上のデータをテーブルに設定する**
- **VBAでテーブルを検索する**
- **VBAでテーブルを削除する**
- **ウォッチ式を使ったデバッグ**

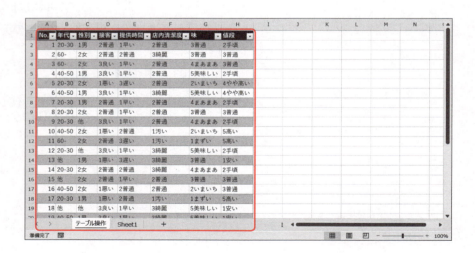

5.1 テーブル用のデータをワークシートに読み込もう

この章で使うデータ用のテキストファイルを読み込む処理を作成します。

テキストファイルを読み込む処理をコピーしよう

この章では、ワークシート上のデータを前のページの図のようなテーブルに変換します。

そこで、最初に新しいブックのVBEに、テキストファイルをワークシートに読み込む処理を作成します。読み込み処理は、前の章で作成したコードを次の手順でコピーして作成します（コピーせずに入力してもかまいません）。

1 Excelで［空白のブック］を開く。

2 ［開発］タブで［Visual Basic］をクリックする（または Alt ＋ F11 キーを押す）。

結果 VBEが表示される。

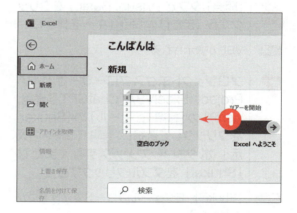

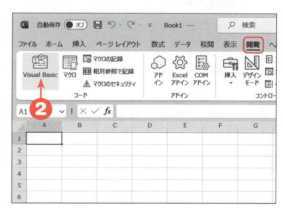

129

3 VBEの[挿入]メニューの[標準モジュール]をクリックする。

結果▶ 標準モジュールが追加され、コードウィンドウが表示される。

4 プロパティウィンドウで[(オブジェクト名)]の右側の「Module1」を削除し、**TableData**と入力してEnterキーを押す。

結果▶ 標準モジュールの名前が「TableData」に変更される。

5 ブック「ExcelVBA_ChatGPT基礎編.xlsm」を開く。

6 [開発]タブで[Visual Basic]をクリックする(または Alt + F11 キーを押す)。

結果▶ VBEが表示される。

7 プロジェクトエクスプローラーで[VBA Project (ExcelVBA_ChatGPT基礎編.xlsm)]の[標準モジュール]の[Shukei]をクリックして選択し、 [コードの表示]ボタンをクリックする(または[Shukei]をダブルクリックする)。

結果▶ [Shukei]モジュールのコードウィンドウが表示される。

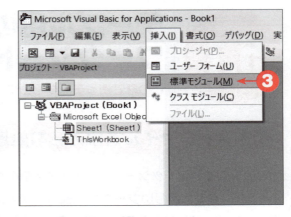

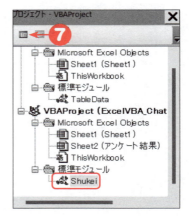

8 Shukeiモジュールのプロシージャボックスをクリックし、[CSVファイルを読み込む] をクリックする。

結果 コードウィンドウに「CSVファイルを読み込む」プロシージャが表示される。

9 「CSVファイルを読み込む」プロシージャの「Sub ～」の行から「End Sub」の行まで Shift + ↓ キーで選択する。

結果 選択した行が反転表示される。

「CSVファイルを読み込む」プロシージャを選択する

10 VBEの [編集] メニューの [コピー] をクリックする（または、Ctrl + C キーを押す）。

結果 選択した行がクリップボードにコピーされる。

11 [ウィンドウ] メニューの [Book1 - TableData（コード）] をクリックする。

結果 TableDataモジュールのコードウィンドウが表示される。

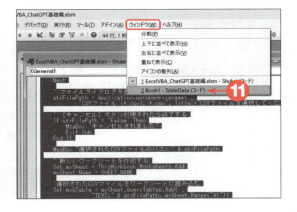

> **注意**
>
> **選択はキーボード操作で行う**
>
> キーワードや行の選択はドラッグ操作でも行えますが、ドラッグ操作を行ったときに他の場所が選択されていた場合は、ドラッグ操作によってそのコードが移動されてしまいます。そこで、誤操作を防ぐために、コードウィンドウでの選択操作は、ダブルクリックやキーボード操作（Shift + 矢印キー）で行うことをおすすめします。

5.1 テーブル用のデータをワークシートに読み込もう

12 VBEの［編集］メニューの［貼り付け］をクリックする（または、[Ctrl]＋[V]キーを押す）。

結果▶ TableDataモジュールのコードウィンドウに「CSVファイルを読み込む」プロシージャが貼り付けられる。

「CSVファイルを読み込む」プロシージャが貼り付けられた

コードを貼り付けたブックを保存しよう

前の項に続けて、ワークシート名とテーブル名を定義してからブックを保存します。

1 前の手順で貼り付けた「CSVファイルを読み込む」プロシージャの上の位置に、次のコードを入力する（色文字部分）。

```
Option Explicit

Const SHEET_NAME As String = "テーブル操作"
Const TABLE_NAME As String = "アンケート結果"

Sub CSVファイルを読み込む()
    Dim strFilePath As String
    Dim mySheet As Worksheet
    Dim myQTable As QueryTable

    （中略）
End Sub
```

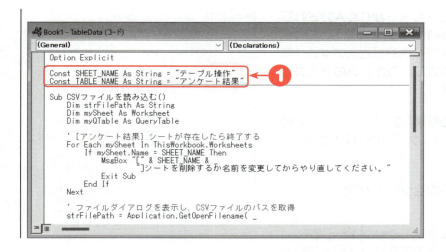

2 ツールバーの 🔲 [Book1の上書き保存] ボタンをクリックする（または、Ctrl+Sキーを押す）。

結果 [名前を付けて保存] ダイアログボックスが表示される。

3 ファイルの保存先として [ExcelVBA_ChatGPT] フォルダーを選択する。

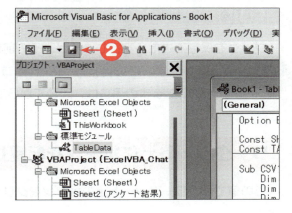

4 ［ファイル名］にあらかじめ入力されている「Book1.xlsx」を削除し、**ExcelVBA_ChatGPT実用編**と入力する（拡張子は自動的に入力されるので入力しなくてもよい）。

5 ［ファイルの種類］をクリックし、［Excelマクロ有効ブック（*.xlsm）］をクリックする。

6 ［保存］ボタンをクリックする。

結果 ブックが「ExcelVBA_ChatGPT実用編.xlsm」という名前でマクロ有効ブックとして保存される。

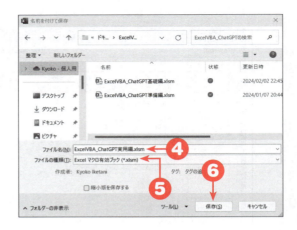

　ブックを保存できたら実行しますが、その前に、次の項でワークシート上のボタンから実行できるようにします。この時点でコードのコピー元のブック「ExcelVBA_ChatGPT基礎編.xlsm」を開いたままの場合は、閉じてから次に進んでください。

ワークシート上にボタンを配置しよう

　この章では、ワークシート上のボタンをクリックしてプロシージャを実行できるようにします。

　ボタンは、Excelの［開発］タブから次の手順で配置します。

1 Excelに表示を切り替え、ブック「ExcelVBA_ChatGPT実用編.xlsm」の［開発］タブで［挿入］をクリックする。

2 ［フォームコントロール］左上の □ ［ボタン］をクリックする。

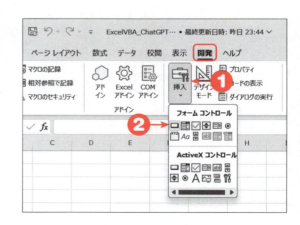

第5章　ワークシートのテーブル操作

3 セルB2のあたりをクリックする。

結果 [マクロの登録] ダイアログボックスが表示される。

4 [マクロ名] の一覧から [CSVファイルを読み込む] をクリックする。

5 [OK] ボタンをクリックする。

結果 [マクロの登録] ダイアログボックスが閉じられ、ワークシート上にボタンが配置される。

6 配置したボタンを右クリックし、[コントロールの書式設定] をクリックする。

結果 [コントロールの書式設定] ダイアログボックスが表示される。

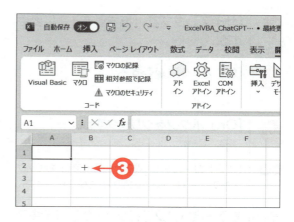

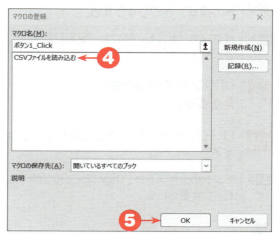

ヒント

**[マクロの保存先] は
マクロを保存するブックではない**

手順❸の結果で表示される [マクロの登録] ダイアログボックスには、[マクロの保存先] として [開いているすべてのブック] が選択されていますが、これは、マクロを保存する対象のブックという意味ではありません。このダイアログボックスでは、マクロの保存は行いません。
[マクロの保存先] は、[マクロ名] の一覧に表示するマクロが含まれるブックを表します。ここでは、直前に「ExcelVBA_ChatGpt 基礎編.xlsm」を閉じたので、現在開いているブック「ExcelVBA_ChatGPT 実用編.xlsm」に含まれているマクロのみ一覧に表示されます。
間違いなく登録するためには、[マクロの保存先] をクリックして「ExcelVBA_ChatGPT 実用編.xlsm」を選択しておくとよいでしょう。

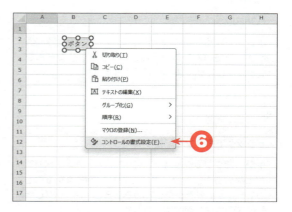

7 ［サイズ］タブで、［高さ］を **1.2** に変更する。

8 ［幅］を **10** に変更する。

9 ［OK］ボタンをクリックする。

結果 ［コントロールの書式設定］ダイアログボックスが閉じられ、ボタンのサイズが変更される。

10 もう一度ボタンを右クリックし、［テキストの編集］をクリックする。

結果 ボタンのテキストの横にカーソルが表示される。

11 「ボタン1」の文字を削除し、**CSVファイルを読み込む**と入力する。

12 ワークシート上の任意のセルをクリックする。

結果 ボタンのテキストが「CSVファイルを読み込む」に変更される。

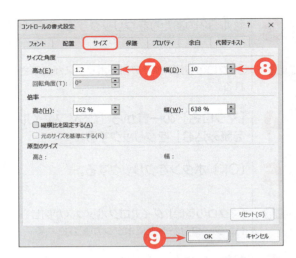
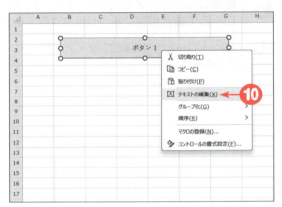
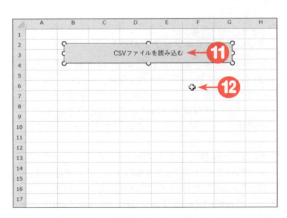

 用語

ハンドル

ボタンの設定をしているときに、ボタンの周囲に表示される白い丸を**ハンドル**と言います。ハンドルをドラッグしてサイズを変更できます。

 ヒント

ドラッグでボタンを配置する

手順❸でクリックする代わりに、ワークシート上で左上から右下にドラッグしてボタンを配置することもできます。ドラッグして配置すると、ドラッグしたサイズのボタンが配置されます。

サイズは自動調整される

手順❼と❽で入力した高さと幅は、システムによって自動調整されて、数値が少し変わることがあります。

ワークシート上のボタンから実行しよう

ボタンを配置できたら、次の手順で実行してみましょう。

1 ブック「ExcelVBA_ChatGPT実用編.xlsm」を保存してから、[CSVファイルを読み込む] ボタンをクリックする。

結果 [CSVファイルを選択してください] ダイアログボックスが表示される。

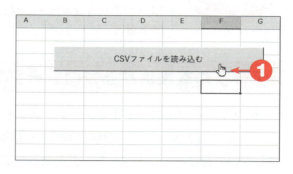

2 [ExcelVBA_ChatGPT] フォルダーの「ローデータ_アンケート.csv」を選択して [開く] ボタンをクリックする。

結果 ファイルパスを表示するメッセージボックスが表示される。

3 [OK] ボタンをクリックする。

結果 ファイル読み込みを知らせるメッセージボックスが表示される。

4 [OK] ボタンをクリックする。

結果 実行が終了される。

実行を終えると、ブックに [テーブル操作] シートが追加され、CSVファイルのデータが読み込まれているのを確認できます。

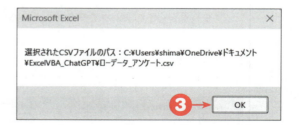

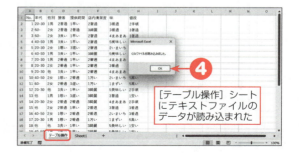

[テーブル操作] シートにテキストファイルのデータが読み込まれた

5.1 テーブル用のデータをワークシートに読み込もう　137

5.2 ワークシート上のデータをテーブルにしよう

ワークシート上のデータをテーブルとして設定し、テーブルスタイルを指定します。

テーブルを設定するプロシージャを作成しよう

最初に、テーブルを設定するプロシージャを作成します。このプロシージャ内では、最初に、[テーブル操作] シートへの参照を取得する処理を行い、その際に [テーブル操作] シートが存在しない場合は、エラーメッセージを表示して実行を終了します。この処理は、第4章の [アンケート結果] シートの存在チェックと同じです。したがって、ブック「ExcelVBA_ChatGPT基礎編.xlsm」の「並べ替え」プロシージャからコピーして作成してもかまいません。

テーブルを設定するプロシージャは、次の手順で入力します。プロシージャ名は「ConvertToTable」とします。

1 前の節で作成したブック「ExcelVBA_ChatGPT実用編.xlsm」の標準モジュールTableDataの「CSVファイルを読み込む」プロシージャの下に、次のコードを入力する（色文字部分）。

```
        '選択されたCSVファイルをワークシートに読み込む
        (中略)
        MsgBox "CSVファイルを読み込みました。"
End Sub

'ワークシートのデータをテーブルに変換する
Sub ConvertToTable()

End Sub
```

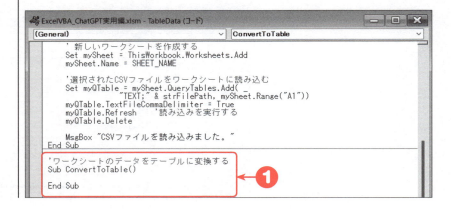

2 ConvertToTableプロシージャ内の次の位置に、次のコードを入力する（色文字部分）。

```
Sub ConvertToTable()
    Dim mySheet As Worksheet          ← 1

    '対象ワークシートが存在しない場合はエラーハンドラーの処理を行う
    On Error GoTo ErrLine              ← 2
    Set mySheet = ThisWorkbook.Worksheets(SHEET_NAME)  ← 3
    On Error GoTo 0    ← 4

    mySheet.Activate     '対象ワークシートをアクティブにする    ← 5
    MsgBox "テーブルに変換しました。"    ← 6
    Exit Sub    ← 7
ErrLine:    ← 8
    MsgBox "[" & SHEET_NAME & "]シートが存在しません。" _
        & vbCrLf & "ローデータ_アンケート.csvの" _
        & "読み込み処理を行ってから実行してください。"
End Sub
```

3 保存してから実行する。

結果　メッセージボックスが表示される。

4 ［OK］ボタンをクリックする。

結果　実行が終了される。

　ここでは、［テーブル操作］シートへの参照を取得しているだけなので、最後のメッセージボックスが表示されるだけで実行を終了します。

コードの解説

1
```
Dim mySheet As Worksheet
```

　［テーブル操作］シートを扱うWorksheet型の変数を宣言します。本書では、わかりやすいように対象ワークシートを操作する変数名を「mySheet」に統一しています。

2
```
On Error GoTo ErrLine
```

実行時エラーが発生したら、ラベル「ErrLine」以降の処理を行います。

3
```
Set mySheet = ThisWorkbook.Worksheets(SHEET_NAME)
```

［テーブル操作］シートへの参照を変数mySheetに代入します。
［テーブル操作］シートが存在しない場合はエラーが発生しますが、エラーが発生した場合はエラーハンドラー ErrLineの処理が行われます。

4
```
On Error GoTo 0
```

エラーハンドラーを無効にします。この行の次の行からは、実行時エラーが発生してもエラーハンドラーの処理は行われません。

5
```
mySheet.Activate
```

［テーブル操作］シートをアクティブにします。

6
```
MsgBox "テーブルに変換しました。"
```

処理が終了したことを知らせるメッセージボックスを表示します。

7
```
Exit Sub
```

実行を終了します。Exit Subステートメントは、エラーハンドラーの前に必ず記述します。

8
```
ErrLine:
```

エラーハンドラーのラベルです。［テーブル操作］シートが存在しない場合は、以降の処理を行います。

同名のテーブルが存在したらテーブル設定を解除しよう

　テーブルを作成するとき、ワークシート上にすでに同じ名前のテーブルが存在する場合は、実行時にエラーが発生します。そこで、ここでは、同じ名前のテーブルの設定を解除してからテーブルを作成することにします。

　テーブル設定を解除するには、**ListObjectオブジェクト**の**Unlistメソッド**を使います。

書式 **ListObjectオブジェクトのUnlistメソッド**

```
ListObjectオブジェクト.Unlist
```

　Unlistメソッドは、テーブルの行追加やフィルターなどのテーブル機能を解除しますが、データや書式設定（色など）は残ります。

　ListObjectオブジェクトは、テーブルを操作するオブジェクトです。

　ListObjectオブジェクトへの参照を取得するには、**ListObjectsコレクション**にテーブル名を指定します。ListObjectsコレクションへの参照は、**ListObjectsプロパティ**で取得します。したがって、次の書式でListObjectオブジェクトへの参照を取得できます。

書式 **ListObjectオブジェクトを取得**

```
ListObjectsプロパティ(テーブル名)
```

　ListObjectsプロパティは、Worksheetオブジェクトに含まれています。したがって、次の書式でテーブル設定を解除できます。

書式 **テーブル設定を解除**

```
Worksheetオブジェクト.ListObjects(テーブル名).Unlist
```

　ただし、テーブル設定を解除する場合も、対象テーブルが存在しない場合は実行時にエラーが発生します。そこで、**On Error Resume Nextステートメント**を使って実行時エラーに対処します。

5.2　ワークシート上のデータをテーブルにしよう　　**141**

書式　On Error Resume Nextステートメント

On Error Resume Next

　On Error Resume Nextステートメントを実行すると、以降の行では、実行時にエラーが発生すると、エラーが発生したステートメントの処理は行われずに次の行に処理が移ります。したがって、実行時エラーによって処理が中断されることもなく実行が続きます（一般には「エラーを無視する」と表現されます）。

　ここでは、[テーブル操作] シートが存在しない場合はテーブルの設定解除を行う必要がないため、エラーが発生しても問題がないのでOn Error Resume Nextステートメントを使います。

テーブル設定を解除するコードを入力しよう

テーブル設定を解除するコードは、次の手順で入力します。

1 ブック「ExcelVBA_ChatGPT実用編.xlsm」の標準モジュールTableDataのConvertToTableプロシージャの次の位置に、次のコードを入力する（色文字部分）。

```
Sub ConvertToTable()
    (中略)

    On Error GoTo ErrLine
    Set mySheet = ThisWorkbook.Worksheets(SHEET_NAME)
    On Error GoTo 0

    '同名のテーブルが存在する場合はテーブル設定を解除する
    On Error Resume Next          ← 1
    mySheet.ListObjects(TABLE_NAME).Unlist  ← 2
    On Error GoTo 0   ← 3

    mySheet.Activate     '対象ワークシートをアクティブにする
    MsgBox "テーブルに変換しました。"

    (中略)
End Sub
```

コードの解説

1

```
On Error Resume Next
```

以降の行では、実行時にエラーが発生しても無視します。

2

```
mySheet.ListObjects(TABLE_NAME).Unlist
```

定数TABLE_NAMEに定義したテーブル名のテーブル設定を解除します。

3

```
On Error GoTo Ø
```

On Error Resume Nextステートメントを無効にします。以降は、実行時にエラーが発生すると処理が中断されます。

ワークシートにテーブルを作成しよう

ワークシート上にテーブルを作成するには、ListObjectsコレクションの**Addメソッド**を使います。ListObjectsコレクションへの参照はListObjectsプロパティで取得できるので、次の書式でテーブルを作成できます。

書式 **ListObjectsコレクションのAddメソッド**

```
ListObjects.Add [データの種類], [ソース], [リンク], [見出しの有無]
```

ListObjectsコレクションのAddメソッドは、生成したListObjectオブジェクトへの参照を返します。

「データの種類」には、セル範囲からテーブルを作成する場合は「xlSrcRange」と指定します。ただし、「データの種類」は省略可能で、省略した場合は「xlSrcRange」を指定したことになるので、ここでは省略します。

「ソース」には、データ範囲をRangeオブジェクトで指定します。ここでは、指定するデータ範囲を、Worksheetオブジェクトの**UsedRangeプロパティ**を使って取得しておきます。

5.2 ワークシート上のデータをテーブルにしよう **143**

書式 **WorksheetオブジェクトのUsedRangeプロパティ**

> Worksheetオブジェクト.UsedRange

UsedRangeプロパティは、ワークシート上で使われているセル範囲への参照を返します。

　Addメソッドの第3引数「リンク」は、外部データを使う場合に指定します。「データの種類」が「xlSrcRange」の場合は省略します（省略しないとエラーが発生します）。
　「見出しの有無」には、データ範囲に見出し行が含まれているかどうかを、次の**XlYesNoGuess列挙型**のメンバーで指定します。ここでは、1行目が見出し行のデータを扱うため「xlYes」を指定します。

名前	説明
xlGuess	見出しの有無と設定が自動的に行われる
xlNo	見出し行がない
xlYes	先頭行が見出し行

　テーブルを作成したら、テーブル名とテーブルのスタイルを指定します。いずれも指定を省略可能ですが、ここでは学習のために設定してみましょう。

 ヒント

空のテーブルを作成する
ListObjects.Addメソッドの第2引数（「ソース」）を省略すると、ワークシート上に空のテーブルが作成されます。

テーブル名とテーブルスタイルを設定しよう

テーブル名は、ListObjectオブジェクトの**Nameプロパティ**で指定します。

書式 **ListObjectオブジェクトのNameプロパティ**

> ListObjectオブジェクト.Name = テーブル名

テーブルスタイルは、ListObjectオブジェクトの**TableStyleプロパティ**で指定します。

書式 ListObjectオブジェクトのTableStyleプロパティ

ListObjectオブジェクト.TableStyle = テーブルスタイル名

「テーブルスタイル名」は、Excelの［ホーム］タブで［テーブルとして書式設定］をクリックしたときに表示される一覧のスタイル名を指定します。

スタイル名は、次のように設定されています（図は表示される一覧の例です。お使いの環境によって表示が異なることがあります）。

スタイルのグループ	スタイル名
［淡色］	「TableStyleLight」に左上から右に1から順に番号が付く （TableStyleLight1、TableStyleLight2、TableStyleLight3、……）
［中間］	「TableStyleMedium」に左上から右に1から順に番号が付く （TableStyleMedium1、TableStyleMedium2、TableStyleMedium3、……）
［濃色］	「TableStyleDark」に左上から右に1から順に番号が付く （TableStyleDark1、TableStyleDark2、TableStyleDark3、……）

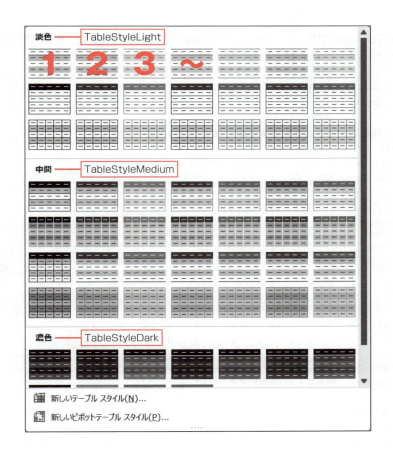

テーブルを作成するコードを入力しよう

テーブルを作成するコードは、次の手順で入力します。

1 ブック「ExcelVBA_ChatGPT実用編.xlsm」の標準モジュールTableDataのConvert
ToTableプロシージャ内の次の位置に、次のコードを入力する（色文字部分）。

```vba
Sub ConvertToTable()
    Dim mySheet As Worksheet
    Dim lisTable As ListObject          ← 1
    Dim tblRange As Range               ← 2

    '対象ワークシートが存在しない場合はエラーハンドラーの処理を行う
    On Error GoTo ErrLine
    Set mySheet = ThisWorkbook.Worksheets(SHEET_NAME)
    On Error GoTo 0

    （中略）
End Sub
```

2 ConvertToTableプロシージャの次の位置に、次のコードを入力する（色文字部分）。**4** は
Addメソッドのコンマの数に注意して入力する。

```vba
Sub ConvertToTable()
    （中略）

    '同名のテーブルが存在する場合はテーブル設定を解除する
    On Error Resume Next
    mySheet.ListObjects(TABLE_NAME).Unlist
    On Error GoTo 0

    '使われているセル範囲への参照を取得する
    Set tblRange = mySheet.UsedRange          ← 3

    'ワークシートにテーブルを作成する
    Set lisTable = _
            mySheet.ListObjects.Add(  , tblRange,  , xlYes)    ┐ 4

    'テーブル名とテーブルスタイルを設定する
    lisTable.Name = TABLE_NAME          ← 5
    lisTable.TableStyle = "TableStyleMedium2"     ← 6

    mySheet.Activate    '対象ワークシートをアクティブにする
    MsgBox "テーブルに変換しました。"

    （中略）
End Sub
```

第5章 ワークシートのテーブル操作

コードの解説

1
```
Dim lisTable As ListObject
```

作成するテーブルへの参照を代入するための変数lisTableをListObject型で宣言します。

2
```
Dim tblRange As Range
```

テーブルに変換するセル範囲への参照を代入するための変数tblRangeをRange型で宣言します。

3
```
Set tblRange = mySheet.UsedRange
```

使用中のセル範囲への参照を変数tblRangeに代入します。

4
```
Set lisTable = mySheet.ListObjects.Add(   , tblRange,   , xlYes)
```

ListObjectsコレクションのAddメソッドでテーブルを作成し、変数lisTableに代入します。第2引数にテーブルを設定するセル範囲を指定し、第4引数にxlYesを指定して先頭行を見出し行とします。

Addメソッドの書式では引数をかっこで囲んでいませんが、コードでは戻り値を取得しているので引数をかっこで囲みます。

5
```
lisTable.Name = TABLE_NAME
```

テーブル名を設定します。テーブル名は、モジュールの先頭で宣言した定数TABLE_NAMEを指定します。

6
```
lisTable.TableStyle = "TableStyleMedium2"
```

テーブルのスタイルを、[中間]の2番目のスタイルに設定します。

5.2 ワークシート上のデータをテーブルにしよう **147**

ConvertToTableプロシージャを作成したら、次の項でワークシートにボタンを配置して実行します。

プロシージャ実行用のボタンを配置しよう

前の節と同じようにワークシートにボタンを配置して、ボタンをクリックして実行できるようにします。

ここでは、まず、次の節以降で使うボタンもまとめて配置します。

1 ブック「ExcelVBA_ChatGPT実用編.xlsm」の［Sheet1］タブをクリックして［Sheet1］シートを表示する。

2 ［CSVファイルを読み込む］ボタンを右クリックし、［コピー］をクリックする。

3 Ctrl＋Vキーを押す（または、［CSVファイルを読み込む］ボタンを右クリックし、［貼り付け］をクリックする）。

結果 コピーしたボタンが貼り付けられる。

4 さらにCtrl＋Vキーを2回押す（または、［CSVファイルを読み込む］ボタンを右クリックし、［貼り付け］のクリックを2回行う）。

結果 コピーしたボタンがさらに2つ貼り付けられる（合計4つのボタンが表示される）。

5 ［図形の書式］タブをクリックする（［図形の書式］タブが表示されていない場合は、ボタンを右クリックして選択状態にすると表示される）。

6 ［オブジェクトの配置］をクリックし、［枠線に合わせる］をクリックする。

結果 セルの枠線に合わせてオブジェクトを配置できるようになる。

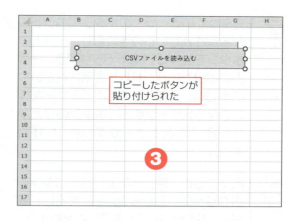

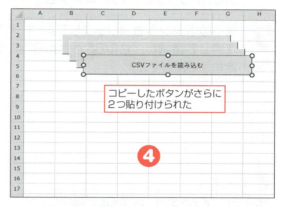

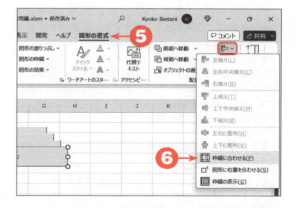

> **ヒント**
>
> **［図形の書式］タブを表示する**
>
> ［図形の書式］タブは、ワークシート上のコントロールが選択状態になっている場合に表示されます。コントロールはクリックして選択できます。ただし、ボタンのようにクリックすると何らかの動作が行われるコントロールは、クリックすると動作が行われるため、右クリックで選択します。右クリックしたときに表示されるショートカットメニューを消すにはEscキーを押します。

5.2　ワークシート上のデータをテーブルにしよう　　**149**

7 重なっている一番上のボタンにハンドルが表示されているのを確認し、一番上のボタンをセルB11にドラッグする。一番上のボタンにハンドルが表示されていない場合は、右クリックして Esc キーを押してからドラッグする（ボタンの左上がセルB11の左上と一致するように移動する）。

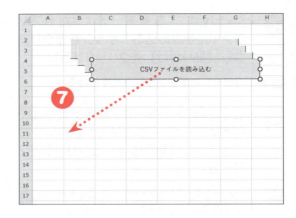

8 同様にして、現在一番上にあるボタンを右クリックしてから Esc キーを押して選択し、ドラッグしてセルB8に配置する。

9 残りのボタンも右クリックして Esc キーを押して選択し、セルB5とセルB2に合わせて配置する。

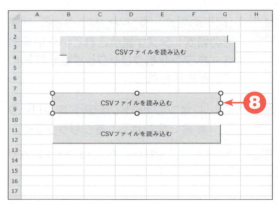

ヒント

ワークシート上のコントロールを選択する

ワークシート上のボタンは右クリックしてから Esc キーを押して選択状態にできますが、任意のセルをクリックしてから Ctrl キーを押しながらクリックして選択することもできます。コントロールが選択された状態で Tab キーを押すと、現在選択されているコントロールの次に配置したコントロールが選択されます。また、Shift + Tab キーを押すと、前に配置したコントロールが選択されます。

ボタンをまとめて選択する

Ctrl キーを押しながら、ボタンを1つずつクリックしていくと、複数のボタンを同時に選択できます。

ボタンの左位置と上下の間隔を揃える

ボタンをまとめて選択し、［図形の書式］タブで ［オブジェクトの配置］をクリックして［左揃え］をクリックすると、選択しているボタンの左端の位置を揃えることができます。また、［上下に整列］をクリックすると、選択しているボタンの上下の間隔を揃えることができます。

ヒント

[オブジェクトの配置] ボタンの表示

[図形の書式] タブの 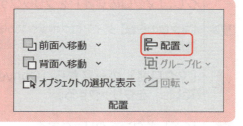 [オブジェクトの配置] は、画面のサイズや解像度によっては、右の図のように [配置] という文字が表示されます。

テーブルを作成するプロシージャを実行しよう

ボタンを配置できたら、ConvertToTable プロシージャを登録して実行します。

1 上から2番目のボタンを右クリックし、[テキストの編集] をクリックする。

結果 ボタンのテキストの横にカーソルが表示される。

2 「CSVファイルを読み込む」を削除し、**テーブルを作成する**と入力してワークシートの任意の場所をクリックする。

結果 ボタンのテキストが「テーブルを作成する」に変更される。

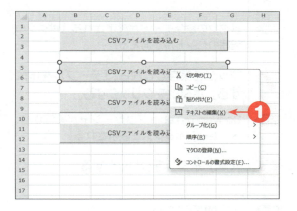

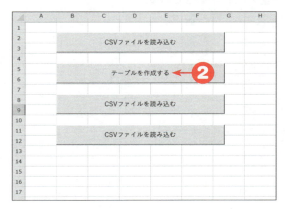

5.2 ワークシート上のデータをテーブルにしよう　**151**

3 [テーブルを作成する] ボタンを右クリックし、[マクロの登録] をクリックする。

結果 [マクロの登録] ダイアログボックスが表示される。

4 [マクロ名] の一覧から [ConvertToTable] をクリックする。

5 [OK] ボタンをクリックする。

結果 [マクロの登録] ダイアログボックスが閉じられる。

6 任意のセルをクリックする。

結果 ボタンの編集モードが終了される（ボタンの周囲のハンドルが消える）。

7 ブックを保存してから、[テーブルを作成する] ボタンをクリックする。

結果 ConvertToTable プロシージャが実行され、メッセージボックスが表示される。

8 [OK] ボタンをクリックする。

結果 実行が終了される。

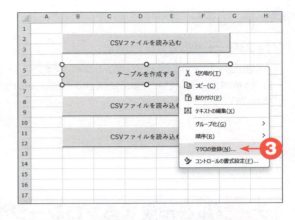

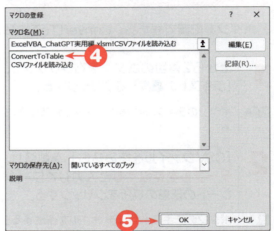

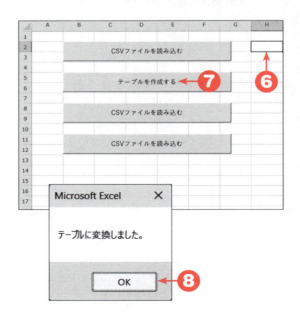

実行が終了されると、ワークシートに読み込んだデータでテーブルが作成されたことを確認できます。

> **ヒント**
>
> **Addメソッドの引数でテーブルスタイルを指定**
>
> ここでは、TableStyleプロパティでテーブルスタイルを指定しましたが、テーブルスタイルはAddメソッドの第6引数で指定することもできます。ここで作成したConvertToTableプロシージャのAddメソッドでテーブルスタイル「TableStyleMedium2」を指定するには、次のように記述します。
>
> ```
> mySheet.ListObjects.Add(  , tblRange,  , xlYes, , "TableStyleMedium2")
> ```

　テーブルを作成できたら、次の節では、VBAでテーブルを検索するコードを作成します。

5.2　ワークシート上のデータをテーブルにしよう　　**153**

5.3 ワークシートのテーブルを検索しよう

テーブルの指定列から指定した値を検索します。

テーブルを検索するプロシージャを作成しよう

まず、テーブルを検索するプロシージャを作成します。

プロシージャ内では、前の節と同じように、[テーブル操作] シートへの参照を取得する処理を行い、[テーブル操作] シートが存在しない場合はエラーメッセージを表示して終了します。また、[テーブル操作] シートが存在する場合は、テーブルが存在するかどうかを調べ、存在しない場合はエラーメッセージを表示して終了します。

前の節では、テーブルのチェックに On Error Resume Next ステートメントを使いましたが、ここでは、テーブルの数を調べてテーブルの有無をチェックします。ワークシート上のテーブルの数を調べるには、ListObjects コレクションの **Count プロパティ** を使います。

書式 ListObjects コレクションの Count プロパティ

Worksheetオブジェクト.ListObjectsコレクション.Count

Count プロパティは、ワークシート上のテーブルの数を返します。したがって、Count プロパティが返す値が「0」であれば、テーブルが存在しないことになるのでエラーメッセージを表示して終了します。

ここまでの処理を、次の手順で入力します。プロシージャ名は「FindTableData」とします。

1 ブック「ExcelVBA_ChatGPT実用編.xlsm」の標準モジュールTableDataのConvertTo
Tableプロシージャの下に、次のコードを入力する（色文字部分）。

```vb
Sub ConvertToTable()
    （中略）

    MsgBox "[" & SHEET_NAME & "]シートが存在しません。" _
            & vbCrLf & "ローデータ_アンケート.csvの" _
            & "読み込み処理を行ってから実行してください。"
End Sub

'テーブルを検索する
Sub FindTableData()
    Dim mySheet As Worksheet
    Dim myColumns As Range
    Dim myRange As Range

    '対象ワークシートが存在しない場合はエラーハンドラーの処理を行う
    On Error GoTo ErrLine            ← 1
    Set mySheet = ThisWorkbook.Worksheets(SHEET_NAME)
    On Error GoTo 0

    'テーブルが存在しない場合は終了する
    If mySheet.ListObjects.Count = 0 Then       ← 2
        MsgBox "[" & SHEET_NAME & "]シートにテーブルが存在しません。" _
                & "テーブルを作成してから実行してください。"
        Exit Sub    ← 3
    End If

    Exit Sub    ← 4
ErrLine:        ← 5
    MsgBox "[" & SHEET_NAME & "]シートが存在しません。" _
            & vbCrLf & "ローデータ_アンケート.csvの" _
            & "読み込み処理を行ってから実行してください。"
End Sub
```

コードの解説

1

```vb
On Error GoTo ErrLine
```

以降の行でエラーが発生したらエラーハンドラーの処理を行います。前の節と同様に［テーブル操作］シートのチェックを行っています。

5.3　ワークシートのテーブルを検索しよう　**155**

2
```
If mySheet.ListObjects.Count = 0 Then
```

[テーブル操作] シートにテーブルが存在しない場合は、Ifブロック内のエラーメッセージを
表示します。

3
```
Exit Sub
```

テーブルが存在しない場合は実行を終了します。

4
```
Exit Sub
```

すべての処理を終えた後に実行を終了します。エラーハンドラーの前に必ず記述します。

5
```
ErrLine:
```

[アンケート結果] シートが存在しない場合は、以降の処理を行います。

ここでは、[アンケート結果] シートへの参照の取得とエラーチェックしか行っていないた
め、実行はせずに次の項に進んでください（実行しても何も起こりません）。

テーブルを検索しよう

テーブルの列に指定したデータが存在するか検索します。
テーブルの列を検索するには、Rangeオブジェクトの**Findメソッド**を使います。

書式 Rangeオブジェクトの Find メソッド

Rangeオブジェクト.Find(**検索データ**, [**検索開始セル**], [**xValues**], [**XlLookAt列挙値**])

「Rangeオブジェクト」には、検索を行うセル範囲を指定します。
「検索データ」には、検索する値を指定します。
「検索開始セル」には、検索を行うセル範囲の中の検索を開始するセルを指定します。省略し
た場合は、検索対象セル範囲の左上のセルから検索されます。

156　第5章　ワークシートのテーブル操作

第3引数には、検索する値の種類を指定します。ここでは、セルの値を検索するため「xlValues」を指定します。第3引数は省略可能ですが、省略すると前回に指定した設定で検索されます。プロシージャの実行を終了しても前回の指定が引き継がれるため、省略せずに指定します。

　第4引数には、部分一致か全体一致かを、次の**XlLookAt列挙型**のメンバーで指定します。第4引数も省略可能ですが、第3引数と同様に前回の指定が引き継がれるため、省略せずに指定します。

メンバー名	説明
xlPart	部分一致も検出する
xlWhole	全体が一致するもののみを検出する

　Findメソッドは、検索データが見つかったセルへの参照を返します。見つからなかった場合は、「Nothing」を返します。

ヒント

数式やコメントを検索する

Findメソッドの第3引数には、**XlFindLookIn列挙型**のメンバーを指定します。値を検索するときは「xlValues」を指定しますが、数式を検索する場合は「xlFormulas」を指定します。コメントを検索する場合は「xlComments」を指定します。

　Findメソッドは、次の手順で入力します。ここでは、[味] 列から [5 美味しい] のセルを検索するようにします。

1 ブック「ExcelVBA_ChatGPT実用編.xlsm」の標準モジュールTableDataのFindTable
Dataプロシージャ内の次の位置に、次のコードを入力する（色文字部分）。

```vb
Sub FindTableData()
    (中略)

    'テーブルが存在しない場合は終了する
    If mySheet.ListObjects.Count = 0 Then
        MsgBox "[" & SHEET_NAME & "]シートにテーブルが存在しません。" _
                & "テーブルを作成してから実行してください。"
        Exit Sub
    End If

    MsgBox "[味] 列から [5美味しい] を検索します。"                    ← 1

    'テーブルから [5美味しい] を検索する
    Set myColumns = mySheet.ListObjects(TABLE_NAME).ListColumns(7).Range   ← 2
    Set myRange = myColumns.Find("5美味しい", , xlValues, xlWhole)          ← 3

    mySheet.Activate                                          ← 4
    mySheet.ListObjects(TABLE_NAME). _
            ListRows(myRange.Row - 1).Range.Activate          ← 5
    MsgBox myRange.Row & "行目に見つかりました。"              ← 6

    Exit Sub
ErrLine:
    (中略)
End Sub
```

コードの解説

1
```vb
MsgBox "[味] 列から [5美味しい] を検索します。"
```

処理開始を知らせるメッセージボックスを表示します。

2
```vb
Set myColumns = mySheet.ListObjects(TABLE_NAME).ListColumns(7).Range
```

[味] 列は、テーブルの左から7列目です。したがって、テーブルの左から7列目のセル範囲
を取得し、変数myColumnsに代入します。

第5章　ワークシートのテーブル操作

ListObjectオブジェクトのListColumnsプロパティは、引数に指定された列番号の列の
ListColumnオブジェクトへの参照を返します。ListColumnオブジェクトのRangeプロパ
ティは、ListColumnオブジェクトのセル範囲への参照を返します。

3
```
Set myRange = myColumns.Find("5美味しい", , xlValues, xlWhole)
```

「5美味しい」と完全一致するセルを検索し、結果を変数myRangeに代入します。

4
```
mySheet.Activate
```

［テーブル操作］シートをアクティブにします。

　次のステートメントで、見つかったセルをアクティブ（反転表示）にしますが、セルをアク
ティブにするときは、対象セルがあるワークシートがアクティブである必要があります。した
がって、ここで［テーブル操作］シートをアクティブにしておきます。

5
```
mySheet.ListObjects(TABLE_NAME).ListRows(myRange.Row - 1).Range.Activate
```

　見つかったセルがある行をアクティブ（反転表示）にします。

　ListObjectオブジェクトのListRowsプロパティは、引数に指定された行番号の行の
ListRowオブジェクトへの参照を返します。ここでは見つかったセル（myRange）がある行
を選択するので、見つかったセル（myRange）の行番号を**Rowプロパティ**で取得して指定し
ます。RowプロパティはRangeオブジェクトのプロパティで、セルの行番号を返します。

> **書式** **Rowプロパティで行番号を取得**
>
> **Rangeオブジェクト**.Row

　ただし、見つかったセル（myRange）の行番号は見出し行からカウントされているため、見
つかったセル（myRange）の行番号から「1」を引いた数値を行番号として指定します。

　取得したListRowオブジェクトにはActivateメソッドがないため、Rangeプロパティで
Rangeオブジェクトを取得し、RangeオブジェクトのActivateメソッドでテーブルの行を
反転表示します。

　このステートメントの処理がわかりにくい場合は、次のように数行に分けて記述してもよい
でしょう。

5.3　ワークシートのテーブルを検索しよう　**159**

```
        Dim lstObject As ListObject   'テーブルへの参照用
        Dim lstRow As ListRow         'テーブルの行への参照用
        Dim rowRange As Range         '行のRangeオブジェクトへの参照用

        Set lstObject = mySheet.ListObjects(TABLE_NAME)   'テーブルを取得
        Set lstRow = lstObject.ListRows(myRange.Row - 1) 'テーブルの行を取得
        Set rowRange = lstRow.Range                      '行のRangeオブジェクトを取得
        rowRange.Activate
```

プロシージャの途中で変数を宣言する

変数の宣言は、プロシージャの途中で行うこともできます。本書では、後から見たときにわかりやすいようにプロシージャの冒頭で宣言しています。

6
```
        MsgBox myRange.Row & "行目に見つかりました。"
```

　見つかったセルの行番号を表示します。前に説明したようにRangeオブジェクトの**Rowプロパティ**は、セルの行番号を返します。ここでは、見出し行も含めて数えた行番号を表示していますが、見出し行を含めずに何行目かを表示する場合は、次のように記述します。

```
        MsgBox myRange.Row - 1 & "行目に見つかりました。"
```

　検索処理を入力できたら、次の項で、見つからなかったときの処理を入力してから実行します。

見つからなかったときの処理を入力しよう

　検索する値が見つからなかったとき、Findメソッドは「Nothing」という値を返します。そこで、結果を代入した変数myRangeの値が「Nothing」の場合は、「見つかりませんでした。」と表示します。
　Range型変数myRangeとキーワード「Nothing」が等しいかどうかを比較するには、**Is演算子**を使います。

書式 Is演算子

> オブジェクト1 Is オブジェクト2

Is演算子は、演算子の両側のオブジェクトが等しい場合は「True」を返します。等しくない場合は「False」を返します。

見つからなかった場合の処理は、次の手順で入力します

1 ブック「ExcelVBA_ChatGPT実用編.xlsm」の標準モジュールTableDataのFindTableDataプロシージャ内の次の位置に、次のコードを入力する（色文字部分）。

```
Sub FindTableData()
    (中略)
    'テーブルから[5美味しい]を検索する
    Set myColumns = mySheet.ListObjects(TABLE_NAME).ListColumns(7).Range
    Set myRange = myColumns.Find("5美味しい", , xlValues, xlWhole)

    If myRange Is Nothing Then      ← 1
        MsgBox "見つかりませんでした。"  ← 2
        Exit Sub      ← 3
    End If

    mySheet.Activate
    mySheet.ListObjects(TABLE_NAME). _
            ListRows(myRange.Row - 1).Range.Activate
    (中略)
End Sub
```

2 Excelに表示を切り替え、[Sheet1]タブをクリックして[Sheet1]シートを表示する。

3 上から3番目のボタンを右クリックし、[テキストの編集]をクリックする。

結果 ボタンのテキストの横にカーソルが表示される。

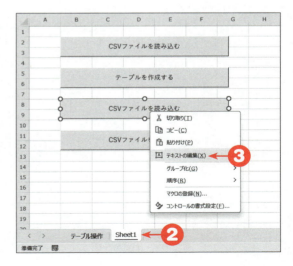

5.3　ワークシートのテーブルを検索しよう　**161**

4 「CSVファイルを読み込む」を削除し、**テーブルを検索する**と入力して、任意のセルをクリックする。

結果 ボタンのテキストが「テーブルを検索する」に変更される。

5 [テーブルを検索する] ボタンを右クリックし、[マクロの登録] をクリックする。

結果 [マクロの登録] ダイアログボックスが表示される。

6 [マクロ名] の一覧から [FindTableData] をクリックし、[OK] ボタンをクリックする。

結果 [マクロの登録] ダイアログボックスが閉じられる。

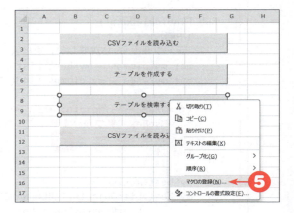

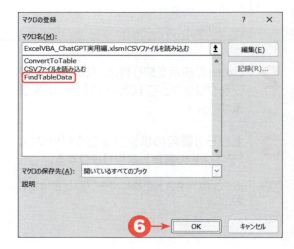

7 任意のセルをクリックしてから［テーブルを検索する］ボタンをクリックする。

結果 検索開始を知らせるメッセージボックスが表示される。

8 ［OK］ボタンをクリックする。

結果 検索結果を知らせるメッセージボックスが表示される。

9 ［OK］ボタンをクリックする。

結果 実行が終了される。

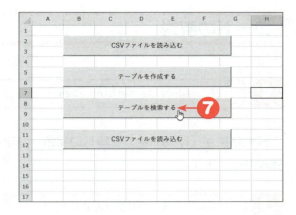

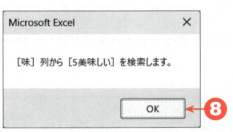

　検索結果が正しく表示されたらFindTableDataプロシージャは完成です。

　ここでは紙面の都合上、見つからなかった場合の確認手順は紹介しませんが、Findメソッドの第1引数を次のように変更して、「見つかりませんでした。」と表示されるか確認してみてください。

```
Set myRange = myColumns.Find("7未回答", , xlValues, xlWhole)
```

コードの解説

1
```
If myRange Is Nothing Then
```

検索結果が「Nothing」と等しい場合、つまり、見つからなかった場合は、Ifブロック内の処理を行います。

2
```
MsgBox "見つかりませんでした。"
```

見つからなかったことを知らせるメッセージを表示します。

3
```
Exit Sub
```

実行を終了します。この後の見つかった行番号を知らせるメッセージボックスが表示されないように、Exit Subステートメントを忘れずに記述します。

5.4 ワークシートのテーブルを削除しよう

テーブルをデータごと削除します。

テーブルをデータごと削除しよう

　テーブルをデータごと削除するには、ListObjectオブジェクトの**Deleteメソッド**を使います。

書式　ListObjectオブジェクトのDeleteメソッド

> `ListObjectオブジェクト.Delete`

　テーブルの削除も、これまでと同様に［テーブル操作］シートが存在しない場合はエラーハンドラーの処理を行います。したがって、FindTableDataプロシージャのエラーハンドラーをコピーして作成してもかまいません。

　テーブルを削除するコードは、次の手順で入力します。プロシージャ名は「DeleteTable」とします。

1 ブック「ExcelVBA_ChatGPT実用編.xlsm」の標準モジュールTableDataのFindTableDataプロシージャの下に、次のコードを入力する（色文字部分）。

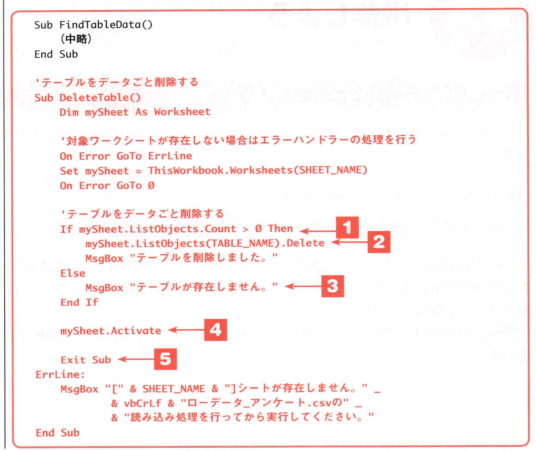

```
Sub FindTableData()
    （中略）
End Sub

'テーブルをデータごと削除する
Sub DeleteTable()
    Dim mySheet As Worksheet

    '対象ワークシートが存在しない場合はエラーハンドラーの処理を行う
    On Error GoTo ErrLine
    Set mySheet = ThisWorkbook.Worksheets(SHEET_NAME)
    On Error GoTo 0

    'テーブルをデータごと削除する
    If mySheet.ListObjects.Count > 0 Then        ← 1
        mySheet.ListObjects(TABLE_NAME).Delete   ← 2
        MsgBox "テーブルを削除しました。"
    Else
        MsgBox "テーブルが存在しません。"        ← 3
    End If

    mySheet.Activate              ← 4

    Exit Sub     ← 5
ErrLine:
    MsgBox "[" & SHEET_NAME & "]シートが存在しません。" _
            & vbCrLf & "ローデータ_アンケート.csvの" _
            & "読み込み処理を行ってから実行してください。"
End Sub
```

2 表示をExcelに切り替え、[Sheet1]シートの上から4番目のボタンを右クリックし、[テキストの編集] をクリックする。

結果 ボタンのテキストの横にカーソルが表示される。

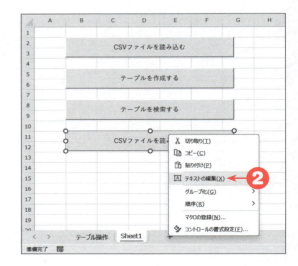

3 ボタンのテキストを**テーブルを削除する**に変更する（テキストを入力後に任意のセルをクリックする）。

4 ［テーブルを削除する］ボタンを右クリックし、［マクロの登録］をクリックする。

結果▶ ［マクロの登録］ダイアログボックスが表示される。

5 ［マクロ名］の一覧から［DeleteTable］をクリックし、［OK］ボタンをクリックする。

結果▶ ［マクロの登録］ダイアログボックスが閉じられる。

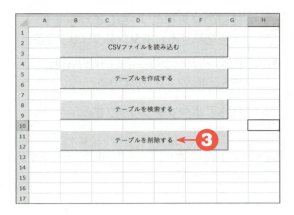

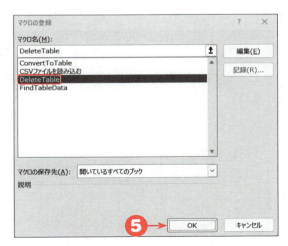

5.4　ワークシートのテーブルを削除しよう

6 任意のセルをクリックしてから［テーブルを削除する］ボタンをクリックする。

結果 DeleteTable プロシージャが実行され、メッセージボックスが表示される。

7 ［OK］ボタンをクリックする。

結果 実行が終了され、［テーブル操作］シートがアクティブになる。

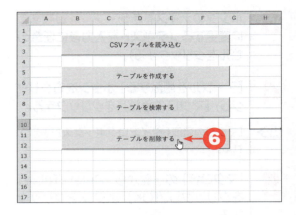

実行が終了されると、［テーブル操作］シートのテーブルがデータごと削除されたのを確認できます。

コードの解説

1
```
If mySheet.ListObjects.Count > 0 Then
```

　テーブルの数が「0」より大きい場合、つまり、テーブルが存在する場合は、Ifブロック内の処理を行います。

2
```
mySheet.ListObjects(TABLE_NAME).Delete
```

Deleteメソッドでテーブルをデータごと削除します。

3
```
MsgBox "テーブルが存在しません。"
```

　テーブルが存在しない場合は、メッセージボックスで存在しないことを知らせます。このIfブロックの後はテーブルの処理を行わないため、ここではExit Subステートメントで終了しません。

4
```
mySheet.Activate
```

　［テーブル操作］シートをアクティブにして確認できるようにします。

5
```
Exit Sub
```

　エラーハンドラーの前で実行を終了します。Exit Subステートメントは、エラーハンドラーの直前に必ず記述します。

　ここまでの学習を終了したら、ブック「ExcelVBA_ChatGPT実用編.xlsm」を保存してから閉じてください。次の節では、ウォッチ式を使ったデバッグ方法を学習します。

5.4　ワークシートのテーブルを削除しよう　**169**

5.5 ウォッチ式を使ってデバッグしよう

デバッグをするときに、実行中の変数の値をウォッチウィンドウで参照します。

ウォッチ式を追加しよう

ウォッチ式を使ったデバッグ方法を学習します。ウォッチ式を使うと、実行中にウォッチウィンドウで式の値を確認したり、式の値が変化したときに実行を中断したりできます。

ここでは、第3章で作成したブック「ExcelVBA_ChatGPT準備編.xlsm」でウォッチ式を使ってみましょう。ウォッチ式は次の手順で追加します。

1 ブック「ExcelVBA_ChatGPT準備編.xlsm」のVBEを開く。

2 「ChatGPTに質問」プロシージャの「strApiKey = InputBox(」で始まる行の「strApiKey」をダブルクリックする。

結果 「strApiKey」が選択される（反転表示される）。

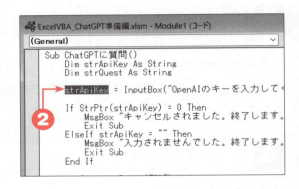

3 反転表示されている「strApiKey」を右クリックし、［ウォッチ式の追加］をクリックする。

結果 ［ウォッチ式の追加］ダイアログボックスが表示される。

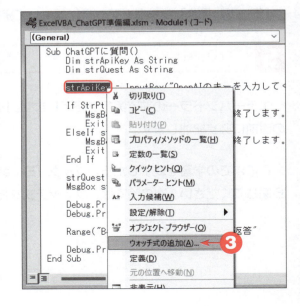

第5章 ワークシートのテーブル操作

4 [式] に「strApiKey」と表示されているのを確認し、[ウォッチの種類] から [式の値が変化したときに中断] をクリックして選択する（[式] が異なる場合は「strApiKey」と入力する）。

5 [OK] ボタンをクリックする。

結果 ウォッチウィンドウが表示され、変数strApiKeyがウォッチウィンドウに追加される。

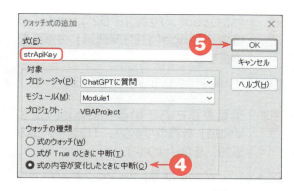

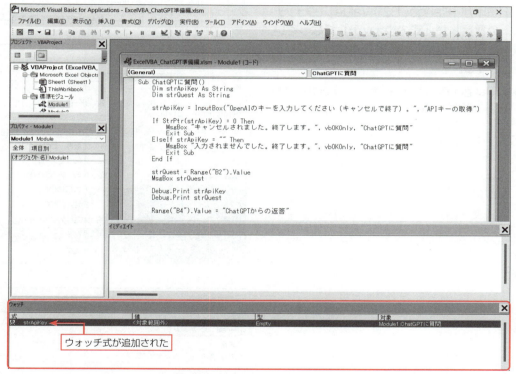

ウォッチ式が追加された

> **ヒント**
>
> **ウォッチウィンドウの表示位置**
>
> ウォッチウィンドウの表示場所は設定によって変わることがあります。表示場所を移動する場合は、ウォッチウィンドウのタイトルバーを表示したい位置にドラッグ＆ドロップしてください。

続けて、もう1つウォッチ式を追加してみましょう。

5.5 ウォッチ式を使ってデバッグしよう　　171

1 「strQuest = Range("B2").Value」の行の「Range("B2").Value」の部分を選択する。

結果 「Range("B2").Value」が反転表示される。

2 反転表示されている「Range("B2").Value」を右クリックし、[ウォッチ式の追加] をクリックする。

結果 [ウォッチ式の追加] ダイアログボックスが表示される。

3 [式] が「Range("B2").Value」、[ウォッチの種類] が [式のウォッチ] になっていることを確認し、[OK] ボタンをクリックする。

結果 「Range("B2").Value」がウォッチウィンドウに追加される。

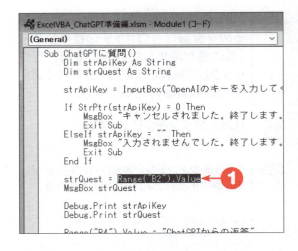

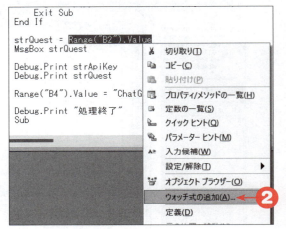

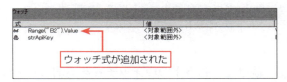

ウォッチ式が追加された

追加したウォッチ式の値は、「対象範囲外」と表示されています。これは、まだ実行していないためです。続けて、実行して確認してみましょう。

1 「ChatGPTに質問」プロシージャ内をクリックしてから、ツールバーの ▶ [Sub/ユーザーフォームの実行] ボタンをクリックする（または、F5キーを押す）。

結果 プロシージャが実行され、インプットボックスが表示される。

2 **test**と入力して、[OK] ボタンをクリックする。

結果 実行が中断される。

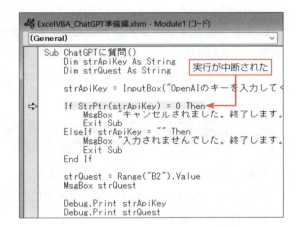

実行が中断されたら、ウォッチウィンドウを確認してみましょう。

ウォッチウィンドウの変数strApiKeyの値が「test」と表示されています。

このウォッチ式は、式の値が変化したときに中断する設定にしたため、インプットボックスの入力が変数strApiKeyに代入されたタイミングで実行が中断されました。

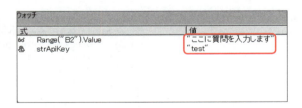

また、もう1つのウォッチ式「Range("B2").Value」を確認すると、「ここに質問を入力します」と表示されています。

この式は、式のウォッチ、つまり、式の値を見るだけなので、セルB2に入力されている文字列がそのまま表示されています。

ここまで確認できたら、残りの処理は一気に実行します。

3 ツールバーの ▶ [Sub/ユーザーフォームの実行] ボタンをクリックする（または、F5キーを押す）。

結果 続きが実行され、メッセージボックスが表示される。

4 [OK] ボタンをクリックする。

結果 実行が終了される。

　このようにウォッチウィンドウでは、あらかじめ式を登録しておくことによって、登録した式を一覧で確認したり、式の値が変化したタイミングで実行を中断したりできます。
　ウォッチウィンドウを確認したら、このまま次の項に進んでウォッチ式を削除しましょう。

ウォッチ式を削除しよう

　不要になったウォッチ式は削除できます。
　ここでは、[ウォッチ式の編集] ダイアログボックスで削除する方法と、右クリックで削除する方法を学習します。

1 ウォッチウィンドウで [strApiKey] をクリックして選択する。

2 [デバッグ] メニューの [ウォッチ式の編集] をクリックする。

結果 [ウォッチ式の編集] ダイアログボックスが表示される。

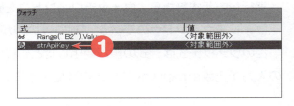

174　第5章　ワークシートのテーブル操作

3 [ウォッチ式の編集] ダイアログボックスの [削除] ボタンをクリックする。

結果 ウォッチウィンドウのウォッチ式strApiKeyが削除される。

4 ウォッチウィンドウで [Range("B2").Value] を右クリックし、[ウォッチ式の削除] を選択する。

結果 ウォッチウィンドウのウォッチ式Range("B2").Valueが削除される。

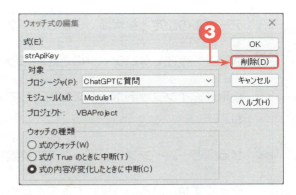

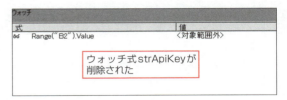

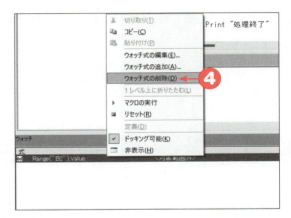

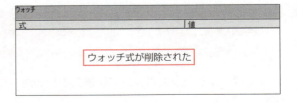

> **ヒント**
> **ウォッチ式は保存されない**
> ウォッチ式はブックに保存されません。したがって、ブックを閉じるときは、ウォッチ式を削除せずに閉じてもかまいません。ただし、VBEを閉じてもブックが開いたままであればウォッチ式は残ります。したがって、ブックを閉じずに再びVBEを開くと、ウォッチウィンドウにウォッチ式が表示されます。ブックを閉じるとウォッチ式は削除されます。

ウォッチ式の削除を確認したら、この章の学習は終わりです。ブック「ExcelVBA_ChatGPT準備編.xlsm」を閉じてから次の章に進んでください。

🐰 テーブルの設定と検索はできましたか？

🐼 はい！　存在しないデータのときのエラーメッセージも確認したよ！

🐰 検索は、インプットボックスを表示して検索データを入力できるようにしてもよいですね。

🐼 なるほど〜。インプットボックスで検索する列も指定できるかも。

🐰 そうですね。いろいろ試してみてください。

〜もう一度確認しよう！〜　チェック項目

- ☐ ワークシートにボタンを配置できましたか？
- ☐ ワークシートのボタンからプロシージャを実行できましたか？
- ☐ ワークシートのデータをテーブルに設定できましたか？
- ☐ テーブルを検索できましたか？
- ☐ テーブルを削除できましたか？
- ☐ ウォッチ式を追加できましたか？

第 **6** 章

ChatGPTのAPIを
利用する準備をしよう

この章では、Excel VBA から ChatGPT に接続する
準備として、ChatGPT の API キーを取得します。ま
た、ChatGPT とやりとりするための「JSON 形式」
というデータ形式について簡単に予習します。

6.1 ChatGPT の登録準備を
しよう

6.2 ChatGPT のアカウントを
作成しよう

6.3 API キーを取得しよう

6.4 JSON 形式について
予習しておこう

この章で学ぶこと

 ここでは、ChatGPTに接続するためのAPIキーを取得します。

 やっとですね！

 はい。もうChatGPTに登録を済ませている方は「6.3　APIキーを取得しよう」から始めてください。

 APIキーって何？

 VBAからChatGPTに接続するときに必要なコードです。

 じゃあ、もうすぐChatGPTに接続できるんですね！

 そうです。ではさっそく始めましょう！

この章では、次について例を紹介します。

- ●ChatGPTのアカウントの作成例
- ●ChatGPTのAPIキーの取得例
- ●ChatGPTのAPI利用料の確認例
- ●JSON形式のデータの記述

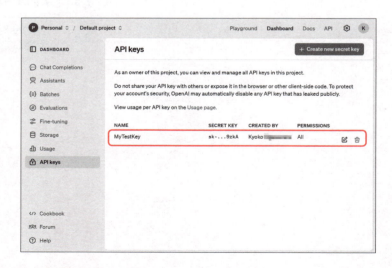

ChatGPTの登録準備をしよう

ChatGPTの登録に必要なものと登録手順を確認します。

この章について

　本書の目的はChatGPTの学習ではないので、ChatGPTに関する説明や学習はしませんが、この章では、本書執筆時点でChatGPTの登録やAPIキーを入手する操作の例を紹介します。操作手順や画面のレイアウト、サイトの構成などは随時変更されますが、この章で予習をしてから、登録するかどうかを決めるとよいでしょう。

　なお、操作手順は随時変更されるので、実際の操作手順や画面のレイアウトなどが本書の内容と異なる場合は、画面に表示される指示に従って操作を行ってください。

　操作やほかの項目などわからないところがある場合は、OpenAI社のサイトの説明を確認してください（登録をしなくても第8章以降のしりとりゲームをChatGPTに接続せずに実行できます）。

 ウサギ先生からの特別アドバイス：その1

ChatGPTはOpenAI社が提供するAIで、アカウントの作成やクレジットカードの登録は読者の皆さんとOpenAI社の契約になります。この章では、これからChatGPTのアカウントを作成したりAPIキーを取得したりする皆さんの参考となるように登録操作の例の一部を紹介します。

登録するかどうか迷ったり、当面はChatGPTのAPIを使う予定がない場合は、この章は「6.4　JSON形式について予習しておこう」のみ目を通し、第7章から学習を続けても大丈夫です（API利用料金を支払っていない場合は、ChatGPTに接続はできません）。

　すでにChatGPTのAPI利用料金を支払っている方や、ChatGPTのAPIを利用しないで本書の学習を進めたい方は、この章は「6.4　JSON形式について予習しておこう」のみ目を通し、第7章または第8章から続きを読み進めてもかまいません。

　また、この章を参考にしなくてもご自分で登録できる方も、この章は6.4節だけ目を通して進めていただいてもかまいません。

6.1　ChatGPTの登録準備をしよう　179

登録に必要なものを確認しておこう

　ChatGPTのAPIを使うには、ChatGPTのアカウントを作成し、APIキーを取得する必要があります。すでにChatGPTのアカウントをお持ちの方は、この章の「6.3　APIキーを取得しよう」から始めてください。

　登録に必要なものは次のとおりです（本書執筆時点）。

- メールアドレス
- 任意のパスワード
- 携帯電話の番号（認証に必要なコードが届く）
- クレジットカード

登録手順を確認しておこう

　登録とAPIの取得は基本的に次の流れで行います。

（1）ChatGPTのWebサイトでメールアドレスを登録してアカウントを作成する
（2）APIキーを取得する
（3）API利用料金を先払いする

> **ヒント**
>
> **API利用の準備を済ませてからAPI利用料金を払う**
>
> 無料トライアル期間やその他の理由により、無料でAPIを利用できることがあります。そこで、API料金を支払う必要があるかどうか確かめてから必要な場合のみ支払うようにしましょう。
> また、何らかの理由によりAPIキーを取得できなかった場合も支払う必要はないので、APIキーを取得した後に支払うようにします。または、先に次の章の学習を進め、プログラムを完成させてから、実行テストの前に支払いをしてもよいでしょう。

利用料金を確認しておこう

　Web版ChatGPTやアプリ版ChatGPTとの対話は無料で行うことができますが、本書執筆時点で、ChatGPTのAPIの利用は有料です（クレジットカード払いのみ利用できます）。
　利用料金は、モデル（バージョン）ごとに設定されています。本書では「GPT-4o mini」モ

デルのAPIを利用するため、本書執筆時点で、ChatGPTに渡すデータが100万トークンあたり0.15ドルの費用がかかります。OpenAI社のサイトによると1トークンは英単語1つとされていますが、日本語の場合は、100万トークンは約75万文字に相当するとされています。

　本書執筆時点の「GPT-4o mini」の利用料金は次のとおりです。

・ChatGPTへの入力　　1000万トークンあたり0.15ドル
・ChatGPTからの出力　1000万トークンあたり0.6ドル

　ChatGPTへの入力は、プログラムからChatGPTに渡す文章などのデータを指します。ChatGPTからの出力は、ChatGPTからの返答などのデータを指します。これらのトークンは、本書執筆時点では、月ごとに使用トークン数が合計されて料金が決定しているようです。

　料金や利用できるモデルは随時変更されるので、ご自身でご確認のうえ利用してください。現在利用できるモデルと料金を紹介したOpenAI社の日本語サイトは次のURLで参照できます（URLも変更されることがあります）。

https://openai.com/ja-JP/api/pricing/

　支払い例は後で紹介しますが、本書執筆時点の支払い方法はクレジットカードで数ドル程度からの先払い方式となっています。支払いを済ませてAPIを利用すると、月ごとに利用したトークン数の合計に応じて残高が減っていきます。また、本書執筆時点で、残高には支払日から1年間の有効期限が設けられています。

　料金や支払い方法を確認できない場合は、ChatGPTのアカウントを作成せずに本書を読み進めても、第8章からの応用編のしりとりゲームを作成できます（アカウントの作成とAPIキーの取得および支払いを行っていない場合は、ChatGPTに接続せずにしりとりゲームを行います）。

 ヒント

OpenAI社のサイトで確認しよう

ChatGPTだけではなく、このようなインターネット上で提供されるサイトやアプリなどでは、サイトの操作手順や利用システムの変更が予告なく頻繁に行われることがあります。海外のサイトやアプリでは、料金制度も予告がなく変更されることがあります。また、会員により料金制度の変更が適用される時期が違ったり、会員によって料金そのものが違うこともあります。
この章では、本書執筆時点で確認できる操作手順や料金制度を操作のヒントとして紹介していますが、実際に登録を行うときは、ご自身でOpenAI社のサイトをご確認のうえ、操作を行ってください。

6.2 ChatGPTのアカウントを作成しよう

ChatGPTに登録してアカウントを作成します。

ChatGPTにサインアップしよう

ChatGPTに登録することを**サインアップ**と言います。

　サインアップの画面は随時変更されるため、ここでは本書執筆時点でのサインアップの操作例を紹介します。実際にサインアップを行うときは、サイトの指示に従ってサインアップしてアカウントを作成してください。すでにChatGPTのアカウントをお持ちの方は、この節をスキップして「6.3　APIキーを取得しよう」に進んでください。

1 ブラウザーのアドレスバーに**https://chatgpt.com**と入力してEnterキーを押す。

結果 ［ログイン］ボタンと［サインアップ］ボタンがある画面が表示される。

2 ［サインアップ］をクリックする。

結果 メールアドレスを入力する画面が表示される。

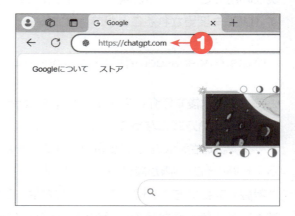

第6章　ChatGPTのAPIを利用する準備をしよう

エラー表示がされるなど、この画面が表示されない場合はブラウザーで「ChatGPT」を検索し、検索結果からOpenAI社の「ChatGPT」や「Introducing ChatGPT」、[日本語｜ログイン]などをクリックし[今すぐ始める]（または[Try ChatGPT]）をクリックするなどして[サインアップ]（または[Sign up]など）を探してください（英語表記の画面が表示されることもあります）。

　次の画面が表示された場合は、[サインアップしてチャットを使用する]ボタンをクリックします。

ヒント

ChatGPTの公式のサイトを表示する

ChatGPTのサインアップやログインをするときは、URLが「https://openai.com」または「https://chatgpt.com」から始まるページを表示するようにします。

3 メールアドレスを入力し、[続ける]ボタン（または[Continue]ボタン）をクリックする（Googleなど画面に表示されているほかのアカウントを利用してChatGPTのアカウントを作成することもできる。その場合、以降の操作は画面に表示される指示に従って進める）。

結果 パスワード入力用のテキストボックスが表示される。

4 ［パスワード］（または［Password］）に、自分で決めたパスワードを入力する。画面に文字数などの注意事項が表示される場合は、指示に従って入力する。

5 ［続ける］ボタン（または［Continue］ボタン）をクリックする。

結果 メール送付の通知画面が表示される（画面表示は異なることがある）。

［続ける］ボタンをクリックしたら、次の画面にメールを送信したと表示されるので、画面の指示に従ってメールを開きます。以降は、メールや画面の指示に従って操作をし、アカウントを作成してください。

なお、ここからは、表示される画面の内容のほか、画面が表示される順序も本文と異なることもあります。表示された画面に書かれている内容をよく読んで、指示に従って操作してください。

次の画面は、［続ける］ボタンをクリックした後に表示される英語表記の画面例です（異なる画面が表示されることもあります）。

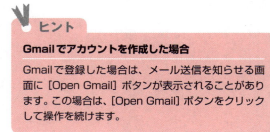

ヒント

Gmailでアカウントを作成した場合

Gmailで登録した場合は、メール送信を知らせる画面に［Open Gmail］ボタンが表示されることがあります。この場合は、［Open Gmail］ボタンをクリックして操作を続けます。

次の画面は、届いたメールの例です。このメールの例では、［Verify email address］をクリックします。メールの内容も随時変更されるので、画面とメールの指示に従って操作を行ってください。

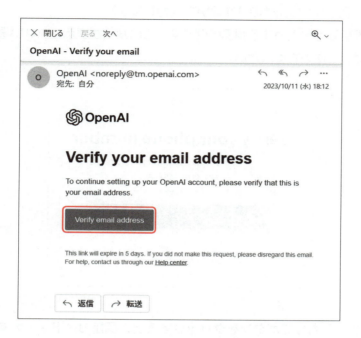

　次の画面は、メールのリンクをクリックして表示される画面の例です。画面の表示は変わることがありますが、画面の指示に従い、名前と姓、生年月日（日/月/年）を入力し、［Continue］ボタン（または［続ける］ボタンなど）をクリックします。Gmailなどの認証済みのアカウントでChatGPTのアカウントを作成した場合は、この画面が表示されないことがあります。この画面が表示されない場合は、表示された画面の指示どおりに進めます。

続いて、電話番号を入力する画面が表示されたら、認証コードを受信するための携帯電話の番号を入力して［Send code］ボタンをクリックします。電話番号は、画面の指示に従ってそのまま入力、または「+81 9012345678」の形式で入力します（先頭の「+81」（日本の国番号）の後に、電話番号の先頭の0を除いて入力します）。

　次の画面は、電話番号を入力する画面の例です。この画面が表示されない場合は、表示された画面の指示に従って進めてください。

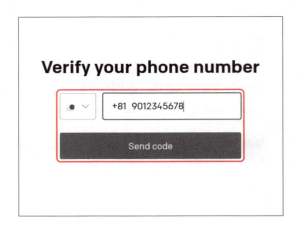

　携帯電話の番号を入力してボタンをクリックすると、認証コードを入力する画面が表示され、携帯電話のショートメールに認証コードが届きます。

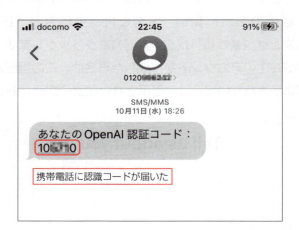

　携帯電話に届いた認証コードを画面に入力すると、ChatGPTの画面が表示されます。
　次の画面は、認証コードを入力する画面の例です。実際に表示された画面の指示に従って入力をしてください。

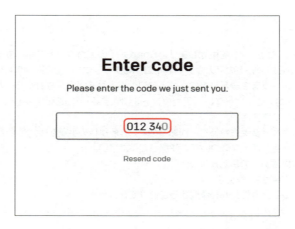

ChatGPTの画面が表示されたら、サインアップ完了です。

サインアップを完了すると、次のような画面が表示されます（細部が異なる画面が表示されることがあります）。テキストボックスに質問文を入力して、Enterキーを押してみましょう。ChatGPTからの返答が表示されるはずです。

ChatGPTを退会する

ChatGPTを退会するには、アカウントを削除します。ChatGPTのアカウントを削除するには、ChatGPTの画面（ChatGPTと対話をする画面）の右上のアカウントアイコンをクリックし、[設定]（または [Settings]）をクリックして [設定] ダイアログボックスを表示します。ダイアログボックスが表示されたら、左側の [データコントロール]（または [Data controls]）をクリックし、[アカウントを削除する] の [削除する]（または [Delete]）をクリックするとアカウントを削除できます。
アカウントを削除する操作手順は変更されることがあるので、あらかじめ手順を確認のうえ、削除を行ってください。
また、アカウントを削除する場合は、次についても注意してください。
・すでに支払い済みの料金は返却されません
・削除したアカウントは元に戻せません
・同じメールアドレスを使ってアカウントを作成することはできません

APIキーを取得しよう

プログラムから ChatGPT に接続するために必要な API キーを取得します。

APIキーを入手しておこう

　プログラムからChatGPTに接続するには、コードが必要です。このコードを**APIキー**と言います。

　APIキーは、OpenAI社のサイトにログインして入手します。入手する画面や手順は変更されることがありますが、次の操作例を参考にしてAPIキーを入手しておいてください（APIキーを入手せず利用料の支払いを行わない場合は、APIを使ってChatGPTに接続することはできませんが、このまま知識として読み進めて、応用編のしりとりゲームをChatGPTに接続せずに作成することができます）。

1 ブラウザーのアドレスバーに **https://platform.openai.com/api-keys** と入力して Enter キーを押す。

2 ログインを求める画面が表示された場合は、[Log in]（または [ログイン]）をクリックする。

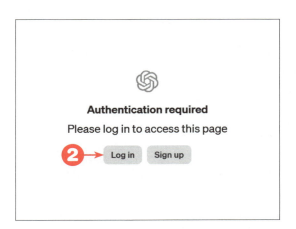

URLを入力してもサイトが表示されない場合

URLを入力しても該当するサイトが表示されない場合は、アドレスバーに「https://openai.com/」と入力して Enter キーを押し、画面上部の [製品]（または [Products]）にマウスポインターを近づけ、表示されたリストから [APIログイン]（または [API Login]）をクリックします。OpenAI Platformの画面が表示されたら、右上（または画面上のどこか）の [Log in] をクリックしてログインします。ログインできたら上部のバーから [Dash Board] をクリックし、左側のメニューから [API Keys] をクリックしてAPIキーの画面を表示します。
この操作でもAPIキーの画面を表示できない場合は、OpenAI社のサイトを検索して表示し、ChatGPTのドキュメントの画面などを探してAPI Keyを検索してAPIキーを入手する画面を探してください。

3 画面の指示に従って、前の項で作成したアカウントのメールアドレスとパスワードを入力してログインする。すでにログインしていてログイン画面が表示されない場合は次に進む。

結果 [API Keys] 画面が表示される。

以降は、画面の指示に従って操作をし、APIキーを入手します。

次の画面は、APIキーの画面の例です。このような画面が表示されたら、[+ Create secret key] をクリックしてAPIキーを入手します。

　次の画面は、[+ Create new secret key] をクリックした後に表示されるダイアログボックスの例です。ここでは、APIキー名として [Name] のテキストボックスに**MyTestKey**と入力しています。APIキー名を入力したら、[Create secret key] をクリックします。

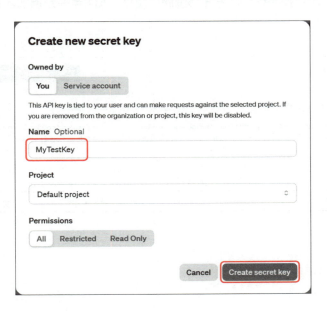

6.3　APIキーを取得しよう　191

[Create secret key]をクリックすると、**シークレットキー**が生成されてダイアログボックスに表示されます。シークレットキーは、プログラムでキーとしてAPIに渡すコードです。

　次の画面は、シークレットキーの画面の例です。作成したシークレットキーが表示されるので、テキストファイル等に記録します（この画面の例では［Copy］をクリックしてコピーしてから、他のファイルに貼り付けます）。シークレットキーは一度しか表示されないため、ここで控えておかないと二度と確認できません。

　シークレットキーを記録したら、［Done］をクリックしてシークレットキーの操作を終了します。

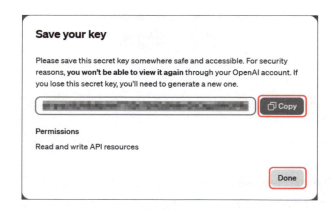

　シークレットキーの操作を終えると元の画面に戻り、APIキーが追加されていることが確認できます。

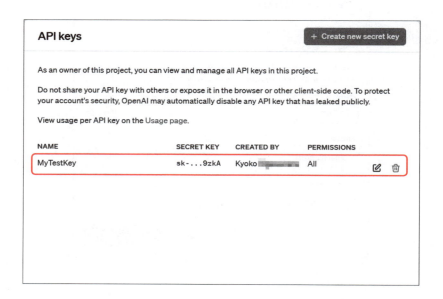

VBAからChatGPTに接続するときは、先ほど控えておいたシークレットキーを使います。テキストボックスに入力したのはAPIキーの名前です。

　このまま続けて、次の項でAPI利用料の支払いの手続きをします。支払いを行わない場合（ChatGPTに接続しない場合）は、この章の「6.4　JSON形式について予習しておこう」に進んでください。

> **ヒント**
>
> **シークレットキーがわからなくなったら**
>
> シークレットキーがわからなくなってしまった場合は、新しいAPIキーを取得して使います。不要なAPIキーはごみ箱アイコンをクリックして削除できます。

残高の確認をしておこう

　ChatGPTのアカウントを作成すると、一定の期間または一定の金額まで無料でAPIを利用できることがあります（無料トライアル期間または金額は、登録時期によって異なります）。本書執筆時点では、無料トライアルは設けられていないようですが、念のため確認をして、無料トライアル対象ではない場合のみ支払いをするとよいでしょう。また、無料トライアル対象ではなくても、OpenAI社から利用料を付与される場合があるので、支払いを行う前に確認をしておきましょう。

　確認はOpenAI社のサイトで行いますが、ここでは確認の操作例を紹介しておきます（操作手順や画面レイアウトなどは変更されることがあります）。

1 APIキーを入手した画面の右上の歯車のアイコン（または[Settings]）をクリックする（歯車のアイコンや[Settings]が画面に見つからないときは、次のページの「注意」を参照して操作する）。

結果 設定を行う画面が表示される。

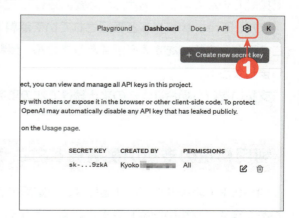

6.3　APIキーを取得しよう　**193**

2 左側のメニューから［Billing］をクリックする。

3 ［Credit balance］の残高を確認する。

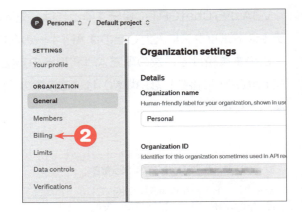

> ⚠ **注意**
> **歯車のアイコンが見つからないときは**
> 歯車のアイコン（Settings）が画面に見つからないときは、左側のメニューから［Usage］をクリックし、表示された画面の右側にある［View monthly bill for the whole organization］をクリックすると、左側のメニューに［Billing］が表示されます。この操作をしても［Billing］が見つからない場合は、「Billing」または支払いに関連する単語を検索するなどして探してみてください。

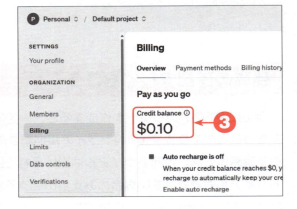

　残高を確認し、少額でも残高がある場合は、本書でAPIを利用するには足りるので、次の項の支払いを行う必要はありません。先ほどの画面の例では0.1ドルの残高があるので、支払いをしなくても第8章以降のしりとりゲームを実行できます。別の用途に使う場合や、残高不足で接続できなくなった場合は、必要に応じて支払いをするようにしましょう。

　また、「Free trial」など表記されていて無料トライアル対象となっていることもあります。この場合も支払いをする必要はありません。無料トライアル期間が終わってから支払いを検討しましょう。

　支払いを行う場合は、このまま続けて次の項を参照して操作を行ってください。

利用料金の支払い例を見ておこう

　ChatGPTのAPIを利用するには、一定額の利用料金を先払い（プリペイド）しておく必要があります（支払い制度も変更されることがあります。本書執筆時点では、一定額の利用料金を先払いすることになっています）。

ここでは、支払いの操作例を紹介します。操作方法や画面は変更されることがあるため、この項の操作例で予習してから、画面の指示に従って操作をしてください。OpenAI社のサイトからログアウトしている場合は、この節の最初の項「APIキーを入手しておこう」を参考にログインして［Billing］画面から操作してください。

> **ヒント**
>
> **支払う相手を確認しよう**
>
> この章の支払い例は、本書執筆時点で、OpenAI社のAPI利用料金の支払いや残高の表示が正しく行われることを確認して紹介しています。実際に支払いをする場合は、支払い時にOpenAI社が料金制度を正しく運用していることを確認してからクレジットカードを登録するようにしましょう。確認できない場合は、支払いを行わずに学習を進めてもかまいません（料金を支払わない場合は、ChatGPTに接続する実行テストは行えません）。
> OpenAI社に限らず、海外の企業だけではなく日本の企業に支払いをするときも、支払先企業が信頼に足る企業であるかを調べてから支払いをするようにしましょう。

1 前の項の画面で［Add to credit balance］をクリックする。

結果 ［Add to credit balance］ダイアログボックスが表示される。

> **ヒント**
>
> **支払いは最低限の金額にする**
>
> 本書で作成するプログラムでは、やりとりする文字数が少ないため金額はそれほどかかりません。したがって、最初は最低限の金額を支払うようにしましょう。

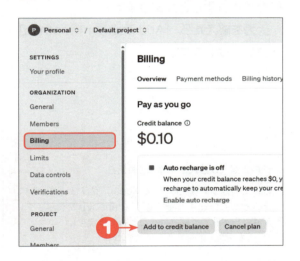

　［Add to credit balance］をクリックしたら、以降は表示される画面の指示に従って操作を行います。

　右の画面は、［Add to credit balance］をクリックしたときに表示されるダイアログボックスの例です。

　このダイアログボックスでは、［Amount to add］に支払う金額を入力しますが、初めて支払いをするときは、先に［+ Add payment method］をクリックしてクレジットカード情報を入力します。

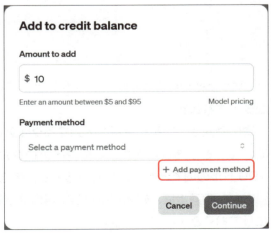

6.3　APIキーを取得しよう

右の画面は、[+ Add payment method]をクリックしたときに表示されるダイアログボックスの例です。

画面の指示に従ってクレジットカードの番号、有効期限、セキュリティコード、名義人名を入力します。また、請求先の住所も入力します（[Country] に国、[Postal code] に郵便番号、[State,（中略）or region] に都道府県、[City] に市、[Address line1] に続きの住所を入力します。[State] の表記は、国で［Japan］を選択すると、[Prefecture] に変更されることがあります）。

入力を終えたら、[Add payment method]をクリックします。

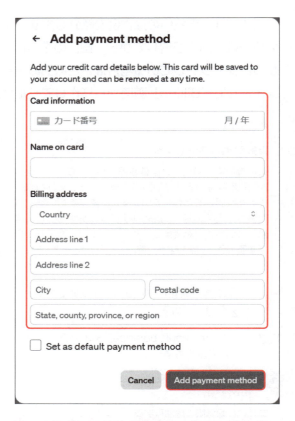

ヒント

途中で個人か法人かを尋ねられたら
個人で登録する場合は［Individual］をクリックします。法人として登録する場合は［Company］をクリックします（日本語で表記されることもあります）。

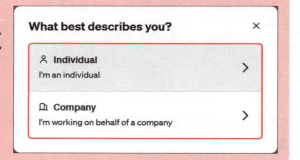

［Add payment method］をクリックすると、支払い金額を入力するダイアログボックスが表示されます。

次の画面は、支払い金額を入力するダイアログボックスの例です。金額は最初から入力されていることがありますが、このダイアログボックスでは入力欄の下に小さい字で5ドルから100ドルの間でと説明されているので、最低金額である「5」を入力しています。

また、画面上に、残高が不足した場合は自動再チャージを行う旨の項目がある場合は、オフにしておくとよいでしょう。

金額を入力したら、［Continue］をクリックします。

［Continue］をクリックすると、支払い金額を確認するダイアログボックスが表示されます。
　次の画面は、金額を確認するダイアログボックスの例です。金額が間違っていないことを確認して、［Confirm payment］をクリックします。金額を訂正する場合は、［Back］をクリックして前のダイアログボックスに戻って入力します。

［Confirm payment］をクリックすると、元の画面に戻り、支払った金額が表示されます。

6.3　APIキーを取得しよう

次の画面は、[Confirm payment]をクリックした後に表示される画面の例です。ここでは、0.1ドルの残高があったところに支払った5ドルが追加され、残高が5.1ドルになっていることが確認できます。

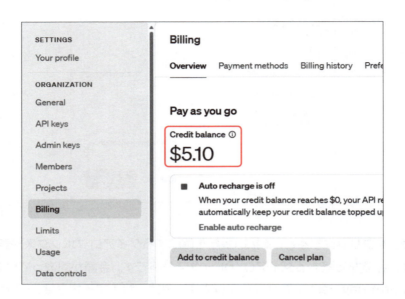

 ヒント

月ごとの使用料金を確認する

本書執筆時点で、API使用料は月ごとの合計トークン数で計算されているようです。月ごとのAPIの使用料金を確認するには、画面右上の歯車のアイコン（または[Settings]）をクリックし、右側のメニューから[Usage]をクリックします。歯車のアイコンが見つからない場合は、左側のメニューから[Usage]をクリックします。

右の画面は、使用料金の確認画面の例です。[Monthly Spend]を見ると、この月の使用料金は0.02ドルであったことがわかります。トークン数を確認する場合は、[Cost]の右側の[Activity]をクリックします。

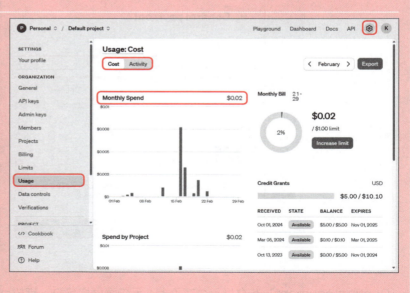

有効期限を確認する

購入したAPI使用料には有効期限が設けられています（本書執筆時点）。有効期限を確認するには、歯車のアイコン（または[Settings]）をクリックし、左側のメニューから [Usage] をクリックします。歯車のアイコンが見つからない場合は、左側のメニューから [Usage] をクリックします。表示された画面の右側にある [View monthly bill for the whole organization] をクリックすると、有効期限が表示されます。
右の画面の例では、右下のリストの [EXPIRES] の欄に

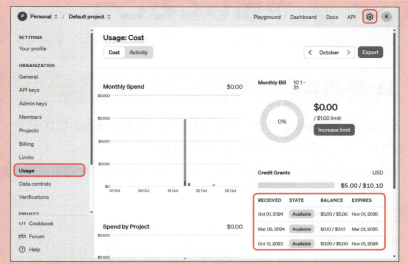

支払いごとの有効期限が表示されています。本書執筆時点で、有効期限は1年に設定されているようです（翌年の同月の月末まで有効になっています）。

1か月の上限を設定する

1か月に使用する（消費する）金額の上限を設定しておくこともできます。
上限を設定するには、歯車のアイコン（または[Settings]）をクリックし、左側のメニューから [Limits] をクリックします。（歯車のアイコンが見つからない場合は、左側のメニューから[Usage]をクリックすると、左側のメニューに [Limits] が表示されます）[Limits] 画面が表示されたら、[Usage limits]が表示されるまで上にスクロールし、[Set a monthly budget] に1か月の上限金額をドル

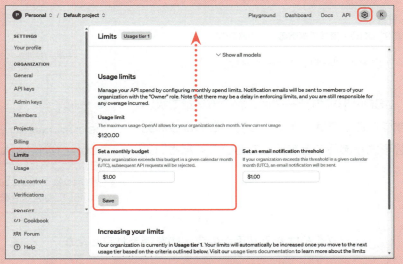

で入力して、[Save] ボタンをクリックします（これは本書執筆時点での操作手順です。画面は変更されることがあるので、表示された画面の指示に従って操作をしてください）。

6.3 APIキーを取得しよう　**199**

6.4 JSON形式について予習しておこう

JSON形式のデータについて予習し、使えるようにしておきます。

JSON形式とは

　ChatGPTのAPIを使うときは、**JSON（じぇいそん）形式**のデータを扱います。JSON形式とは、データを取り扱う規格のひとつです。

　JSONの記述形式は、次のように、キーと値がセットになっています。

書式　JSON形式のデータを記述

```
{"キー":値}
```

　キーは、必ず半角のダブルクォーテーション（"）で囲みます。値は、VBAと同じように文字列は半角のダブルクォーテーションで囲み、数値はそのまま記述します。

　キーと値は、半角のコロン（:）で区切ります。

　複数のキーと値を記述するときは、次のように半角のコンマ（,）で区切ります。

書式　JSON形式で複数のデータを記述

```
{"キー 1":値1, "キー 2":値2}
```

　JSON形式のデータは、次の第7章で扱います。ここでは、予習として、このような記述形式があることを知っておいてください。

 ヒント

JSONはJavaScriptの規格
JSONとはJavaScript Object Notationの略で、元はプログラミング言語であるJavaScriptでデータを取り扱う規格でした。使い勝手が良いため、今ではいろいろな言語や場面で使われています。

🐰　パンダくんはAPI利用料の支払いを済ませましたか？

🐼　う〜ん、払うのは後にします。次の章で学習してみて、できそうだったら支払いをして接続にトライしてみる！

🐰　それがよいですね！　慌てずにできる範囲で進めていきましょう。

第 **7** 章

VBAでChatGPT に接続しよう

この章では、VBAのコードでChatGPTに質問をして、ChatGPTから受け取った回答をワークシートに表示します。

7.1	ChatGPTに接続する流れを確認しておこう
7.2	対象となるブックとワークシートを参照しよう
7.3	定数と変数を宣言しておこう
7.4	入力チェックをしてメッセージを作成しよう
7.5	HTTPリクエストを送信しよう
7.6	HTTPレスポンスを受信しよう

ここでは、第3章で作成したブック「ExcelVBA_ChatGPT準備編.xlsm」を完成させます。

ChatGPTに接続するんですね？

はい。セルに質問文を入力してボタンをクリックすると、ChatGPTからの回答がセルに表示されるようにします。

ちゃんと接続できるか楽しみですね！

この章では、次について学びます。

- 文字列の分割
- ChatGPTに送信するリクエストの作成
- ChatGPTにリクエストを送信する方法
- 処理待ち時間の待機方法
- ChatGPTからのレスポンスの取得
- レスポンスからChatGPTの回答を取り出す方法

7.1 ChatGPTに接続する流れを確認しておこう

ChatGPTとやりとりする大まかな処理の流れを確認します。

処理の流れを確認しよう

本書では、**HTTP**という通信方式を使って、Excel VBAからネットワーク上のChatGPTに接続します。

VBAでChatGPTに接続するには、次の順に処理を行います。

（1）通信用のオブジェクトを作成する
（2）問い合わせ文（**リクエスト**）を作成する
（3）ChatGPTにリクエストを送る
（4）応答（**レスポンス**）を受け取る
（5）レスポンスを解析してデータを取り出す

用語

HTTP

Hypertext Transfer Protocolの略で、Webサーバーとクライアントがデータを受け渡しする規格のひとつです。

通信用オブジェクトの参照設定をしよう

前の項の（1）の通信用オブジェクトは、本書では**参照設定**という手順を行ってから利用します。そこで、コードを入力する前にVBEで参照設定をしておきます。

参照設定は、次の手順で［参照設定 - VBAProject］ダイアログボックスで行います。

1 ブック「ExcelVBA_ChatGPT準備編.xlsm」のVBEを開く。

2 [ツール] メニューの [参照設定] をクリックする。

結果 [参照設定 - VBAProject] ダイアログボックスが表示される。

3 [参照可能なライブラリファイル]の一覧をスクロールし、[Microsoft XML, v6.0] をクリックしてオンにする。

4 [OK] ボタンをクリックする。

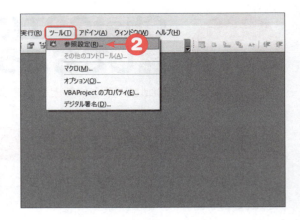

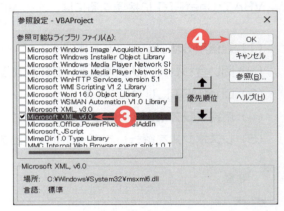

7.2 対象となるブックとワークシートを参照しよう

第3章で作成したブック「ExcelVBA_ChatGPT準備編.xlsm」にコードを追加して、操作対象となるブックとワークシートを指定して実行するようにします。

ブックとワークシートを指定するコードを入力しよう

第3章で作成したブック「ExcelVBA_ChatGPT準備編.xlsm」の「ChatGPTに質問」プロシージャにコードを追加して、ブックとワークシートを指定して処理を行うようにします。

VBAで現在操作中のブックを指定するには、第4章で学習したように**ThisWorkbook**プロパティを使います。また、ワークシートを指定するには、**Worksheets**プロパティを使います。

次の手順でコードを入力しますが、最初に、モジュールの先頭に**Option Explicitステートメント**を記述して変数宣言を必須にします。

1 ブック「ExcelVBA_ChatGPT準備編.xlsm」を開いてVBEを表示する。

2 標準モジュールModule1の先頭に、次のコードを入力する(色文字部分)。

```
Option Explicit

Sub ChatGPTに質問()
    Dim strApiKey As String        'APIキー取得用
    Dim strQuest As String

    (中略)
End Sub
```

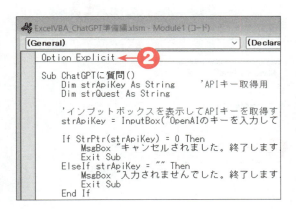

> **ヒント**
>
> **Module1が表示されていないとき**
>
> Module1のコードウィンドウを表示するには、プロジェクトエクスプローラーの[標準モジュール]を展開して[Module1]をダブルクリックします。キーボード操作でModule1のコードウィンドウを表示するには、Ctrl+Rキーを押してプロジェクトエクスプローラーを選択し、↑キーまたは↓キーで[Module1]を選択してからF7キーを押します。

3 「ChatGPTに質問」プロシージャ内に、次のコードを入力する（色文字部分）。**3**と**4**は「mySheet」と「Range」の間に半角のピリオド（.）を忘れずに入力する。

```
Sub ChatGPTに質問()
    Dim strApiKey As String        'APIキー取得用
    Dim strQuest As String
    Dim mySheet As Worksheet       '処理対象ワークシート      ← 1
    
    'インプットボックスを表示してAPIキーを取得する
    strApiKey = InputBox("OpenAIのキーを入力してください（キャンセルで終了）。", ⮐
"APIキーの取得")
    
    If StrPtr(strApiKey) = 0 Then
        MsgBox "キャンセルされました。終了します。", vbOKOnly, "ChatGPTに質問"
        Exit Sub
    ElseIf strApiKey = "" Then
        MsgBox "入力されませんでした。終了します。", vbOKOnly, "ChatGPTに質問"
        Exit Sub
    End If
    
    Set mySheet = ThisWorkbook.Worksheets("Sheet1")      ← 2
    
    strQuest = mySheet.Range("B2").Value      ← 3
    MsgBox strQuest
    
    Debug.Print strApiKey
    Debug.Print strQuest
    
    mySheet.Range("B4").Value = "ChatGPTからの返答"      ← 4
    
    Debug.Print "処理終了"
End Sub
```

4 「ChatGPTに質問」プロシージャ内にカーソルがあることを確認してから実行する。

結果 インプットボックスが表示される。

5 **test**と入力して［OK］ボタンをクリックする。

結果 メッセージボックスが表示される。

6 ［OK］ボタンをクリックする。

結果 実行が終了される。

7 Alt＋F11キーを押してExcelに表示を切り替え、[Sheet1]シートのセルB4に「ChatGPTからの返答」と表示されているのを確認する。

このようにブックやワークシートを指定しておくと、他のブックやワークシートを開いていても、指定したブックやワークシートに対して処理が行われます。

ヒント

Option Explicitは新しいモジュールに適用される

第3章の3.4節で、変数宣言を強制にし、Option Explicitステートメントが自動的に挿入されるのを確認しました。この設定は、設定後に新しく挿入する標準モジュールに適用されます。したがって、変数宣言を強制にする前に挿入した標準モジュール「Module1」（こ こで入力を行う標準モジュール）には、Option Explicitステートメントが入力されていません。そこで、ここでは最初にOption Explicitステートメントを入力しています。

コードの解説

1
```
Dim mySheet As Worksheet
```

ワークシートを扱う変数mySheetを宣言します。

2
```
Set mySheet = ThisWorkbook.Worksheets("Sheet1")
```

変数mySheetに、実行中のブックの[Sheet1]シートへの参照を代入します。

3
```
strQuest = mySheet.Range("B2").Value
```

実行中のブックの[Sheet1]シートのセルB2の値を、変数strQuestに代入します。

4
```
mySheet.Range("B4").Value = "ChatGPTからの返答"
```

実行中のブックの[Sheet1]シートのセルB4に、「ChatGPTからの返答」と表示します。

7.3 定数と変数を宣言しておこう

ChatGPTに接続するコードを入力する前に、定数と変数をまとめて宣言しておきます。

定数を宣言しよう

「ChatGPTに質問」プロシージャでは、ChatGPTの対象モデルとAPIのURLを定数として定義します（ChatGPTの対象モデルとAPIのURLについては後で説明します）。

1 ブック「ExcelVBA_ChatGPT準備編.xlsm」のVBEを開き、標準モジュールModule1の「ChatGPTに質問」プロシージャ内の次の位置に、次のコードを入力する（色文字部分）。

```
Sub ChatGPTに質問()
    Const CHAT_MODEL As String = "gpt-4o-mini"      'ChatGPTのモデル       ← 1
    Const API_URL As String = "https://api.openai.com/v1/chat/completions" ← 2

    Dim strApiKey As String         'APIキー取得用
    Dim strQuest As String
    Dim mySheet As Worksheet        '処理対象ワークシート

    （中略）
End Sub
```

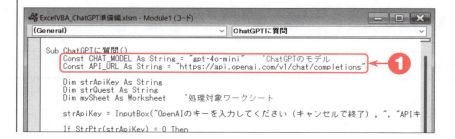

コードの解説

1
```
Const CHAT_MODEL As String = "gpt-4o-mini"
```

第7章 VBAでChatGPTに接続しよう

ChatGPTのモデル名に「CHAT_MODEL」という名前を付けます。文字列なので、型はString型にします。指定するモデル名については、次の項を参照してください。

2
```
Const API_URL As String = "http://api.openai.com/v1/chat/completions"
```

APIの接続先URLを「API_URL」という名前で定義します。接続先URLの確認については次の項を参照してください。

ChatGPTのモデル名とAPIのエンドポイントを確認しよう

ChatGPTのAPIに接続するには、ChatGPTのモデル名とAPIの接続先URL（**エンドポイント**）を指定する必要があります。

用語

エンドポイント

end pointは終点を意味する言葉です。通信用語では、ネットワークにつながった機器のことを指します。

接続時に指定するモデル名と接続先は、OpenAIのAPIのドキュメントに記載されています。本書では、サンプルコードのとおりに入力すれば実行できるようにしています。しかし、OpenAI社がモデル名や接続先などを変更することがあります。変更されて接続できない場合は、次の手順を参考にして、OpenAI社のAPIのドキュメントを参照して確認してください（操作手順や画面レイアウトは変更されることがあります）。

1 OpenAI社のサイトにログインする。

2 画面右上の［Docs］をクリックし、左側のメニューから［Models］をクリックする。

ヒント

OpenAI社のサイトにログインする

OpenAI社のサイトには、次のURLでログインできます。
https://platform.openai.com/login
または、次のURLでサイトにアクセスし、［Log in］をクリックしてログインします。
https://platform.openai.com/

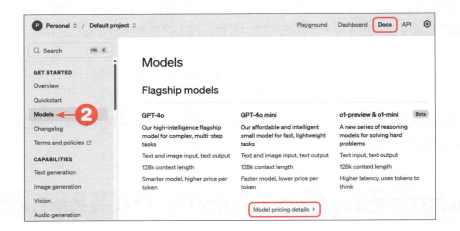

　[Models]画面を表示すると、現在の最新モデル名が確認できます。この画面の例では、[Model pricing details]をクリックすると、モデルごとの使用料金を確認できます。操作手順が本書から変更されている場合は、「Models」で検索して探してみてください。

　接続先（エンドポイント）は同様にして、上部のバーの[API]をクリックし、左側のメニューの[ENDPOINTS]の下にある[Chat]をクリックすると確認できます。次の画面の例では、[Create chat completion]の下に記述されています。

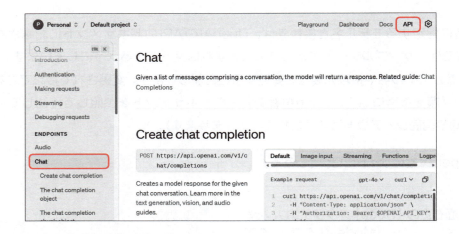

変数を宣言しよう

　「ChatGPTに質問」プロシージャで使う変数をまとめて宣言します。

1 ブック「ExcelVBA_ChatGPT準備編.xlsm」のVBEを開き、標準モジュールModule1の「ChatGPTに質問」プロシージャ内の次の位置に、次のコードを入力する（色文字部分）。

```
Sub ChatGPTに質問()
    (中略)

    Dim strApiKey As String        'APIキー取得用
    Dim strQuest As String
    Dim mySheet As Worksheet       '処理対象ワークシート
    Dim objHttp As MSXML2.XMLHTTP60        'XMLHTTPオブジェクト用   ◀━ 1
    Dim strMessage As String       'メッセージ作成用
    Dim strRequestBody As String   'APIへのリクエスト用
    Dim strResponse As String      'APIからの返答用
    Dim varTemp1 As Variant        '返答文解析用一時領域
    Dim varTemp2 As Variant        '返答文解析用一時領域        2

    'インプットボックスを表示してAPIキーを取得する
    strApiKey = InputBox("OpenAIのキーを入力してください（キャンセルで終了）。", ➥
"APIキーの取得")

    (中略)
End Sub
```

コードの解説

変数については実際に使うときに説明しますが、ここでは、新しく出てきたデータ型だけ見ておきましょう。

1
```
Dim objHttp As MSXML2.XMLHTTP60
```

通信オブジェクト用の変数を宣言します。ここでは、**MSXML2.XMLHTTP60**という型を使います。

2
```
Dim varTemp1 As Variant
Dim varTemp2 As Variant
```

レスポンス解析用の変数を**Variant型**で宣言します。Variant型は、いろいろなデータ型のデータを扱えますが、ここでは、Variant型の値を返す関数の戻り値を代入するために使います。

定数と変数を宣言できたら、次は、入力チェックとメッセージの作成を行います。

7.3　定数と変数を宣言しておこう　　**211**

7.4 入力チェックをしてメッセージを作成しよう

セルに入力された質問文をChatGPTのAPIが理解できる形式のメッセージに変換します。

処理の流れを確認しておこう

ChatGPTに渡す質問文や設定などをまとめたデータを**メッセージ**と言います。

ここでは、セルB2に入力されている質問文を取得して、ChatGPTに渡すメッセージを作成します。この処理は次の流れで行います。

（1）セルB2の入力チェックをする
（2）入力されていなければ終了する
（3）セルB2の質問文を取得する
（4）JSON形式のメッセージを作成する

入力チェックをしよう

セルB2には、すでに「ここに質問文を入力します」と入力されていますが、念のためセルが空ではないかどうか調べます。

入力チェックは、インプットボックスを表示したときと同じように、Ifステートメントで行います。入力されていない場合は、メッセージを表示して実行を終了します。

1 ブック「ExcelVBA_ChatGPT準備編.xlsm」のVBEを開き、標準モジュールModule1の「ChatGPTに質問」プロシージャ内の次の位置に、次のコードを入力する（色文字部分）。

```
Sub ChatGPTに質問()
    （中略）

    ElseIf strApiKey = "" Then
        MsgBox "入力されませんでした。終了します。", vbOKOnly, "ChatGPTに質問"
        Exit Sub
    End If

    Set mySheet = ThisWorkbook.Worksheets("Sheet1")

    '質問文の入力チェックをする
    If mySheet.Range("B2").Value = "" Then        ← 1
        MsgBox "質問文を入力してください。", , "入力エラー"   ← 2
        Exit Sub   ← 3
    End If

    strQuest = mySheet.Range("B2").Value
    MsgBox strQuest

    （中略）
End Sub
```

2 「ChatGPTに質問」プロシージャ内にカーソルがあることを確認し、保存してから実行する。

結果 インプットボックスが表示される。

3 **test** と入力して［OK］ボタンをクリックする。

結果 メッセージボックスが表示される。

4 ［OK］ボタンをクリックする。

結果 実行が終了される。

ここでは、セルB2に文字列が入力されているので、エラーメッセージが表示されないことを確認しました。また、実行時にエラーが発生しないこと、つまり、コードの入力エラーがないことも確認しています。

コードの解説

1
```
If mySheet.Range("B2").Value = "" Then
```

セルB2が空の場合は、Ifブロック内の処理を行います。

2
```
MsgBox "質問文を入力してください。", , "入力エラー "
```

　質問文の入力を促すメッセージを表示します。ボタンを指定する第2引数を省略しているため、[OK] ボタンのみ表示されます。

3
```
Exit Sub
```

　プロシージャの実行を終了します。

　入力チェックを終えたら、次はメッセージを作成します。

メッセージを作成しよう

　質問文からJSON形式のメッセージを作成します。
　質問文は改行して入力することもできますが、API側ではExcelの改行を認識しません。したがって、APIが改行を認識できように、Excelの改行コードを変換します。
　文字を置き換えるには、**Replace関数**を使います。

書式 Replace関数
```
Replace(対象文字列, 置換対象文字列, 置換する文字列)
```

　Replace関数を実行すると、「対象文字列」の中に含まれるすべての「置換対象文字列」を、「置換する文字列」で置き換えた文字列を返します。
　たとえば、次のように記述して実行すると、「あ☆うえお」という文字列が返されます。

214　第7章　VBAでChatGPTに接続しよう

```
Replace("あいうえお", "い", "☆")
```

ここでは、Excelの改行コードである「vbLf」を、ChatGPTが認識できる「¥n」に置き換えます。

 用語

改行文字、改行コード
文字列を改行した位置には、**改行文字**または**改行コード**と呼ばれる文字があります。Excelでは改行文字は表示されませんが、Wordなど他のアプリでは、設定によって表示できるものもあります。

メッセージの作成は、次の手順で入力します（ダブルクォーテーションの数に注意して入力します。数がわかりにくい場合は、手順の後にある「コードの解説」を参照して入力してください）。

1 ブック「ExcelVBA_ChatGPT準備編.xlsm」のVBEを開き、標準モジュールModule1の「ChatGPTに質問」プロシージャ内の次の位置に、次のコードを入力する（色文字部分）。

```
Sub ChatGPTに質問()

    (中略)

    '質問文の入力チェックをする
    If mySheet.Range("B2").Value = "" Then
        MsgBox "質問文を入力してください。", , "入力エラー"
        Exit Sub
    End If

    '質問文を取得してメッセージを作成する
    strQuest = Replace(mySheet.Range("B2").Value, vbLf, "¥n")      ← 1
    strMessage = "[{""role"":""user"",""content"":""" & strQuest & """}]"  ← 2
    MsgBox strQuest

    (中略)
End Sub
```

7.4 入力チェックをしてメッセージを作成しよう **215**

2　「ChatGPTに質問」プロシージャ内にカーソルがあることを確認してから実行する。

結果　インプットボックスが表示される。

3　**test**と入力して［OK］ボタンをクリックする。

結果　メッセージボックスが表示される。

4　［OK］ボタンをクリックする。

結果　実行が終了される。

　手順どおりに実行できない場合は、コードを見直してください。ダブルクォーテーションの数が違っていると実行できません。

コードの解説

1
```
strQuest = Replace(mySheet.Range("B2").Value, vbLf, "¥n")
```

　Replace関数を使って、Excelの改行コードである「vbLf」を、ChatGPTが認識できる改行コード「¥n」に置き換えます。置き換え後の文字列を変数strQuestに代入します。

2
```
strMessage = "[{""role"":""user"", ""content"":""" & strQuest & """}]"
```

　APIに渡すメッセージを作成します。

　&（あんぱさんど）は文字列どうしをつなげる**連結演算子**です。たとえば、次のように記述した場合、変数strHelloの値が「こんにちは」であるとき、「挨拶：こんにちは」という文字列になります。

```
"挨拶：" & strHello
```

　代入演算子＝の右側は次のように入力します（キーワードの両側はダブルクォーテーション2つで囲みます。「& strQuest &」の両側はダブルクォーテーション3つで囲みます）。

```
"[{""role"":""user"", ""content"":""" & strQuest & """}]"
```

少し複雑ですが、変数strQuestの値が「aで始まる英単語を教えてください。」だとすると、次の文字列を指定していることになります。

```
[{"role":"user", "content":"aで始まる英単語を教えてください。"}]
```

半角のダブルクォーテーションで囲まれた文字列内で、半角のダブルクォーテーションを記述する場合は、半角のダブルクォーテーションを2つ続けて入力することになっています。

そのため、ダブルクォーテーションで囲まれた文字列内で「"role"」という文字列を表すためには、「""role""」と記述します。「user」と「content」も同様に「""」で囲みます。

「& strQuest &」の部分は文字列ではないため、この部分はダブルクォーテーションで囲まず、前後の部分だけ囲んでいます。

したがって、次の色文字の「""」が「"」を表していることになります。

```
"[{""role"":""user"",  ""content"":"""  & strQuest &  """}]"
```

このコードを、文字列と文字列以外のコードに分けると次のようになります。

```
"[{""role"":""user"",  ""content"":"""      ←ダブルクォーテーションで囲まれた文字列
strQuest    ←変数
"""}]"      ←ダブルクォーテーションで囲まれた文字列
```

&演算子は、文字列と文字列変数をつなげています。&演算子の両側には半角のスペースを入力してください。

メッセージのキーと値については、次の項を参照してください。

メッセージの構造を確認しよう

メッセージは、半角の角かっこ（[]）で囲みます。また、第6章の「6.4　JSON形式について予習しておこう」で学習したように、キーと値をセットにしたJSON形式で次のように記述します。

7.4　入力チェックをしてメッセージを作成しよう　217

> **書式** JSON形式のデータの記述例
>
> [{"キー1":"値1", "キー2":"値2"}]

ここでは、ChatGPTのAPIのメッセージに、次の2つのキーを指定します。

キー	キーの意味
role	誰の発言かを示す。ユーザーの発言の場合は値を「user」とする
content	ChatGPTに渡す質問文

たとえば、次のように記述します。

> [{"role":"user", "content":"aで始まる英単語を教えてください。"}]

roleの値は3種類

「role」には、user、assistant、systemのいずれかを指定できます。ChatGPTからの回答のときは「assistant」と指定されます。「system」を指定したときは、「content」でChatGPTの振る舞いを指定します。たとえば、「あなたは先生です」、または「語尾をニャにして答えてください」などと指定できます。

> [{"role":"system", "content":"あなたは先生です"}]

HTTPリクエストを送信しよう

通信を行う準備をして、質問文やシークレットキーなどを JSON 形式で送信します。

HTTP通信用のオブジェクトを生成しよう

本書では、**HTTPプロトコル**を使ってChatGPTとの通信を行います。

Excel VBAでHTTPによる通信を行うには、**IXMLHTTPRequestオブジェクト**を使います。IXMLHTTPRequestオブジェクトは、**Newキーワード**を使って次の書式で作成します。

 書式　NewキーワードでIXMLHTTPRequestオブジェクトを生成

```
New MSXML2.XMLHTTP60
```

Newキーワードはオブジェクトへの参照を返すので、前の節で宣言した変数objHttpに参照を代入します。ただし、Newキーワードを使ってIXMLHTTPRequestオブジェクトを生成するには、[Microsoft XML, v6.0] の参照設定をしておく必要がありますが、この章の「7.1　ChatGPTに接続する流れを把握しておこう」で設定したので、ここではコードだけ入力します。

 用語

HTTPプロトコル

HTTP（Hypertext Transfer Protocol）プロトコルは、Web上で通信を行う方法のひとつです。通信を行う際の決まり事を**プロトコル**と呼びます。

次の手順で、IXMLHTTPRequestオブジェクトを生成します。

1 ブック「ExcelVBA_ChatGPT準備編.xlsm」のVBEで、標準モジュールModule1の「ChatGPTに質問」プロシージャ内の次の位置に、次のコードを入力する（色文字部分）。

```
Sub ChatGPTに質問()
    (中略)

    '質問文を取得してメッセージを作成する
    strQuest = Replace(mySheet.Range("B2").Value, vbLf, "¥n")
    strMessage = "[{""role"":""user"",""content"":""" & strQuest & """}]"
    MsgBox strQuest

    'IXMLHTTPRequestオブジェクトを生成する
    Set objHttp = New MSXML2.XMLHTTP60          ← 1

    Debug.Print strApiKey
    Debug.Print strQuest

    (中略)
End Sub
```

コードの解説

1
```
Set objHttp = New MSXML2.XMLHTTP60
```

　IXMLHTTPRequestオブジェクトをNewキーワードで生成し、変数objHttpに代入します。オブジェクト型変数にオブジェクトへの参照を代入するときは、Setステートメントを忘れないようにします。

> **ヒント**
> **オブジェクトを生成する**
> ここまでで使ってきたワークシートを表すWorksheetオブジェクトは、ワークシートが最初からExcel内に存在していたため、参照を取得するだけで使えました。IXMLHTTPRequestオブジェクトは、Excel内に存在していないため、生成してから使います。

HTTPリクエストの設定をしよう

　HTTP通信では、次の順に処理を行います。

（1）データを要求する（**HTTPリクエスト**）
（2）データを受け取る（**HTTPレスポンス**）

まず、（1）のデータの要求から行います。

HTTP通信において、（1）のデータ要求を**HTTPリクエスト**と呼びます。HTTPリクエストは、次の3つの部分からなります。

- **リクエストライン（リクエスト行）**　接続先URL等を指定
- **リクエストヘッダー**　　　　　　　追加情報
- **リクエストボディ**　　　　　　　　サーバーに渡すデータ

HTTPリクエストでは、次の順で処理を行います。

（1）**Openメソッド**で送受信の種類とエンドポイントを設定
（2）**setRequestHeaderメソッド**でデータの形式とシークレットキーを設定
（3）**sendメソッド**でリクエストボディを送信

それぞれのメソッドの書式は次のとおりです（sendメソッドの書式は次の項で説明します）。

> **書式** **IXMLHTTPRequestオブジェクトのOpenメソッド**
>
> **IXMLHTTPRequestオブジェクト**.Open "POST", **URL**

第1引数の「"POST"」は、データを送信するときに指定する値です。

第2引数の「URL」には、エンドポイント（送信先URL）を指定します。ここでは、ChatGPTのAPIのURLを指定します。

> **書式** **IXMLHTTPRequestオブジェクトのsetRequestHeaderメソッド**
>
> **IXMLHTTPRequestオブジェクト**.setRequestHeader **項目名**, **値**

第1引数の「項目名」には、リクエストヘッダーに設定する項目名を指定します。ここでは、setRequestHeaderメソッドを2回実行して、次の2つの項目を指定します。

項目名	ここで設定する値	設定内容
Content-Type	application/json	データの種類を設定する
Authorization	"Bearer "とシークレットキー	認証方式を設定する

Authorizationには、「Bearer」とシークレットキーを指定しますが、「Bearer」の後に必ず半角のスペースを入力してください。

リクエストヘッダーの設定は、次の手順で入力します。

1 ブック「ExcelVBA_ChatGPT準備編.xlsm」のVBEで、標準モジュールModule1の「ChatGPTに質問」プロシージャ内の次の位置に、次のコードを入力する（色文字部分）。

```
Sub ChatGPTに質問()
    （中略）

    'IXMLHTTPRequestオブジェクトを生成する
    Set objHttp = New MSXML2.XMLHTTP60

    'HTTPリクエストのヘッダーを設定する                    1
    objHttp.Open "POST", API_URL      ←
    objHttp.setRequestHeader "Content-Type", "application/json"     ← 2
    objHttp.setRequestHeader "Authorization", "Bearer " & strApiKey  ← 3

    Debug.Print strApiKey
    Debug.Print strQuest

    （中略）
End Sub
```

　ここまでの入力は実行しても結果が変わらないため実行確認はしませんが、正確に入力してください。

　なお、オブジェクトのプロパティやメソッドの大文字と小文字の自動変換は本書と異なることがあります。入力間違いを避けるため、できるだけ入力候補から選ぶようにしましょう。

コードの解説

1
```
objHttp.Open "POST", API_URL
```

　IXMLHTTPRequestオブジェクトのOpenメソッドに「"POST"」とChatGPTのエンドポイントを指定します。エンドポイントは、定数API_URLとして定義したので、これを使います。

2
```
objHttp.setRequestHeader "Content-Type", "application/json"
```

　リクエストヘッダーの項目を設定します。ここでは、データの種類を指定するため、項目名として「Content-Type」と記述します。第2引数の値には、JSON形式のデータを利用する

第7章　VBAでChatGPTに接続しよう

ことを示す「application/json」を指定します。

3
```
objHttp.setRequestHeader "Authorization", "Bearer " & strApiKey
```

　リクエストヘッダーの項目をもう1つ設定します。ここでは、接続時の認証方式を指定するため、項目名として「Authorization」と記述します。認証方式は、Bearerという方式を使うため「Bearer」と指定し、シークレットキーを付けます。前に説明したように、「Bearer」の後に必ず半角のスペースを入力してください。

リクエストボディを作成してHTTPリクエストを送信しよう

　続いて、リクエストボディを作成して送信します。リクエストボディも、メッセージと同じようにJSON形式で作成します。
　ここでは、次の項目を使って、ChatGPTのモデルとメッセージをリクエストボディに設定します。

項目名	ここで設定する値	説明
model	CHAT_MODEL	ChatGPTのモデル
messages	strMessage	ChatGPTに渡すメッセージ

　「CHAT_MODEL」は、この章の「7.3　定数と変数を宣言しておこう」でChatGPTのモデル（gpt-4o-mini）を定義した定数です。「strMessage」は、セルB2に入力されている質問文を、JSON形式にして代入した変数です。
　このリクエストボディを、JSON形式でVBAの文字列として記述すると、次のようになります。

```
"{""model"":""" & CHAT_MODEL & """, ""messages"":" & strMessage & "}"
```

　メッセージを作成したときと同様に「""」は文字列内では「"」を表します。
　ただし、キーmessagesには、ダブルクォーテーションではなく、半角の角かっこ（[]）で囲んだメッセージを指定することになっているため、メッセージ作成のときと違って、ダブルクォーテーションを重ねません（上記コードの色文字部分）。
　少し複雑ですが、文字列としてではなく、定数や変数を使わないで記述した場合は、次のようになります。

7.5　HTTPリクエストを送信しよう **223**

```
{"model":"gpt-4o-mini", "messages":[メッセージ]}
```

リクエストボディを作成したら、IXMLHTTPRequestオブジェクトの**sendメソッド**でリクエストボディをChatGPTに送信します。

sendメソッドは、次の書式で記述します。

書式 **IXMLHTTPRequestオブジェクトのsendメソッド**

IXMLHTTPRequestオブジェクト.send **リクエストボディ**

sendメソッドまでの処理は次の手順で入力します。

1 ブック「ExcelVBA_ChatGPT準備編.xlsm」のVBEで、標準モジュールModule1の「ChatGPTに質問」プロシージャ内の次の位置に、次のコードを入力する（色文字部分）。

```
Sub ChatGPTに質問()
    （中略）

    'HTTPリクエストのヘッダーを設定する
    objHttp.Open "POST", API_URL
    objHttp.setRequestHeader "Content-Type", "application/json"
    objHttp.setRequestHeader "Authorization", "Bearer " & strApiKey

    'リクエストボディを作成する
    strRequestBody = "{""model"":""" & CHAT_MODEL _            1
                    & """, ""messages"":" & strMessage & "}"

    MsgBox "接続を開始します。", , "テスト用メッセージ1"   ◀  2

    'リクエストを送信する
    objHttp.send strRequestBody   ◀  3

    Debug.Print strApiKey
    Debug.Print strQuest

    （中略）
End Sub
```

224 第7章 VBAでChatGPTに接続しよう

コードの解説

1
```
strRequestBody = "{""model"":""" & CHAT_MODEL _
            & """, ""messages"":" & strMessage & "}"
```

リクエストボディをJSON形式で作成して、変数strRequestBodyに代入します。ここでは、途中で行連結文字を使って改行して記述しています。ダブルクォーテーションで囲まれた文字列内では改行できないため、本書と同じ位置で改行してください。

2
```
MsgBox "接続を開始します。", , "テスト用メッセージ1"
```

接続してから応答を得るまで時間がかかることがあるため、進行状況の確認用メッセージボックスを表示します。ボタンを指定する第2引数を省略しているので、既定値の［OK］ボタンのみ表示されます。

3
```
objHttp.send strRequestBody
```

リクエストボディを送信します。

送信コードの入力を終えたら、次は受信処理を入力します。ここで一度学習を終了する場合は、保存してから終了します。まだ受信処理を行っていないため、実行は行わないでください。

 ヒント

プロパティやメソッドの使い方を調べる

オブジェクトやプロパティについて詳しく知りたいときは、コードウィンドウで調べたいオブジェクトやプロパティを選択してF1キーを押します。
たとえば、「Dim mySheet As Worksheet」の「Worksheet」を選択してF1キーを押すと、［ヘルプファイル］ダイアログボックスが表示されます。Worksheetオブジェクトを調べたいときは、候補の中の「Worksheet（オブ…」を選択して［ヘルプ］ボタンを押します（選択候補がない場合は、自動的にヘルプページが表示されます）。

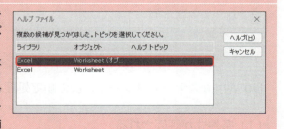

7.6 HTTPレスポンスを受信しよう

ChatGPTからのレスポンスを取得して、ワークシートに表示します。

繰り返し構文で待機しよう

HTTP通信では、データの受信を**HTTPレスポンス**と呼びます。HTTPレスポンスは、次の3つの部分からなります。

- **ステータスライン（ステータス行）** リクエストの結果
- **レスポンスヘッダー** 追加情報
- **レスポンスボディ** リクエストに対する応答本文

サーバーからレスポンスが返ってきたかどうかは、IXMLHTTPRequestオブジェクトの**readyStateプロパティ**で判別します。

書式 readyStateプロパティ

IXMLHTTPRequest**オブジェクト**.readyState

readyStateプロパティは「0」～「4」の値を返し、「4」が返ってきたら処理完了です。したがって、値が「4」になるまでreadyStateプロパティの値を参照する処理を繰り返すため、繰り返し構文を使います。

繰り返し構文には、いくつかの種類がありますが、ここでは、**Do Whileステートメント**を使います。

書式 Do Whileステートメント

```
Do While 条件式
      処理
Loop
```

Do Whileステートメントは、次の順で処理が行われます。

（1）条件式が評価される

（2）条件式の結果が「True」であれば、Do Whileブロック内の処理が行われ、（1）に戻る

（3）条件式の結果が「False」であれば、Do While ブロックの次の処理に移る

　条件式の結果が最初から「False」の場合は、ブロック内の処理は一度も行われません。
　ここでは、条件式に、先ほどのreadyStateプロパティを指定し、値が「4」になるまで繰り返しを行います。つまり、値が「4」でない間はブロック内の処理を行います。
　このように、「〇〇ではない」という場合は、比較演算子 **<>** を使います（半角の「<」と「>」を続けて記述します）。たとえば、readyStateプロパティの値が「4」ではないという場合は、次のように記述します。

```
IXMLHTTPRequestオブジェクト.readyState <> 4
```

　このように記述すると、readyStateプロパティの値が4ではない場合は「True」が返されます。値が「4」になると「False」が返されます。
　ここではDo Whileブロック内で特に処理を行う必要はありません。しかし、readyStateプロパティの参照を繰り返している待ち時間には他の操作が行えず、画面が固まったようになってしまいます。そこで、この対策として、ブロック内で**DoEvents関数**を実行します。

書式　DoEvents関数

```
DoEvents
```

　したがって、次のようにDo Whileループを記述します。

```
Do While 条件式
    DoEvents
Loop
```

　この構文は、条件が整うまでの待ち時間の定番処理として覚えておくと便利です。

ヒント

DoEvents関数で待ち時間にほかの操作を可能にする

DoEvents関数を実行すると、OS（オペレーティングシステム）に制御を渡すことができます。これにより、現在実行中のプロシージャの実行以外の処理を行えます。また、マウスやキーボードを使えるようになり、現在実行中のシステムで、待ち時間に［キャンセル］ボタンをクリック可能にする処理を作成することもできます。

　レスポンスが返ってくるまでの待機処理は、次の手順で入力します。

1 ブック「ExcelVBA_ChatGPT準備編.xlsm」のVBEで、標準モジュールModule1の「ChatGPTに質問」プロシージャ内の次の位置に、次のコードを入力する（色文字部分）。

```
Sub ChatGPTに質問()
    (中略)

    MsgBox "接続を開始します。", , "テスト用メッセージ1"

    'リクエストを送信する
    objHttp.send strRequestBody

    'レスポンスが返ってくるまで待つ
    Do While objHttp.readyState <> 4        ←1
        DoEvents        ←2
    Loop

    MsgBox "ChatGPTからの回答を受け取りました。", , "テスト用メッセージ2"

    Debug.Print strApiKey
    Debug.Print strQuest

    (中略)
End Sub
```

コードの解説

1
```
Do While objHttp.readyState <> 4
```

IXMLHTTPRequestオブジェクトのreadyStateプロパティの値が「4」ではない間、ブロック内の処理を繰り返します。

2
```
DoEvents
```

レスポンスが返ってくるまでの待ち時間に画面が固まらないようにします。

3
```
MsgBox "ChatGPTからの回答を受け取りました。", , "テスト用メッセージ2"
```

レスポンスを受け取ったことがわかるようにメッセージボックスを表示します。

レスポンスの待機処理の入力を終えたら、次は、レスポンスを取得する処理を入力します。

HTTPレスポンスを取得しよう

HTTPレスポンスの処理は、次の順で行います。

（1）レスポンスを取得する
（2）レスポンスから回答を取り出す

（1）のレスポンスの取得は、IXMLHTTPRequestオブジェクトの**responseTextプロパティ**で行います。

IXMLHTTPRequestオブジェクトのresponseTextプロパティ

> **IXMLHTTPRequestオブジェクト**.responseText

responseTextプロパティは、サーバーからの応答文をテキスト形式で返します。

HTTPレスポンスからChatGPTの回答を取り出そう

ChatGPTからの回答は、サーバーからの応答文に含まれています。
　サーバーからの応答もJSON形式のデータです。ChatGPTからの回答は、質問文を設定したときと同じように、キーcontentの値として、次のような書式で渡されます。

ChatGPTからのレスポンス

> { （中略） ,"content":"**回答**", （中略） }

したがって、「"content":"」の次の位置の文字から、次の「"」までの文字列を取得して、ワークシートのセルに表示します。そこで、次の処理を行います。

（1）「"content":"」の次の位置で文字列を2つに分割する
（2）分割した2つ目の文字列から最初の「"」までの文字列を取り出す

（1）の文字列の分割は、**Split関数**で行います。

書式 Split関数

Split(**分割対象文字列**, **区切り文字列**)

Split関数は、「分割対象文字列」を、「区切り文字列」で分割して返します。

たとえば、次のようにコンマ（,）で区切られた文字列から「月曜日」「火曜日」「水曜日」を抽出して返します。

"月曜日,火曜日,水曜日"

分割後の文字列は、**配列**として返されます。配列は、関連性があるデータをひとまとめに扱うデータ型で、1つの変数に複数の値を保管できます。それぞれの値には、**インデックス**と呼ぶ番号が0から順に割り当てられます。

たとえば、次のSplit関数を実行すると、第1引数の文字列はコンマで分割されて変数strYoubiに代入されます。

strYoubi = Split("月曜日,火曜日,水曜日", ",")

代入後の変数strYoubiの値は図のようになります。

■ 変数strYoubiの中身

インデックス	値
0	月曜日
1	火曜日
2	水曜日

配列内の1つひとつの値を**要素**と呼びます。上の変数strYoubiの例では3つの要素があり、strYoubi(0)に文字列「月曜日」が保管されています。

配列を変数で扱うには、半角のかっこ()を使って**配列型変数**として宣言します。

書式 配列型変数の宣言

Dim **変数名**() As **データ型**

ここでは、受信したデータを「"content":"」で区切ることによって、配列の2つ目の要素にChatGPTからの回答の1文字目以降を取得できます。

{ 〜（中略）〜 , "content":" ChatGPT からの回答例 " , 〜（中略）〜 }

↑ 1つ目の要素　　↑ 区切り文字列　　↑ 2つ目の要素

　ChatGPTからの回答は、ダブルクォーテーションで囲まれています。したがって、2つ目の要素の先頭から次のダブルクォーテーションまでの文字列を取り出せば、ChatGPTからの回答のみ取り出すことができます。

　そこで、もう一度Split関数を使って、2つ目の要素を対象に、ダブルクォーテーション「"」で区切った文字列を配列に取得します。すると、配列の1つ目の要素にChatGPTからの回答のみ代入されます。

ChatGPT からの回答例 " , 〜（中略）〜 }

↑ 1つ目の要素　　↑ 区切り文字列　　↑ 2つ目の要素

　ただし、Split関数に区切り文字列に指定した文字列が存在しない場合は、元の文字列がそのまま返されます。たとえば、何らかのエラーが発生して、ChatGPTからの回答が得られなかったときは、キーcontentが含まれないため、返される配列の要素が1つになります。この場合は、エラーメッセージを表示します。

　配列の要素数が1つかどうかを判別するには、**UBound関数**を使います。

書式 **UBound関数**

> UBound(**配列変数**)

　UBound関数は、引数に指定した配列変数の最大インデックスを返します。そのため、キーcontentが含まれる場合は、Split関数で2つに分割されるため「1」を返します。含まれない場合は分割されないため「0」を返します（インデックスは0から数えます）。

　したがって、UBound関数の結果が「0」の場合は、キーcontentが含まれていないと判断できます。この場合は、エラーメッセージを表示するため、Ifステートメントで比較演算子＝を使って次のように記述します。

> If UBound(**配列変数名**) = 0 Then

7.6　HTTPレスポンスを受信しよう　231

ヒント

主な比較演算子

比較演算子を使うと、式の結果や数値の大小を比べることができます。比較演算子は、演算子の両側の値を比較した結果を、Boolean型の値である「True」または「False」で返します。VBAでは、次の表の演算子を使えます。

演算子	比較の種類	結果
=	等しい	演算子の両側の値が等しい場合は「True」、等しくない場合は「False」を返す
<>	等しくない	演算子の両側の値が等しくない場合は「True」、等しい場合は「False」を返す
>	より大きい	演算子の左側の値が右側の値より大きい場合は「True」、小さいか等しい場合は「False」を返す
<	より小さい	演算子の左側の値が右側の値より小さい場合は「True」、大きいか等しい場合は「False」を返す
>=	以上	演算子の左側の値が右側の値より大きいか等しい場合は「True」、小さい場合は「False」を返す
<=	以下	演算子の左側の値が右側の値より小さいか等しい場合は「True」、大きい場合は「False」を返す
Like	文字列パターン比較	演算子の右側の文字列が左側の文字列の先頭に含まれている場合は「True」、含まれていない場合は「False」を返す

　これで、ChatGPTからの回答を取り出すことができますが、最後に改行コードを変更してから回答をセルに表示します。
　メッセージを作成したとき、Excelの改行コードである「vbLf」を「¥n」に置き換えましたが、回答では逆に「¥n」を「vbLf」に置き換えるため、次のように記述します。

```
Replace(ChatGPTからの回答, "¥n", vbLf)
```

　以上の処理で取り出した回答をセルB4に表示します。

　ここまでの処理を入力して「ChatGPTに質問」プロシージャのコードは完成ですが、その前に次の手順で、テスト用のステートメントを削除しておきます（コメントにしてもかまいません）。
　また、手順❸に「ChatGPTに質問」プロシージャのコード全体を掲載しているので、プロシージャ全体を本書のとおりに入力できているかを確認してください。

1 ブック「ExcelVBA_ChatGPT準備編.xlsm」のVBEで、標準モジュールModule1の
「ChatGPTに質問」プロシージャ内の次の位置のコードを削除する（色文字部分）。

```vba
Sub ChatGPTに質問()
    (中略)
    '質問文を取得してメッセージを作成する
    strQuest = Replace(mySheet.Range("B2").Value, vbLf, "\n")
    strMessage = "[{""role"":""user"",""content"":""" & strQuest & """}]"
    MsgBox strQuest        ← 削除する

    'IXMLHTTPRequestオブジェクトを生成する
    Set objHttp = New MSXML2.XMLHTTP60

    (中略)
End Sub
```

2 「ChatGPTに質問」プロシージャ内の次の位置のコードを削除する（色文字部分）。

```vba
Sub ChatGPTに質問()
    (中略)

    MsgBox "ChatGPTからの回答を受け取りました。", , "テスト用メッセージ2"

    Debug.Print strApiKey
    Debug.Print strQuest

    mySheet.Range("B4").Value = "ChatGPTからの返答"      ── 削除する

    Debug.Print "処理終了"
End Sub
```

3 「ChatGPTに質問」プロシージャ内の次の位置に、次のコードを入力する（色文字部分）。

```vba
Sub ChatGPTに質問()
    Const CHAT_MODEL As String = "gpt-4o-mini"      'ChatGPTのモデル
    Const API_URL As String = "https://api.openai.com/v1/chat/completions"

    Dim strApiKey As String        'APIキー取得用
    Dim strQuest As String
    Dim mySheet As Worksheet               '処理対象ワークシート
    Dim objHttp As MSXML2.XMLHTTP60        'XMLHTTPオブジェクト用
    Dim strMessage As String               'メッセージ作成用
    Dim strRequestBody As String           'APIへのリクエスト用
    Dim strResponse As String              'APIからの返答用
    Dim varTemp1 As Variant                '返答文解析用一時領域
    Dim varTemp2 As Variant                '返答文解析用一時領域

    strApiKey = InputBox("OpenAIのキーを入力してください（キャンセルで終了）。", ➡
"APIキーの取得")
```

7.6　HTTPレスポンスを受信しよう　**233**

```vba
If StrPtr(strApiKey) = 0 Then
    MsgBox "キャンセルされました。終了します。", vbOKOnly, "ChatGPTに質問"
    Exit Sub
ElseIf strApiKey = "" Then
    MsgBox "入力されませんでした。終了します。", vbOKOnly, "ChatGPTに質問"
    Exit Sub
End If

Set mySheet = ThisWorkbook.Worksheets("Sheet1")

'質問文の入力チェックをする
If mySheet.Range("B2").Value = "" Then
    MsgBox "質問文を入力してください。", , "入力エラー "
    Exit Sub
End If

'質問文を取得してメッセージを作成する
strQuest = Replace(mySheet.Range("B2").Value, vbLf, "¥n")
strMessage = "[{""role"":""user"",""content"":""" & strQuest & """}]"

'IXMLHTTPRequestオブジェクトを生成する
Set objHttp = New MSXML2.XMLHTTP60

'HTTPリクエストのヘッダーを設定する
objHttp.Open "POST", API_URL
objHttp.setRequestHeader "Content-Type", "application/json"
objHttp.setRequestHeader "Authorization", "Bearer " &  strApiKey

'リクエストボディを作成する
strRequestBody = "{""model"":""" & CHAT_MODEL _
            & """, ""messages"":" & strMessage & "}"

MsgBox "接続を開始します。", , "テスト用メッセージ1"

'リクエストを送信する
objHttp.send strRequestBody

'レスポンスが返ってくるまで待つ
Do While objHttp.readyState <> 4
    DoEvents
Loop

MsgBox "ChatGPTからの回答を受け取りました。", , "テスト用メッセージ2"

'レスポンスのテキスト情報を変数に取得する
strResponse = objHttp.responseText          ← 1
Debug.Print strResponse       '取得したテキストを出力   ← 2

'ChatGPTの回答の開始位置で分割する
```

```
        varTemp1 = Split(strResponse, "content"": """)     ◀── 3
        If UBound(varTemp1) = 0 Then     ◀──────── 4
            MsgBox "エラーが発生した可能性があります。", , "テスト用メッセージ3"  ◀── 5
            Exit Sub    ◀──── 6
        End If

        'ChatGPTの回答の終了位置で分割する
        varTemp2 = Split(varTemp1(1), """")     ◀──── 7

        '回答の改行コードをExcel用の改行コードに置き換えてセルに表示
        mySheet.Range("B4").Value = _
                    Replace(Replace(varTemp2(0), "¥n", vbLf), "¥", "")  ◀── 8

        MsgBox "終了しました。"   ◀──── 9
    End Sub
```

4 [標準] ツールバーの 🖫 [ExcelVBA_ChatGPT準備編.xlsmの上書き保存] ボタンをクリックしてブックを保存する (または、Ctrl + S キーを押して保存する)。

コードの解説

1
```
strResponse = objHttp.responseText
```

変数strResponseに、受信したレスポンスのテキスト情報を取得します。

2
```
Debug.Print strResponse
```

エラーが発生したときに参考にできるように、レスポンスのテキスト情報をイミディエイトウィンドウに出力します。

3
```
varTemp1 = Split(strResponse, "content"": """)
```

ChatGPTからの回答の1文字目の直前の位置で、テキスト情報を分割し、Variant型変数varTemp1に代入します。

4
```
If UBound(varTemp1) = 0 Then
```

7.6 HTTPレスポンスを受信しよう **235**

配列varTemp1の最大インデックスが「0」の場合は要素数が1つ、つまり、分割できなかったことになるので、続くブロック内の処理を行います。

5
```
MsgBox "エラーが発生した可能性があります。", , "テスト用メッセージ3"
```

エラー発生を知らせるメッセージを表示します。

6
```
Exit Sub
```

プロシージャの実行を終了します。

7
```
varTemp2 = Split(varTemp1(1), """")
```

　ChatGPTからの回答の最後の文字の直後の位置で、テキスト情報を分割し、Variant型変数varTemp2に代入します。ChatGPTからの回答は、変数varTemp1の2つ目の要素であるvarTemp(1)に保管されているので、これを指定します。

8
```
mySheet.Range("B4").Value = _
            Replace(Replace(varTemp2(0), "¥n", vbLf), "¥", "")
```

　等号＝の右側（2行目）のステートメントには、次の2つの処理が含まれています。
　内側（2つ目）のReplace関数は、ChatGPTからの回答を代入したvarTemp2(0)の改行コード「¥n」をExcelの改行コード「vbLf」に置き換えます。

```
Replace(varTemp2(0), "¥n", vbLf)
```

　外側のReplace関数は、内側のReplace関数の戻り値（改行コードを置き換えた後の回答）を第1引数に指定し、回答内の「¥」を空文字「""」に変換します（「¥」を削除しています）。

```
Replace(Replace(varTemp2(0), "¥n", vbLf), "¥", "")
```

　これは、受信したテキスト情報内に半角のダブルクォーテーションが含まれる場合、「¥"」と表記されるためです。VBA内では「""」と表記しましたが、受信するテキスト情報では「¥"」と表記されます。

9　`MsgBox "終了しました。"`

　処理終了を知らせるメッセージを表示します。

　ここまで入力できたら、「ChatGPTに質問」プロシージャのコードは完成です。
　次は、実行してChatGPTに接続します。

用語

パースする、パーシング

決まった書式で記述されたデータを解析して、プログラムで扱えるようなデータにすることを**パース**（parse）**する**、または**パーシング**（parsing）と言います。

「ChatGPTに質問」プロシージャを実行しよう

　次の手順で、質問文を入力してから実行します。この手順を行う前に、第6章で取得して保存しておいたシークレットキーを入力できるように用意しておいてください。

1　ブック「ExcelVBA_ChatGPT準備編.xlsm」の[Sheet1]シートを表示する。

2　セルB2に入力されている「ここに質問を入力します」を削除し、**aで始まる英単語をひとつ教えてください**と入力する。

3　Alt + F11 キーを押して、VBEに表示を切り替える。

4　Module1の「ChatGPTに質問」プロシージャ内をクリックしてから実行する。

結果▶　インプットボックスが表示される。

5　保存しておいたシークレットキーを入力する。

6　[OK] ボタンをクリックする。

結果▶　テスト用メッセージ1のメッセージボックスが表示される。

7.6　HTTPレスポンスを受信しよう　**237**

7 [OK] ボタンをクリックする。

結果 テスト用メッセージ2のメッセージボックスが表示される（表示されるまでに時間がかかることがある）。

8 [OK] ボタンをクリックする。

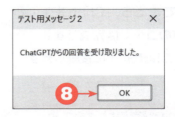

結果 処理終了を知らせるメッセージボックスが表示される。

9 [OK] ボタンをクリックする。

結果 実行が終了される。

10 Excelに表示を切り替え、セルB4にChatGPTからの回答が表示されているのを確認する（画面は回答の例。「○○という英単語があります。」のように文章で回答されることもある）。

　少し長いコードでしたが、正しく実行できましたか？　正しく実行できなかった場合は、次のヒントも参照してコードを見直してください。

ヒント

接続時にエラーが発生したとき

「エラーが発生した可能性があります。」とメッセージボックスに表示されたときは、イミディエイトウィンドウを確認してください。
イミディエイトウィンドウには、受信したテキスト情報を［2］のコード「Debug.Print strResponse」で出力しています。エラーが発生した場合は、このテキスト情報に「"error"」の文字が含まれます。たとえば、リクエストヘッダーの設定で「Bearer」の後の半角のスペースが抜けていると、続くシークレットキーが認識さ

れません。この場合は、テキスト情報内に「You didn't provide an API key.」と表示されます（文章は変更されることがあります）。また、英語ですがリクエストヘッダーの記入例や参考URLも出力されるので、これを参考にしてコードを訂正してください。
また、エンドポイントのURLが間違っていると、「アクセスが拒否されました」と表示されます（文章は変更されることがあります）。

「ChatGPTに質問」プロシージャの作成はこれで完了ですが、最後に、ワークシートのボタンから実行できるようにしておきましょう。

ワークシートのボタンから実行できるようにしよう

次の手順で、ワークシートのボタンに「ChatGPTに質問」プロシージャを登録します（ブック「ExcelVBA_ChatGPT準備編.xlsm」をダウンロードせず、ご自分で作成した場合は、[Sheet1]シートに次の手順❷の画面のように[ChatGPTに質問する]ボタンを配置しておいてください。ボタンの配置については、第5章の「5.1　テーブル用のデータをワークシートに読み込もう」の「ワークシート上にボタンを配置しよう」を参照してください）。

1 ブック「ExcelVBA_ChatGPT準備編.xlsm」の[Sheet1]シートを表示する。

2 [ChatGPTに質問する]ボタンを右クリックし、[マクロの登録]をクリックする。

結果 [マクロの登録]ダイアログボックスが表示される。

3 [マクロ名]の一覧から[ChatGPTに質問]をクリックする。

4 [OK]ボタンをクリックする。

結果 [マクロの登録]ダイアログボックスが閉じられる。

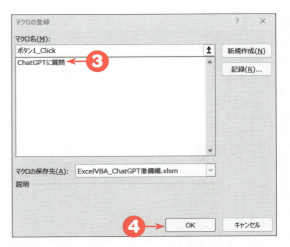

これで、ワークシート上のボタンから「ChatGPTに質問」プロシージャを実行できるようになりました。ボタンをクリックして実行してみてください。

VBAからChatGPTへの接続はいかがでしたか？

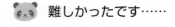難しかったです……

でもこれでちゃんとChatGPTに接続できるようになりましたね。

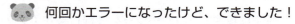何回かエラーになったけど、できました！

では、次の応用編で、ChatGPTと対話を続ける方法を学習しましょう。

〜 もう一度確認しよう！ 〜 チェック項目

- ☐ JSON形式のリクエストを作成できましたか？
- ☐ リクエストを送信できましたか？
- ☐ レスポンスを受信できましたか？
- ☐ レスポンスからChatGPTの回答を取り出せましたか？

第 **8** 章

しりとりゲームの
メイン処理

この章では、応用編で作成するしりとりゲームの全体像をつかみ、メインとなる処理とゲーム開始時の初期処理を作成します。

8.1 しりとりゲームの
要件定義をしよう

8.2 モジュールレベル定数と
変数を宣言しよう

8.3 しりとりゲームの
メインプロシージャを作ろう

8.4 ワークシートを初期化しよう

8.5 シークレットキーを取得する
プロシージャを作ろう

この章で学ぶこと

🐰 ここからは、しりとりゲームを作ります。

🐼 ゲーム!?　Excel VBAでゲームを作れるの？

🐰 いろいろなゲームを作れますよ。この本では初級者用ゲームとして、しりとりゲームを作ります。

🐼 早くゲーム作ろうよ〜！　ゲームしたい！

🐰 ……。

この章では、次について学びます。

- セルのクリア
- セルの文字色を変更
- サブルーチンの呼び出し
- Function プロシージャの作成
- Function プロシージャの呼び出し

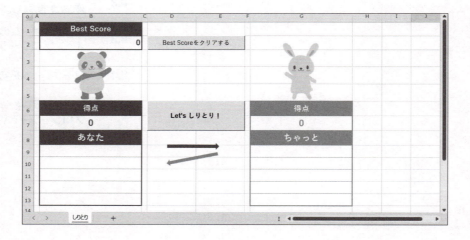

8.1 しりとりゲームの要件定義をしよう

しりとりゲームがどのような動作をするか確認し、ゲームの機能を把握します。

しりとりゲームの流れを把握しておこう

　最初にしりとりゲームのおおまかなイメージをつかんでおきましょう。本来であれば、設計をしてからプログラムの作成を行いますが、本書の目的はExcel VBAの学習であるため、ここでは設計についての説明はしません。設計については、次の項で簡単な要件定義のみ行います。

　まず、これから作成するしりとりゲームの概要を、ここで確認しておきましょう（本来は、この段階では画面図はありませんが、本書では学習をスムーズに進めるために、画面図とゲームの基本的な流れを先に説明します）。

　しりとりゲームは、ワークシート上の［Let's しりとり！］ボタンをクリックして開始します。

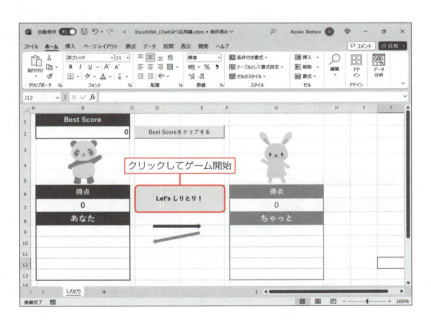

　インプットボックスが表示されたらシークレットキーを入力し、［OK］ボタンをクリックします。

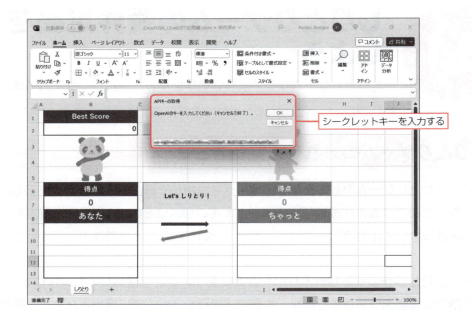

［しりとりゲーム］ダイアログボックスが表示されたら、任意の言葉を入力します。

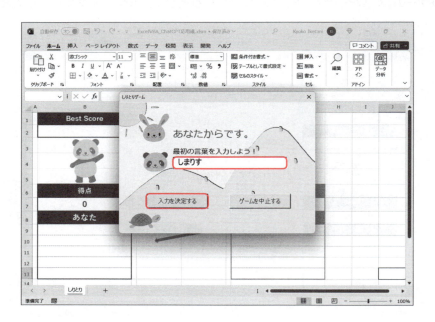

　［入力を決定する］ボタンをクリックすると、入力した言葉がワークシートの［あなた］の列に表示され、続いて［ちゃっと］の列にChatGPTが回答した言葉が表示されます。
　再度、［しりとりゲーム］ダイアログボックスが表示されるので、ChatGPTの回答に続く言

葉を入力してゲームを続けます。

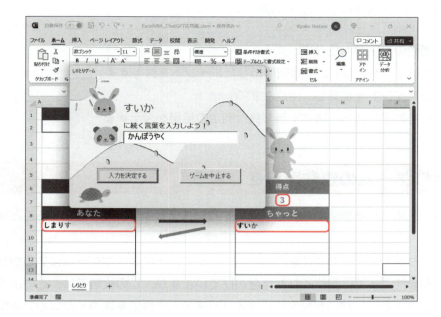

やりとりを5回続けるとゲーム終了です。

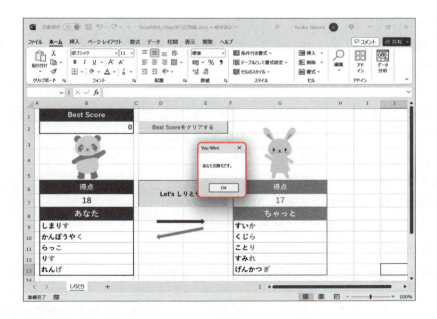

途中で「ん」で終わる言葉を答えたり、しりとりとして成立しない言葉を答えたりした場合は、エラーメッセージが表示され、ゲームの実行が終了されます。

このような操作でゲームを行いますが、次の機能も作成します（作成する主な機能です。それぞれの機能の詳細は追加するときに説明します）。

- ・言葉の最後の文字を赤色で表示する
- ・1文字1ポイントとして、文字数に応じたポイントを付与する
- ・付与したポイントを加算し、得点とする
- ・しりとりを終了したら、得点で勝ち負け判定の結果を表示する

しりとりゲームの要件定義をしよう

システムに求められる要望を検討し、何をするシステムかを定義したりすることを**要件定義**と言います。

ここではしりとりゲームの要件定義のひとつとして、どのようなゲームにするかを考えてみましょう。前の節ですでに具体的な機能をあげていますが、この段階では、どのような機能かではなく、何をするかしないかを定義します（システムの詳細を決める前なので要望の順番は考慮しません）。

- ・ユーザーとChatGPTがしりとりをする
- ・接続に必要なシークレットキーをユーザーが入力できるようにする
- ・やりとりする回数の上限を設定する
- ・語尾に「ん」が付いたら終了する
- ・しりとりとして成立しているかチェックをする
- ・語尾の長音記号「ー」や小さいひらがなに配慮する
- ・語尾の文字を強調して表示する
- ・答えた言葉の重複チェックをする
- ・得点を付けて勝ち負けを決める
- ・途中でキャンセルできるようにする
- ・しりとりの言葉が実在するかどうかのチェックはしない
- ・ChatGPTの回答が言葉でない場合などのチェックはしない

システム設計にあたって、予算その他の事情により、実現する機能を取捨選択することは重要です。ここでは、Excel VBAを学習するという目的のため、そして、AIの動作を体験するために機能を絞っています。

246　第8章　しりとりゲームのメイン処理

8.2 モジュールレベル定数と変数を宣言しよう

しりとりゲーム全体で使う値をモジュールレベル定数として定義しておきます。また、全体で使う変数をモジュールレベル変数として定義します。

モジュールレベル定数を宣言しよう

しりとりゲームの標準モジュール全体で利用できる**モジュールレベル定数**を宣言します。

ダウンロードしたサンプルファイルに含まれているブック「ExcelVBA_ChatGPT応用編.xlsm」を用意し、次の手順で入力してください。空白のブックから作成する場合は、わかりやすいようにセルB9～B13の範囲とセルG9～G13の範囲を罫線で囲むなどしておきましょう。また、シート名を「しりとり」に変更し、ブック名を「ExcelVBA_ChatGPT応用編.xlsm」にしてマクロ有効ブックとして保存しておいてください。

1 ブック「ExcelVBA_ChatGPT応用編.xlsm」のVBEを開く。

2 VBEの［挿入］メニューの［標準モジュール］をクリックして標準モジュールを挿入する。

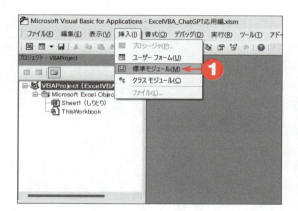

3 標準モジュールModule1のコードウィンドウに、次のコードを入力する（色文字部分）。

```
Option Explicit

Const GAME_TITLE As String = "しりとりゲーム"     'メッセージボックスのタイトル
Const SHEET_NAME As String = "しりとり"           'ワークシート名
Const USER_LIST As String = "B9:B13"              'ユーザー入力を表示するセル範囲
Const CHAT_LIST As String = "G9:G13"              'ChatGPTの回答を表示するセル範囲
Const USER_SCORE_CELL As String = "B7"            'ユーザーのスコア表示用セル
Const CHAT_SCORE_CELL As String = "G7"            'ChatGPTのスコア表示用セル
Const SCORE_CELL_ROW As Integer = 7               'スコアセルの行番号
Const MAX_TIMES As Integer = 5                    'しりとりのやりとりの最大回数
Const USER_COLUMN As Integer = 2                  'ユーザー側の表示列番号
Const CHAT_COLUMN As Integer = 7                  'ChatGPT側の表示列番号
```

ここで入力したモジュールレベル定数は、次の図の位置の行番号や列番号、文字列などを定義しています。

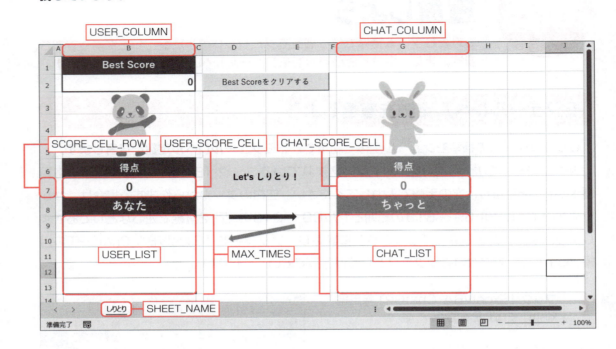

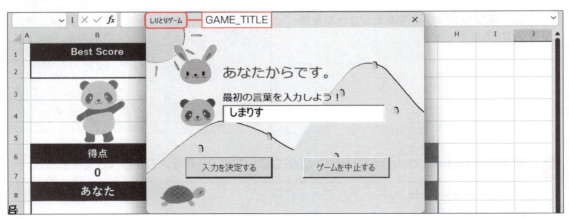

　モジュールレベル定数を入力したら、そのまま続けて、次の項でモジュールレベル変数を宣言します。

モジュールレベル変数を宣言しよう

しりとりゲームの標準モジュール全体で使う**モジュールレベル変数**を宣言します。

1 ブック「ExcelVBA_ChatGPT応用編.xlsm」の標準モジュールModule1の次の位置に、次のコードを入力する（色文字部分）。

```
Const USER_COLUMN As Integer = 2         'ユーザー側の表示列番号
Const CHAT_COLUMN As Integer = 7         'ChatGPT側の表示列番号

Dim mStrMessages As String               'メッセージ
Dim mStrResponse As String               'ChatGPTからのレスポンス
```

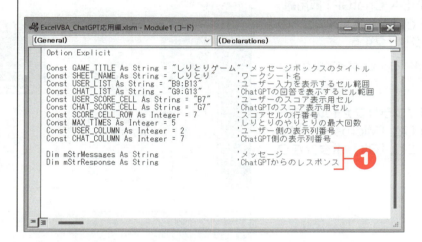

ここで宣言した2つのモジュールレベル変数は、ChatGPTと連続した対話を続けるために使います。ChatGPTと対話を続けていくには、新しい問いかけと一緒に前の対話も送信する必要があります。そこで、モジュールレベル変数を使って、前の対話を保管しておくことにします。

プロシージャ内で宣言した変数は、宣言したプロシージャ内でしか使えず、代入した値もプロシージャを実行中のみ保管できます。これに対して、モジュールレベル変数は、プロシージャの実行を終了しても値を保管できます。

このように、変数を利用できる有効範囲を**スコープ**と言います（スコープについては第4章でも説明しました）。

8.3 しりとりゲームのメインプロシージャを作ろう

［Let's しりとり！］ボタンから実行するプロシージャを作成します。

参照設定をしておこう

　しりとりゲームはChatGPTと通信を行います。そこで、第7章と同じように通信用オブジェクトの参照設定をしておきます。

1 ブック「ExcelVBA_ChatGPT応用編.xlsm」のVBEで、［ツール］メニューの［参照設定］をクリックする。

結果 ［参照設定－VBAProject］ダイアログボックスが表示される。

2 ［参照可能なライブラリファイル］の一覧をスクロールして［Microsoft XML, v6.0］をオンにし、［OK］ボタンをクリックする。

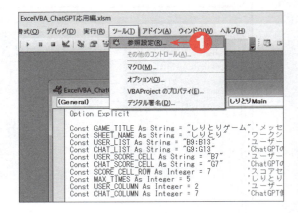

第8章　しりとりゲームのメイン処理

しりとりMainプロシージャを作ろう

実行の操作をしたときに、実行されるプロシージャを**メインプロシージャ**と呼びます。

まず、しりとりゲームのメインプロシージャを作成して変数を宣言します。プロシージャ名を「しりとりMain」として、次の手順で入力します。

1 ブック「ExcelVBA_ChatGPT応用編.xlsm」のVBEを開く。

2 標準モジュールModule1のコードウィンドウのモジュールレベル変数の宣言の下に、次のコードを入力する(色文字部分)。変数名「blExitFlag」の先頭の「bl」は「BL」の小文字なので間違えないようにする。

```
    Dim mStrMessages As String                  'メッセージ
    Dim mStrResponse As String                  'ChatGPTからのレスポンス

Sub しりとりMain()
    Dim mySheet As Worksheet                    '[しりとり]シートへの参照用
    Dim userRange As Range                      'ユーザーの言葉表示エリア参照用
    Dim chatRange As Range                      'ChatGPTの言葉表示エリア参照用
    Dim strApiKey As String                     'シークレットキー取得用
    Dim strWord As String                       '入力された言葉
    Dim numberOfTimes As Integer                '現在のやりとり回数
    Dim rowNum As Integer                       '現在処理中の行番号
    Dim colNum As Integer                       '現在処理中の列番号
    Dim lastChar As String                      '語尾の文字
    Dim strMsg As String                        'ChatGPTに渡す最初のメッセージ
    Dim blExitFlag As Boolean                   '終了フラグ(初期値はFalse)
    Dim objHttp As MSXML2.XMLHTTP60             'XMLHTTPオブジェクト用
End Sub
```

ここで宣言した変数は、次の図の項目の値を保管するために使います（変数rowNumは行番号の「9」〜「13」の範囲の値を保管します）。

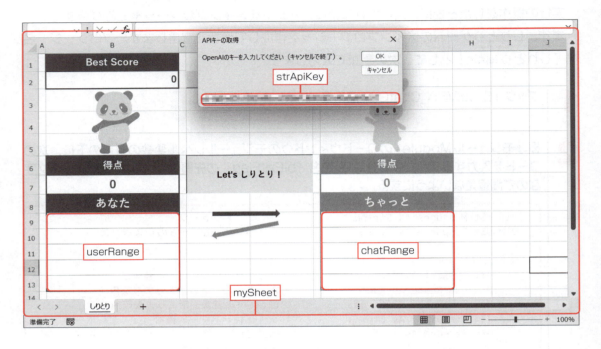

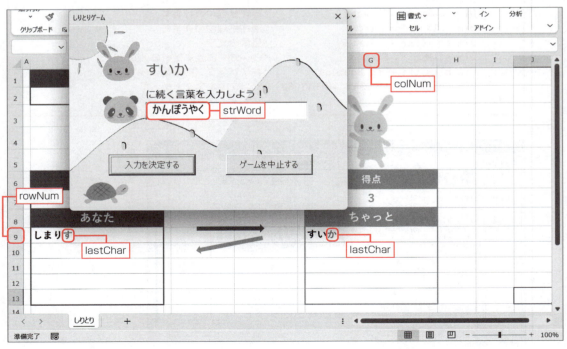

初期設定をするコードを入力しよう

ゲーム開始前に、[しりとり] シートへの参照を取得したり、表示を開始する行番号を取得したりといった初期設定を行います。

初期設定は、次の手順で入力します。

1 ブック「ExcelVBA_ChatGPT応用編.xlsm」の標準モジュールModule1の「しりとりMain」プロシージャ内の次の位置に、次のコードを入力する（色文字部分）。

```
Sub しりとりMain()
    (中略)
    Dim strMsg As String              'ChatGPTに渡す最初のメッセージ
    Dim blExitFlag As Boolean         '終了フラグ（初期値はFalse）
    Dim objHttp As MSXML2.XMLHTTP6Ø   'XMLHTTPオブジェクト用

    colNum = USER_COLUMN         'ユーザーから開始      ← 1
    rowNum = 9                   '9行目から入力         ← 2

    '使用するセル範囲への参照を取得する
    Set mySheet = ThisWorkbook.Worksheets(SHEET_NAME)   ← 3
    Set userRange = mySheet.Range(USER_LIST)  ← 4
    Set chatRange = mySheet.Range(CHAT_LIST)  ← 5

    strMsg = "しりとりをしましょう。" _
            & "ひらがなのみの単語で答えてください。" _
            & "語尾に「ん」が付いたら負けです。" _       ⎤ 6
            & "5回までのやりとりです。私からです。" & "¥n" _
End Sub
```

コードの解説

1
```
colNum = USER_COLUMN
```

変数colNumは、現在処理中の列番号用の変数です。ユーザーから開始するので、ユーザーの入力を表示する2列目を指定するため、「2」を定義したモジュールレベル定数USER_COLUMNを代入します。

2
```
rowNum = 9
```

8.3　しりとりゲームのメインプロシージャを作ろう　**253**

変数rowNumは、現在処理中の行番号用の変数です。9行目から開始するため、初期値として「9」を代入します。

開始行番号は、最初に一度しか使わないため、ここでは定数として定義していません（定義しておいた方が、コードの可読性とメンテナンス性が向上します。本書では、Excel VBAの学習を優先するため、できるだけ学習を進めやすい方法を採用しています）。

3
```
Set mySheet = ThisWorkbook.Worksheets(SHEET_NAME)
```

変数mySheetに、［しりとり］シートへの参照を代入します。モジュールレベル定数SHEET_NAMEは、前の節で文字列「しりとり」を定義しています。

4
```
Set userRange = mySheet.Range(USER_LIST)
```

変数userRangeに、ユーザーが入力した言葉を表示するセル範囲への参照を代入します。モジュールレベル定数USER_LISTは、前の節で文字列「B9:B13」を定義しています。

5
```
Set chatRange = mySheet.Range(CHAT_LIST)
```

変数chatRangeに、ChatGPTが回答した言葉を表示するセル範囲への参照を代入します。モジュールレベル定数CHAT_LISTは、前の節で文字列「G9:G13」を定義しています。

6
```
strMsg = "しりとりをしましょう。" _
              & "ひらがなのみの単語で答えてください。" _
              & "語尾に「ん」が付いたら負けです。" _
              & "5回までのやりとりです。私からです。" & "¥n"
```

変数strMsgに、ChatGPTに最初に渡すプロンプトの文字列を代入します。

主な初期設定はここまでです。まだ変数の初期値の設定しか行っていないため、実行確認は行わずに、次の節に進んでください（実行をしても表示などの見た目で確認できる動作は起こりません）。

254 第8章 しりとりゲームのメイン処理

ワークシートを初期化しよう

ゲーム開始前に前回の対戦のスコアと言葉をクリアする処理を作成します。

セル範囲を初期化するプロシージャを作ろう

　スコア（ポイントの合計）を表示するセルと、しりとりの言葉を表示するセルをクリアする処理を作成します。

　この処理は、メインプロシージャとは別の独立したプロシージャとして作成します。別に作成したプロシージャは、メインプロシージャから利用することで実行できます。

　[しりとり]シートを初期化するプロシージャは次の手順で入力します。プロシージャ名は「InitSheet」とします。

1 ブック「ExcelVBA_ChatGPT応用編.xlsm」の標準モジュールModule1の「しりとりMain」プロシージャの下の位置に、次のコードを入力する（色文字部分）。

```
        strMsg = "しりとりをしましょう。" _
                & "ひらがなのみの単語で答えてください。" _
                & "語尾に「ん」が付いたら負けです。" _
                & "5回までのやりとりです。私からです。" & "¥n"
End Sub

'ワークシートの表示域を初期化する
Sub InitSheet()                                           ← 1
    With ThisWorkbook.Worksheets(SHEET_NAME)              ← 2
        .Range(USER_SCORE_CELL).Value = 0                 ← 3
        .Range(CHAT_SCORE_CELL).Value = 0                 ← 4
        .Range(USER_LIST).ClearContents                   ← 5
        .Range(CHAT_LIST).ClearContents                   ← 6
        .Range(USER_LIST).Font.Color = vbBlack             ← 7
        .Range(CHAT_LIST).Font.Color = vbBlack             ← 8
    End With
End Sub
```

8.4 ワークシートを初期化しよう　**255**

コードの解説

1
```
Sub InitSheet()
```

SubステートメントでInitSheetプロシージャを宣言します。

2
```
With ThisWorkbook.Worksheets(SHEET_NAME)
```

Withステートメントに［しりとり］シートへの参照を指定します。

3
```
.Range(USER_SCORE_CELL).Value = 0
```

ユーザーのスコアを表示するセルの値を「0」にします。モジュールレベル定数USER_SCORE_CELLは、文字列「B7」を定義しているため、セルB7の値が「0」になります。

4
```
.Range(CHAT_SCORE_CELL).Value = 0
```

ChatGPTのスコアを表示するセルの値を「0」にします。モジュールレベル定数CHAT_SCORE_CELLは、文字列「G7」を定義しているため、セルG7の値が「0」になります。

5
```
.Range(USER_LIST).ClearContents
```

ユーザー入力を表示するセル範囲をクリアします。

Rangeオブジェクトの**ClearContentsメソッド**は、セルの値と数式をクリアします。［しりとり］シートでは数式を使っていませんが、ここでは学習のためにClearContentsメソッドを使います。

モジュールレベル定数USER_LISTは文字列「B9:B13」を定義しているため、セルB9からB13の範囲のセルがクリアされます。

6
```
.Range(CHAT_LIST).ClearContents
```

ChatGPTの回答を表示するセル範囲をクリアします。

256 第8章 しりとりゲームのメイン処理

モジュールレベル定数CHAT_LISTは文字列「G9:G13」を定義しているため、セルG9からG13の範囲のセルがクリアされます。

7 `.Range(USER_LIST).Font.Color = vbBlack`

ユーザーが入力した言葉を表示するセルの文字色を黒にします。

しりとりゲームでは、入力された言葉の語尾の文字を赤色表示にします。入力された語が「い」（胃）のように1文字だけの場合は、その1文字を赤色表示にします。この場合、Excelの仕様により、そのセルの文字色が赤に設定されてしまうため、次のゲーム開始前に文字色を黒に戻します。

Rangeオブジェクトの**Font.Colorプロパティ**は、セルの文字色を指定します。「vbBlack」は、黒を表す組み込み定数です。

8 `.Range(CHAT_LIST).Font.Color = vbBlack`

ChatGPTのスコアを表示するセルの文字色を黒にします。

色を表す組み込み定数

VBAでは、次の色が組み込み定数として用意されています。

定数	説明	定数	説明
vbBlack	黒	vbBlue	青
vbRed	赤	vbMagenta	マゼンタ
vbGreen	緑	vbCyan	シアン
vbYellow	黄	vbWhite	白

セル範囲を初期化するプロシージャを呼び出そう

前の項で作成したInitSheetプロシージャをメインプロシージャから実行できるようにします。

プロシージャ内で別のプロシージャのコードを実行するには、**Callステートメント**を使います。

書式 Callステートメント

> Call プロシージャ名

「プロシージャ名」には、実行したいプロシージャのプロシージャ名を記述します。

プロシージャ内でCallステートメントを使って別のプロシージャを実行することを、一般にプロシージャを**呼び出す**と言います。

また、メインプロシージャから呼び出されるプロシージャを、一般に**サブルーチン**と言います。

ここでは、次の手順でメインプロシージャからInitSheetプロシージャを呼び出して実行します。

1 ブック「ExcelVBA_ChatGPT応用編.xlsm」のModule1の「しりとりMain」プロシージャ内の次の位置に、次のコードを入力する（色文字部分）。

```
Sub しりとりMain()
    （中略）

    strMsg = "しりとりをしましょう。" _
            & "ひらがなのみの単語で答えてください。" _
            & "語尾に「ん」が付いたら負けです。" _
            & "5回までのやりとりです。私からです。" & "¥n"

    'ワークシートの表示を初期化する
    Call InitSheet       ← 1
End Sub
```

コードの解説

6 ` Call InitSheet `

InitSheetプロシージャを呼び出して実行します。

>
>
> **Callステートメントを使わずに呼び出す**
>
> Callステートメントを使わずにSubプロシージャを呼び出すこともできます。Callステートメントを使わない場合は、プロシージャ名のみ記述します。ただし、プロシージャ名のみの記述では後から見たときにわかりにくいため、できるだけCallステートメントを使って呼び出すようにします。

実行して初期化を確認しよう

ここまでの処理を、ワークシート上のボタンから実行して確認します。

この章の操作を空白のブックから進めてきた場合は、次の図のようにワークシートのB列とG列の間にフォームコントロールのボタンを配置し、ボタンのテキストを「Let's しりとり！」に変更しておいてください（［マクロ］または［マクロの登録］ダイアログボックスが表示された場合は、［キャンセル］ボタンをクリックして閉じてください）。ボタンの配置については、第5章の「5.1 テーブル用のデータをワークシートに読み込もう」を参照してください。

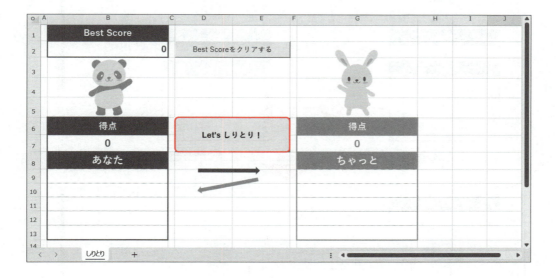

次の手順で、「しりとりMain」プロシージャを実行します。

1 ブック「ExcelVBA_ChatGPT応用編.xlsm」の［しりとり］シートの［Let's しりとり］ボタンを右クリックし、［マクロの登録］をクリックして［マクロの登録］ダイアログボックスを表示する。

2 ［マクロの登録］ダイアログボックスの［マクロ名］の一覧から［しりとりMain］をクリックし、［OK］ボタンをクリックする。

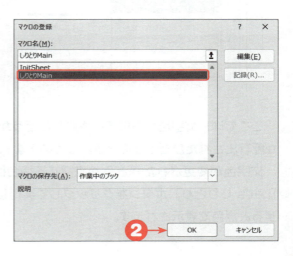

8.4 ワークシートを初期化しよう

3 セルB9～B13とセルG9～G13に、図のように任意の文字を入力する。

4 [Let's しりとり] ボタンをクリックする。

結果 セルB9～B13とセルG9～G13の文字列が削除され、セルB7とセルG7の値が「0」になる。

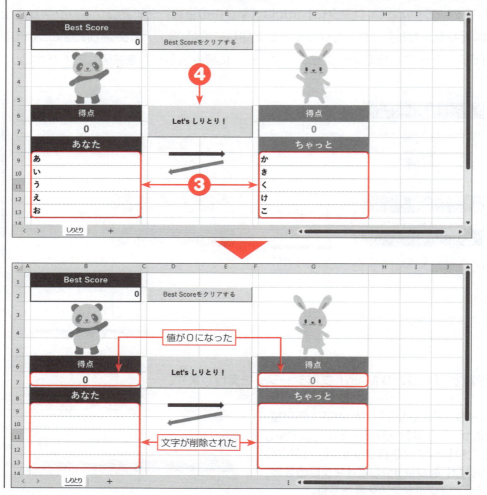

　ここでは、文字色が黒に変更されたかどうかは確認していません。InitSheetプロシージャが呼び出されたかどうかのみ確認しています。

　文字色が変更されたかどうか確認する場合は、セルに入力した文字列の色を変更してから[Let's しりとり] ボタンをクリックして実行します。実行終了後に、再度セルに文字列を入力すると黒色で表示されます。

8.5 シークレットキーを取得するプロシージャを作ろう

インプットボックスでシークレットキーの入力を取得する処理を、サブルーチンとして作成します。

Functionプロシージャを作ろう

　第7章では、ChatGPTの接続に必要なシークレットキーを、インプットボックスで取得しました。しりとりゲームでも同じように、シークレットキーをインプットボックスで取得します。

　シークレットキーを取得する処理も、ワークシートの初期化処理と同じようにサブルーチンとして作成します。

　ただし、シークレットキーを取得するプロシージャは、取得したシークレットキーをメインプロシージャに渡す必要があります（メインプロシージャは、シークレットキーを取得するプロシージャを呼び出して、シークレットキーを受け取ります）。

　このように値を返すプロシージャは、**Functionプロシージャ**として作成します。

書式　Functionプロシージャ

```
Function プロシージャ名() As 型
    処理
End Function
```

　「プロシージャ名」には、Subプロシージャのときと同じようにプロシージャ名を指定します。

　「型」には、返す値のデータ型を指定します。ここでは、シークレットキーの文字列を返すためString型を指定します。

　Functionプロシージャが呼び出し元に返す値は、Functionプロシージャ内でプロシージャ名に代入します。

書式　Functionプロシージャで値を返す

```
プロシージャ名 = 値
```

　シークレットキーを取得するプロシージャは、次の手順で作成します。プロシージャ名は「GetSecretKey」とします。

1 ブック「ExcelVBA_ChatGPT応用編.xlsm」の標準モジュールModule1のInitSheetプロシージャの下に、次のコードを入力する（色文字部分）。

```vb
Sub InitSheet()
    (中略)
        .Range(USER_LIST).Font.Color = vbBlack
        .Range(CHAT_LIST).Font.Color = vbBlack
    End With
End Sub

'シークレットキーを取得して返す
Function GetSecretKey() As String          ← 1
    Dim strInputKey As String          ← 2

    'インプットボックスを表示してAPIキーを取得する
    strInputKey = InputBox( _              3
            "OpenAIのキーを入力してください（キャンセルで終了）。", "APIキーの取得")

    If StrPtr(strInputKey) = 0 Then    ← 4
        MsgBox "キャンセルされました。終了します。", , GAME_TITLE
        GetSecretKey = ""          ← 5  6
    ElseIf strInputKey = "" Then    ←
        MsgBox "入力されませんでした。終了します。", , GAME_TITLE
        GetSecretKey = ""              ← 7
    Else
        GetSecretKey = strInputKey    ← 8
    End If
End Function
```

コードの解説

1
```vb
Function GetSecretKey() As String
```

　Functionプロシージャを「GetSecretKey」という名前で宣言します。戻り値は、String型とします。

2
```vb
Dim strInputKey As String
```

　インプットボックス関数の戻り値を取得する変数strInputKeyを、String型で宣言します。

第8章 しりとりゲームのメイン処理

3
```
strInputKey = InputBox( _
        "OpenAIのキーを入力してください（キャンセルで終了）。", "APIキーの取得")
```

インプットボックスを表示し、入力されたキーを変数strInputKeyに代入します。

4
```
If StrPtr(strInputKey) = 0 Then
```

StrPtr関数の戻り値が「0」の場合（[キャンセル] ボタンがクリックされた場合）は、Ifブロック内の処理を行います。

5
```
GetSecretKey = ""
```

空の文字列を、このプロシージャの戻り値として設定します。

6
```
ElseIf strInputKey = "" Then
```

インプットボックスの戻り値を代入した変数strInputKeyの値が空の文字列の場合は、ElseIfブロック内の処理を行います。ユーザーがインプットボックスで文字列を入力せずに[OK] ボタンをクリックすると、空の文字列が返されます。

7
```
GetSecretKey = ""
```

空の文字列を、このプロシージャの戻り値として設定します。

8
```
GetSecretKey = strInputKey
```

ユーザーが文字列を入力して [OK] ボタンをクリックしたときは、受け取った文字列を呼び出し元プロシージャに返すように設定します。

Functionプロシージャを呼び出そう

GetSecretKeyプロシージャをメインプロシージャから呼び出します。

8.5　シークレットキーを取得するプロシージャを作ろう

Functionプロシージャを呼び出して値を受け取るには、値を返す関数を呼び出すときと同じように、戻り値を変数に代入します。

書式 Functionプロシージャの呼び出し

変数 = プロシージャ名()

ここでは、メインプロシージャで宣言した変数strApiKeyに、GetSecretKeyプロシージャの戻り値を代入します。

GetSecretKeyプロシージャを呼び出すコードは、次の手順で入力します。

1 ブック「ExcelVBA_ChatGPT応用編.xlsm」のModule1の「しりとりMain」プロシージャ内の次の位置に、次のコードを入力する（色文字部分）。

```
Sub しりとりMain()
    （中略）

    strMsg = "しりとりをしましょう。" _
             & "ひらがなのみの単語で答えてください。" _
             & "語尾に「ん」が付いたら負けです。" _
             & "5回までのやりとりです。私からです。" & "¥n"

    'シークレットキーを取得する
    strApiKey = GetSecretKey()            ← 1
    If strApiKey = "" Then     'キャンセルまたは入力無しなら終了  ← 2
        Exit Sub    ← 3
    End If

    'ワークシートの表示を初期化する
    Call InitSheet
End Sub
```

コードの解説

1
```
strApiKey = GetSecretKey()
```

GetSecretKeyプロシージャを呼び出し、戻り値を変数strApiKeyに代入します。

2　`If strApiKey = "" Then`

　変数strApiKeyが空の文字列の場合、つまり、［キャンセル］ボタンがクリックされたか、入力なしで［OK］ボタンがクリックされた場合は、Ifブロック内の処理を行います。

3　`Exit Sub`

　メインプロシージャの実行を終了します。

インプットボックスの表示を確認しよう

　次の手順で、メインプロシージャを実行してGetSecretKeyプロシージャが呼び出されることを確認します。

1 ブック「ExcelVBA_ChatGPT応用編.xlsm」の［しりとり］シートの［Let's しりとり］ボタンをクリックする。

結果 インプットボックスが表示される。

2 任意の文字を入力して［OK］ボタンをクリックする。

結果 実行が終了される。

　インプットボックスが表示されるのを確認したら、続けて、インプットボックスの動作も確認しておきましょう。

インプットボックスのボタンの動作を確認しよう

　ここでは、インプットボックスで［キャンセル］ボタンをクリックしたときの動作と、何も入力しないで［OK］ボタンをクリックしたときの動作を確認します。

1 ［しりとり］シートの［Let's しりとり］ボタンをクリックする。

結果 インプットボックスが表示される。

2 ［キャンセル］ボタンをクリックする。

結果 キャンセルされたことを知らせるメッセージボックスが表示される。

3 ［OK］ボタンをクリックする。

結果 実行が終了される。

4 ［しりとり］シートの［Let's しりとり］ボタンを再度クリックする。

結果 インプットボックスが表示される。

5 何も入力しないで［OK］ボタンをクリックする。

結果 入力されなかったことを知らせるメッセージボックスが表示される。

6 ［OK］ボタンをクリックする。

結果 実行が終了される。

　インプットボックスの動作を確認したら、次の章では、ユーザーがしりとりの言葉を入力するためのダイアログボックスを作成します。

🐰 しりとりゲームのメインプロシージャは作れましたか？

🐼 はい！　他のプロシージャを呼び出せるって面白いね。

🐰 そうですね、よく使う処理をサブルーチンとしてプロシージャにしておいて、いろいろなプロシージャから呼び出して使えますね。

🐼 便利ですね〜。

🐰 はい。次の章では、ユーザーフォームを作ってみましょう。

🐼 楽しみー！　早くやろう♪

● 〜 もう一度確認しよう！ 〜　チェック項目 ●

☐ セルをクリアできましたか？

☐ Subプロシージャを呼び出せましたか？

☐ Functionプロシージャを呼び出せましたか？

☐ Functionプロシージャの戻り値を取得できましたか？

パンダくんの学習日記：その３

今日の日づけ：◎月○日

今日のおやつ：竹スムージー

今日のまなび：Lの小文字「l」を数字の「1」で入力してしまってエラーになった……。
変数宣言のときは、数字は「aaa1」「aaa2」みたいに変数名の最後に付けることが多いよ、ってウサギ先生が言ってた。あと、すぐ下に[2]が付く変数がなければ数字じゃなくてアルファベットの可能性が高いよ、って。
自分でプログラムを作るときは、変数名や定数名の途中に数字を入れないようにするって言ったらウサギ先生にほめられた！
変数名や定数名、プロシージャ名の名前の付け方のルールを決めておくのは良いことなんだって。命名規則とか命名ルールって言うらしい。またひとつ賢くなってしまった。

第 **9** 章

ユーザーフォームを
作成しよう

この章では、ユーザーがしりとりの言葉を入力するためのダイアログボックスを作成します。ダイアログボックスには、テキストボックスやボタンを配置します。

9.1 ユーザーフォームを用意しよう

9.2 ユーザーフォームにラベルを
配置しよう

9.3 ユーザーフォームにテキスト
ボックスを配置しよう

9.4 ユーザーフォームにボタンを
配置しよう

9.5 ユーザーフォームに
タブオーダーを設定しよう

この章で学ぶこと

🐰 ここでは、ユーザーが入力するためのダイアログボックスを作ります。

🐼 本格的だね〜。

🐰 はい、画像やボタンを配置したりするビジュアル系の作業を行います。

🐼 僕もビジュアル系です！！

🐰 ？？？

この章では、次について学びます。

- ●ユーザーフォームの作成
- ●コントロールの配置
- ●コントロールの大きさやフォントの設定
- ●タブオーダーの設定

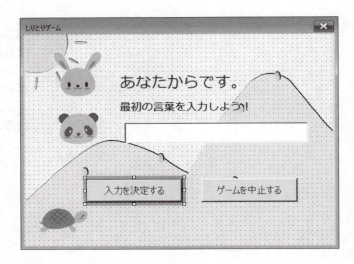

ユーザーフォームを用意しよう

ユーザーがしりとりの言葉を入力するダイアログボックスを作成し、背景画像を表示します。

プロジェクトにユーザーフォームを追加しよう

しりとりゲームでは、ユーザーは次の図のようなダイアログボックスで言葉を入力していきます。

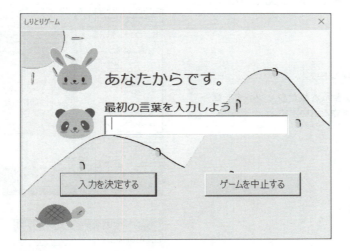

ダイアログボックスを表示するには、VBEに用意されている**ユーザーフォーム**を使います。ユーザーフォームは、次の手順で［挿入］メニューから追加できます。

1 ブック「ExcelVBA_ChatGPT応用編.xlsm」のVBEで、[挿入] メニューの[ユーザーフォーム]をクリックする。

結果 プロジェクトに新しいユーザーフォームが追加され、ユーザーフォームウィンドウが表示される。プロジェクトエクスプローラーに[UserForm1]が追加される。

2 プロパティウィンドウで[(オブジェクト名)]の「UserForm1」を削除し、**InputDialog**と入力してEnterキーを押す。

結果 ユーザーフォーム名が「InputDialog」に変更される。

用語

ユーザーフォームウィンドウ

ユーザーフォームが表示されたウィンドウを**ユーザーフォームウィンドウ**と言います。

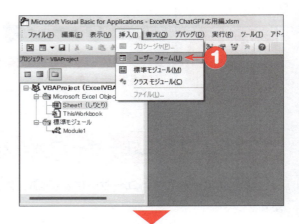

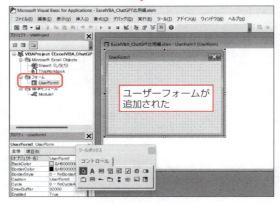

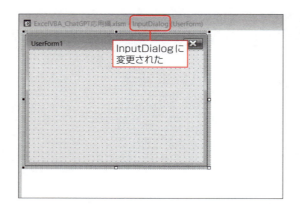

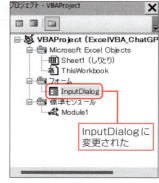

3 プロパティウィンドウで［Caption］の右側の「UserForm1」を削除し、**しりとりゲーム**と入力して Enter キーを押す。

結果 ユーザーフォームのタイトルバーに「しりとりゲーム」と表示される。

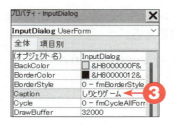

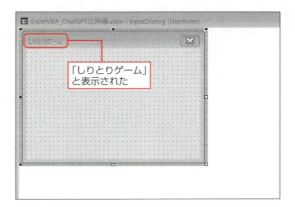

ユーザーフォームの大きさを変更しよう

ユーザーフォームの幅と高さを設定します。

ユーザーフォームの幅は、ユーザーフォームの**Widthプロパティ**で指定します。また、高さは**Heightプロパティ**で指定します。

ユーザーフォームのプロパティは、次の手順でプロパティウィンドウで指定します。

1 ユーザーフォームInputDialogをクリックして選択してから、プロパティウィンドウで［Height］の値を「300」に変更する。

結果 ユーザーフォームの高さが変更される。

2 プロパティウィンドウで [Width] の値を「400」に変更する。

結果 ユーザーフォームの幅が変更される。

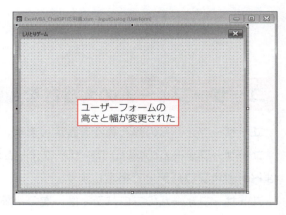

ユーザーフォームウィンドウにユーザーフォームの全体が表示されていない場合は、ユーザーフォームウィンドウの右下の隅を右下にドラッグしてウィンドウの大きさを調整してください。

システムによる入力値の自動調整

ユーザーフォームや以降に配置するコントロールの大きさや位置がシステムによって微調整され、入力した値と少し異なる値になることがあります。その場合は、そのままにしておいてかまいません。

ユーザーフォームに背景を表示しよう

　ユーザーフォームに背景を表示するには、ユーザーフォームの**Pictureプロパティ**に画像ファイルを指定します。ここでは、ダウンロードしたサンプルファイルに含まれている「しりとり背景.bmp」を使いますが、代わりに任意の画像ファイルを指定してもかまいません。また、背景画像の設定を行わずに次の項に進んでもかまいません（背景画像の設定を行わない場合は、背景は表示されません）。

背景画像として指定可能なファイル形式

しりとりゲームで設定するユーザーフォームの背景画像は、プログラムの動作とは関係がありません。そのため、任意の画像ファイルを指定することもできますが、指定可能なファイル形式は、［ピクチャの読み込み］ダイアログボックスのファイル形式選択ボックスの［すべてのピクチャファイル］のかっこ内に表示される拡張子の形式のみです（本書執筆時点で指定できるファイル形式は、拡張子がbmp、gif、jpg、wmf、emf、ico、dib、curのいずれかのファイルです）。

　ユーザーフォームの背景画像は、次の手順で指定します。

1 ユーザーフォームInputDialogをクリックして選択し、プロパティウィンドウで［Picture］をクリックして、右側に表示された ... をクリックする。

結果 ▶ ［ピクチャの読み込み］ダイアログボックスが表示される。

2 サンプルファイルに含まれている「しりとり背景.bmp」を選択する。

結果 ▶ ユーザーフォームの幅が変更される。

3 ［開く］ボタンをクリックする。

結果 ▶ ユーザーフォームに背景画像が表示される。

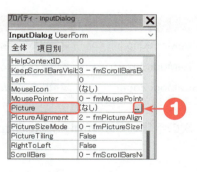

サンプルファイルに含まれる画像ファイルの場所

ダウンロードしたサンプルファイルの［素材］フォルダーに、ここで使う「しりとり背景.bmp」などの画像ファイルが含まれています。

9.1　ユーザーフォームを用意しよう　**275**

**ショートカットキーで
[ピクチャの読み込み]ダイアログボックスを表示**

プロパティウィンドウで[Picture]を選択して[Alt]＋[↓]キーを押すと、[ピクチャの読み込み]ダイアログボックスが表示されます。

**ダブルクリックで
[ピクチャの読み込み]ダイアログボックスを表示**

プロパティウィンドウで[Picture]をダブルクリックして、[ピクチャの読み込み]ダイアログボックスを表示することもできます。

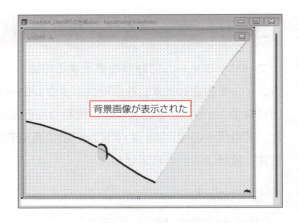

背景画像の表示を調整しよう

　背景に読み込んだ画像ファイルは元の大きさのままで表示されているため、全体が表示されません。そこで、**PictureSizeModeプロパティ**で縮小表示の設定を行います。

　PictureSizeModeプロパティでは、次の表の値を選択できます。

値	説明
0 - fmPictureSizeModeClip	はみ出している部分は切り取られる（既定値）
1 - fmPictureSizeModeStretch	画像をフォームサイズに合わせて拡大縮小する
3 - fmPictureSizeModeZoom	縦横比を保ったまま画像をフォームサイズに合わせて拡大縮小する

　ここでは、次の手順で[3 - fmPictureSizeModeZoom]を選択します。

1 ユーザーフォームInputDialogをクリックして選択し、プロパティウィンドウで［PictureSizeMode］をクリックして、右側に表示された ▼ をクリックする。

2 ［3 - fmPictureSizeModeZoom］をクリックする。

結果 ユーザーフォームの背景画像がユーザーフォームのサイズに合わせて表示される。

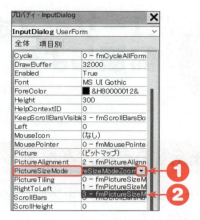

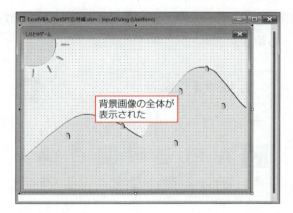

背景画像の全体が表示された

9.1 ユーザーフォームを用意しよう 277

ユーザーフォームにラベルを配置しよう

ユーザーフォームにウサギの画像とパンダの画像、カメの画像を表示します。

画像を表示するラベルを配置しよう

　ユーザーフォームに表示するテキストボックスやボタンなどは、**コントロール**としてあらかじめVBEに用意されています。
　コントロールは、**ツールボックス**からユーザーフォームにドラッグまたはクリックして配置します。

ヒント

ツールボックスを表示する

ツールボックスはユーザーフォームをクリックすると表示されます。ツールボックスが表示されていない場合は、VBEの［表示］メニューの［ツールボックス］をクリックすると表示されます。

　ここでは、ウサギの顔の画像とパンダの顔の画像、カメの画像をユーザーフォームに表示するために**ラベル**コントロールを使います。
　ラベルコントロールは、次の手順でツールボックスの A ［ラベル］をクリックして配置します。

1 ユーザーフォームInputDialogをクリックし、ツールボックスの A ［ラベル］をクリックする。

278　第9章 ユーザーフォームを作成しよう

2 ユーザーフォームをクリックする。

結果 ラベルコントロールがユーザーフォーム上に配置される。

3 もう一度ツールボックスの A ［ラベル］をクリックし、ユーザーフォームをクリックする。

結果 ラベルコントロールがもう1つユーザーフォーム上に配置される。

4 もう一度ツールボックスの A ［ラベル］をクリックし、ユーザーフォームをクリックする。

結果 3つ目のラベルコントロールがユーザーフォーム上に配置される。

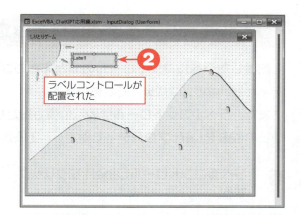

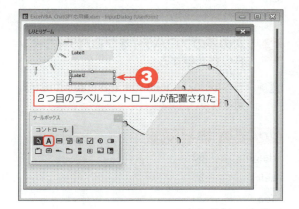

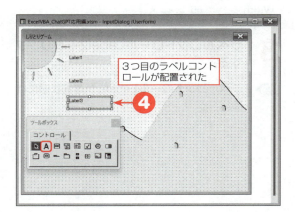

　3つのラベルコントロールを配置したら、続けて、それぞれのラベルコントロールの大きさと表示位置を設定します。

ラベルの大きさと表示位置を設定しよう

配置したラベルコントロールの幅と高さもユーザーフォームと同じように、WidthプロパティとHeightプロパティで変更します。

また、ラベルコントロールは表示位置も指定します。表示位置は、ユーザーフォームの左端からの位置を**Leftプロパティ**で指定し、上端からの位置を**Topプロパティ**で指定します。

1 ラベルコントロールLabel1をクリックする。

結果▶ ラベルコントロールLabel1が選択状態になる。

2 次の表のプロパティをプロパティウィンドウで変更する。

結果▶ ラベルコントロールの大きさと表示位置が変更される。

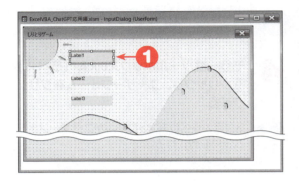

プロパティ	値
Height	60
Left	35
Top	20
Width	65

3 ラベルコントロールLabel2をクリックする。

結果▶ ラベルコントロールLabel2が選択状態になる。

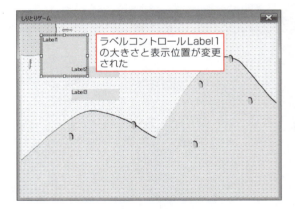

ラベルコントロールLabel1の大きさと表示位置が変更された

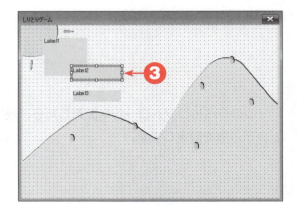

4 次の表のプロパティをプロパティウィンドウで変更する。

プロパティ	値
Height	46
Left	41
Top	95
Width	55

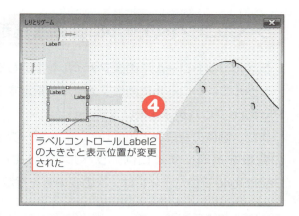

ラベルコントロールLabel2の大きさと表示位置が変更された

5 ラベルコントロールLabel3をクリックして選択し、次の表のプロパティをプロパティウィンドウで変更する。

プロパティ	値
Height	36
Left	12
Top	220
Width	70

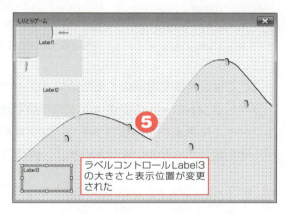

ラベルコントロールLabel3の大きさと表示位置が変更された

　3つのラベルコントロールを図のように配置したら、次の項では、それぞれのラベルコントロールに画像を表示します。

ヒント

コントロールを選択してからプロパティを変更する

プロパティウィンドウには、現在選択状態になっているコントロール（またはユーザーフォーム）のプロパティが表示されます。コントロールのプロパティを変更するときは、プロパティを変更したいコントロールをクリックして選択してから、プロパティウィンドウで変更します。

プロパティウィンドウでコントロールを選択する

プロパティウィンドウのタイトルバーの下にあるオブジェクトボックスをクリックしてコントロールを選択することもできます。コントロールが重なって選択しづらいときや、表示位置を指定したコントロールを不用意に動かしたくない場合は、プロパティウィンドウで選択すると便利です。

ドラッグしてサイズを変更する

コントロールを選択したときに周囲に表示されるサイズ変更ハンドルをドラッグして、コントロールの幅と高さを変更できます。

ドラッグして表示位置を変更する

コントロールを選択しているときに、マウスポインターをコントロールの周囲に近づけて、マウスポインターが矢印付きの十字になったときにドラッグすると、コントロールの表示位置を変更できます。

ラベルコントロールに画像を表示しよう

ラベルコントロールに画像ファイルを指定して画像を表示します。

ラベルコントロールに画像ファイルを指定するには、ユーザーフォームのときと同じように **Pictureプロパティ**を使います。

また、画像の背景を透明にして、ユーザーフォームの背景画像が見えるようにします。画像の背景を透明にするには、ラベルコントロールの **BackStyleプロパティ**を使います。BackStyleプロパティには、次の表の値を指定できます。

設定値	説明
0 - fmBackStyleTransparent	背景を透明にする
1 - fmBackStyleOpaque	背景を不透明にする（既定値）

ここでは、背景を透明にするために「0 - fmBackStyleTransparent」を指定します。

ラベルコントロールの画像は、次の手順で設定します。ここでは、ダウンロードしたサンプルファイルに含まれているウサギやパンダなどの画像を使いますが、代わりに任意の画像ファイルを指定してもかまいません。また、画像ファイルを指定しなくても実行できます。

1 ユーザーフォームInputDialog上のラベルコントロールLabel1をクリックする。

結果▶ ラベルコントロールLabel1が選択状態になる。

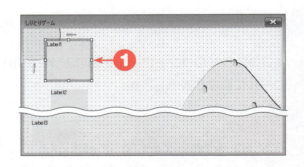

2 プロパティウィンドウで［Picture］をクリックし、右側に表示された ... をクリックする。

結果▶ ［ピクチャの読み込み］ダイアログボックスが表示される。

3 サンプルファイルに含まれている「ウサギ顔.bmp」を選択し、[開く] ボタンをクリックする。

結果▶ ラベルコントロールLabel1にウサギの画像が表示される。

4 プロパティウィンドウで [BackStyle] をクリックし、右側に表示された ▼ をクリックして、[0 - fmBackStyle Transparent] をクリックする。

結果▶ ウサギの画像の背景が透明になる。

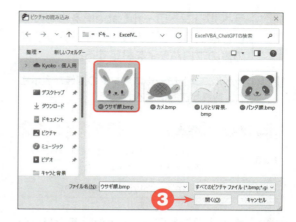

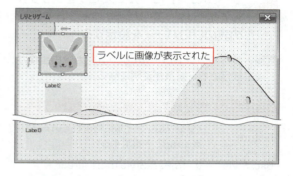

 ヒント

サンプルファイルに含まれる画像ファイルの場所

ここで使う、ウサギやパンダ、カメなどの画像ファイルは、前の節で使った「しりとり背景.bmp」と同様、ダウンロードしたサンプルファイルの [素材] フォルダーに含まれています。

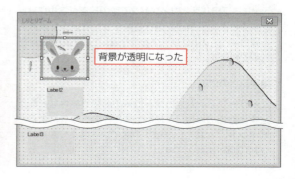

9.2 ユーザーフォームにラベルを配置しよう **283**

5 ラベルコントロールLabel2をクリックして選択し、プロパティウィンドウで次の表のプロパティを設定する。

結果 ラベルコントロールにパンダの画像が表示され、背景が透明になる。

プロパティ	設定値
Picture	（サンプルファイルに含まれている「パンダ顔.bmp」を指定する）
BackStyle	0 - fmBackStyleTransparent

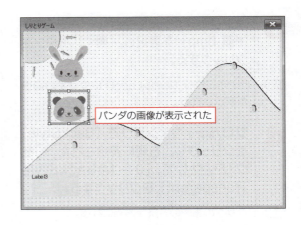

6 ラベルコントロールLabel3をクリックして選択し、プロパティウィンドウで次の表のプロパティを設定する。

結果 ラベルコントロールLabel3にカメの画像が表示され、背景が透明になる。

プロパティ	設定値
Picture	（サンプルファイルに含まれている「カメ.bmp」を指定する）
BackStyle	0 - fmBackStyleTransparent

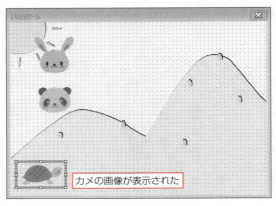

　ラベルコントロールに画像を表示できたら、次は、文字列を表示するラベルコントロールを追加します。

ヒント

ダブルクリックでプロパティの値を選択する

BackStyleプロパティのように値を選択するプロパティは、プロパティウィンドウで値の欄をダブルクリックすると次の選択肢が選択されます。選択肢が複数ある場合は、ダブルクリックを繰り返して目的の選択肢を選択できます。

幅や高さの単位

ユーザーフォームやコントロールの幅や高さなどを指定する数値の単位は、Microsoft社のヘルプによるとポイントとされています。1ポイントは1/72インチ（約0.3528mm）です。

イメージコントロール

ユーザーフォームに画像を配置するには、一般に**イメージ**コントロールを使います。イメージコントロールもラベルと同じように画像ファイルを指定して画像を表示できます。本書では、bmpファイルの背景を透明に表示できるラベルコントロールを使っています。

文字を表示するラベルコントロールを配置しよう

　ChatGPTの回答を表示するラベルコントロールと、ユーザーに入力を促すメッセージを表示するラベルコントロールを作成します。

1 ユーザーフォームInputDialogをクリックする。

結果▶ ツールボックスが表示される。

2 ツールボックスの［ラベル］をクリックし、ユーザーフォームのウサギ画像の右のあたりをクリックする。

結果▶ 新しいラベルコントロールが配置される。

3 配置したラベルコントロールが選択された状態で、プロパティウィンドウで［(オブジェクト名)］の値を **lblChatGPT** に変更する（lはLの小文字）。

結果▶ ラベルコントロールLabel4のオブジェクト名が「lblChatGPT」に変更される。

4 続けて、プロパティウィンドウで次の表のプロパティを変更する。

結果▶ ラベルコントロールlblChatGPTの大きさが変更され、背景が透明になる。

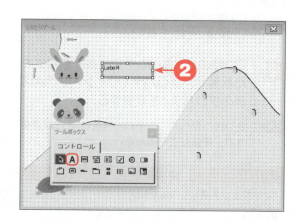

プロパティ	設定値
BackStyle	0 - fmBackStyleTransparent
Height	24
Width	230

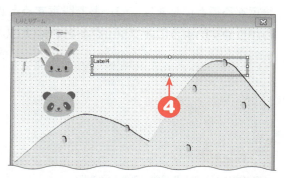

ラベルコントロールの文字列

ユーザーフォーム上のラベルコントロールに表示されている「Label4」などの文字列は、Captionプロパティの値です。したがって、オブジェクト名を変更しても、ラベルコントロールに表示される文字列は変更されません。

Captionプロパティは、ラベルコントロールに表示する文字列を指定でき、初期値としてラベルコントロールのオブジェクト名と同じ値が設定されています。

5 もう一度ユーザーフォームをクリックし、ツールボックスから［ラベル］をユーザーフォームのパンダ画像の右上のあたりにもう1つ配置する。

結果 「Label4」と表示されたラベルコントロールが新たに配置される（自動的に「Label4」という名前が付けられる）。

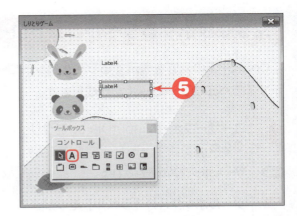

6 2つ目のラベルコントロールが選択された状態で、プロパティウィンドウで次の表のプロパティを変更する。

結果 2つ目のラベルコントロールの大きさが変更され、背景が透明になる。

プロパティ	設定値
（オブジェクト名）	lblGuide
BackStyle	0 - fmBackStyleTransparent
Height	17
Width	180

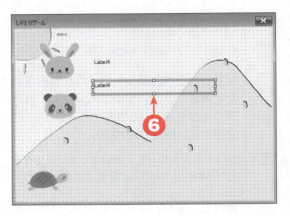

　この2つのラベルコントロールの表示位置は、プロパティウィンドウで指定せず、コードで設定することにします。コードで設定するときは、オブジェクト名を指定します。そのため、わかりやすいようにオブジェクト名を付けています。

ヒント

ラベルコントロールのサイズを自動的に文字列に合わせる

ラベルコントロールのプロパティウィンドウで**AutoSize**プロパティの値をTrueにすると、文字列のフォントサイズに応じて、ラベルのサイズが自動的に変更されます。

コントロールを削除する

コントロールを間違えて配置してしまった場合など、コントロールを削除するには、削除したいコントロールを選択し、Deleteキーを押します。または、削除したいコントロールを選択した状態（フォームウィンドウが選択されている状態）で、［編集］メニューの［削除］をクリックします。

286　第9章　ユーザーフォームを作成しよう

ラベルコントロールのフォントを設定しよう

ラベルコントロールに文字列を表示し、フォントを変更します。

ラベルコントロールに文字列を表示するには、ラベルコントロールの**Captionプロパティ**を使います。

また、フォントの設定は**Fontプロパティ**で行い、フォントの色の変更は**ForeColorプロパティ**で行います。

1 プロパティウィンドウのオブジェクトボックスをクリックし、[lblChatGPT]を選択する。

2 プロパティウィンドウで [Caption] の値を「あなたからです。」に変更する。

結果 ラベルコントロールlblChatGPTの文字列が変更される。

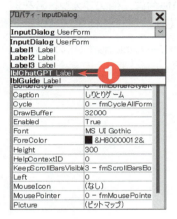

3 プロパティウィンドウで［Font］をクリックし、右側に表示された […] をクリックする。

結果 ［フォント］ダイアログボックスが表示される。

4 ［フォント名］から［メイリオ］を選択し、［サイズ］から［20］を選択して［OK］ボタンをクリックする（「メイリオ」が見つからない場合は、他のフォント名を選択してもよい）。

結果 ラベルコントロールlblChatGPTのフォントが変更される。

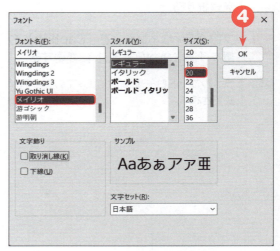

5 プロパティウィンドウで［ForeColor］をクリックし、右側に表示された ▼ をクリックする。

結果 ▶ カラーパレットが表示される。

6 カラーパレットの［パレット］タブをクリックする。

7 パレットの右端の上から5番目の色をクリックする。

結果 ▶ カラーパレットが閉じられ、ラベルコントロールlblChatGPTの文字の色が変更される。

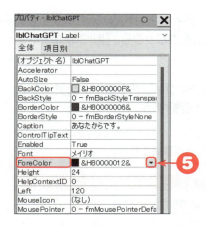

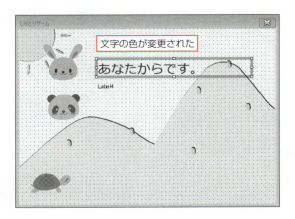

ショートカットキーでカラーパレットを表示

プロパティウィンドウで［ForeColor］を選択した状態で [Alt] + [↓] キーを押すと、カラーパレットが表示されます。カラーパレットのタブの選択は [Tab] キーを押して行います。カラーの選択は方向キーで行えます。選択を決定するには [Enter] キーを押します。カラーパレットを閉じるには [Esc] キーを押します。

8 プロパティウィンドウのオブジェクトボックスをクリックし、[lblGuide] を選択する。

9 プロパティウィンドウで、次の表のプロパティを変更する。

結果 ▶ ラベルコントロール lblGuide の表示文字列とフォントが変更される。

プロパティ	設定値
Caption	最初の言葉を入力しよう！
Font	[フォント] ダイアログボックスで [フォント名] から [メイリオ]、[サイズ] から [14] を選択する

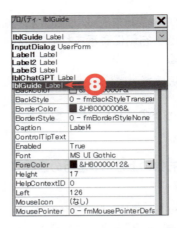

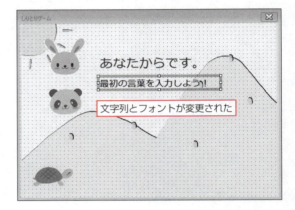

文字列とフォントが変更された

9.3 ユーザーフォームにテキストボックスを配置しよう

ユーザーがしりとりの言葉を入力するためのテキストボックスを用意します。

テキストボックスコントロールを配置しよう

ユーザーがしりとりの言葉を入力するための**テキストボックス**コントロールを配置します。

テキストボックスコントロールは、次の手順で、ツールボックスの [テキストボックス] をクリックして配置します。

1 ユーザーフォーム InputDialog をクリックし、ツールボックスの [テキストボックス] をクリックする。

2 ユーザーフォームのラベルコントロール lblGuide（「最初の言葉を入力しよう！」と表示されたラベルコントロール）の下のあたりをクリックする。

結果 テキストボックスコントロールが配置される。

3 配置したテキストボックスコントロールが選択された状態で、プロパティウィンドウで次の表のプロパティを変更する。

プロパティ	設定値
（オブジェクト名）	txtUserInput
Font	［フォント］ダイアログボックスで［サイズ］から［16］を選択する
Height	26
Width	230
IMEMode	［4 - fmIMEModeHiragana］を選択する

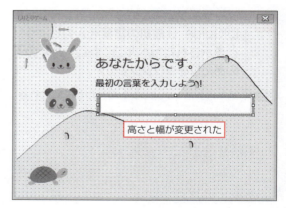

高さと幅が変更された

　ここで設定した **IMEMode プロパティ** は、日本語の入力モードを設定します。IMEModeプロパティの初期値は［0 - fmIMEModeNoControl］で、入力モードの制御は行われません。［4 - fmIMEModeHiragana］に設定すると、全角ひらがなモードになります。
　テキストボックスコントロールもコードで表示位置を指定するので、ここでは表示位置の設定はしません。

9.4 ユーザーフォームにボタンを配置しよう

入力を決定するためのボタンとゲームをキャンセルするためのボタンを用意します。

コマンドボタンコントロールを配置しよう

［入力を決定する］ボタンと［ゲームを中止する］ボタンを、**コマンドボタン**コントロールで作成します。

コマンドボタンコントロールは、ツールボックスの 回 ［コマンドボタン］をクリックして配置します。

1 ユーザーフォーム InputDialog をクリックし、ツールボックスの 回 ［コマンドボタン］をクリックする。

2 ユーザーフォームの左下のあたりをクリックする。

結果 コマンドボタンコントロールが配置される。

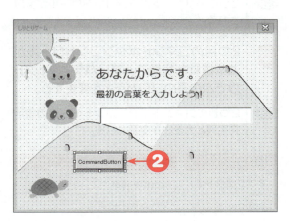

9.4 ユーザーフォームにボタンを配置しよう　**293**

3 配置したコマンドボタンコントロールが選択された状態で、プロパティウィンドウで次の表のプロパティを変更する。

結果 コマンドボタンコントロールの表示文字列と大きさが変更される。

プロパティ	設定値
（オブジェクト名）	cmdOK
Caption	入力を決定する
Font	［フォント］ダイアログボックスで［サイズ］から［12］を選択する
Height	30
Width	120

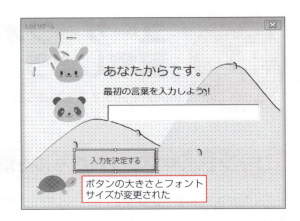

4 もう一度ユーザーフォームをクリックしてツールボックスを表示し、［コマンドボタン］をクリックして、ユーザーフォームの中央下のあたりをクリックする。

結果 2つ目のコマンドボタンコントロールが配置される。

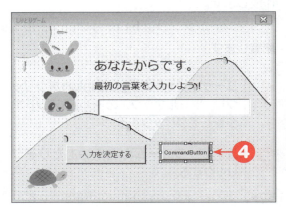

5 2つ目のコマンドボタンコントロールが選択された状態で、プロパティウィンドウで次の表のプロパティを変更する。

結果 2つ目のコマンドボタンコントロールの表示文字列と大きさが変更される。

プロパティ	設定値
（オブジェクト名）	cmdCancel
Caption	ゲームを中止する
Font	［フォント］ダイアログボックスで［サイズ］から［12］を選択する
Height	30
Width	120

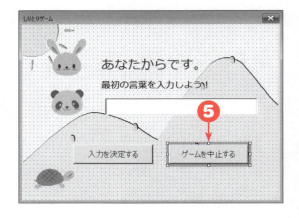

コマンドボタンコントロールの表示位置もコードで設定するので、ここでは設定しません。

ヒント

プロパティウィンドウで上書き入力する

オブジェクト名やCaptionプロパティをプロパティウィンドウで入力するとき、プロパティ名をクリックし、そのまま入力すると上書きして入力できます。たとえば、オブジェクト名を入力する場合は、プロパティウィンドウで［(オブジェクト名)］をクリックし、「cmdCancel」と入力します。

ボタンをキーボードで操作できるようにしよう

Enterキーを押すことでクリックできるボタンを、一般に**デフォルトボタン**または**既定のボタン**と言います。また、Escキーを押すことでクリックできるボタンを、一般に**キャンセルボタン**と言います。

しりとりゲームでは、［入力を決定する］ボタンをデフォルトボタンとして設定します。また、［ゲームを中止する］ボタンをキャンセルボタンとして設定します。

デフォルトボタンは、コマンドボタンコントロールの**Defaultプロパティ**の値を「True」にすることで設定できます。また、キャンセルボタンは、**Cancelプロパティ**の値を「True」にすることで設定できます。

1 プロパティウィンドウのオブジェクトボックスをクリックし、［cmdOK］を選択する（または、ユーザーフォーム上の［入力を決定する］ボタンをクリックする）。

9.4 ユーザーフォームにボタンを配置しよう **295**

2 プロパティウィンドウで、次の表のプロパティを変更する。

結果 ［入力を決定する］ボタンの周囲の線の色が濃くなる。

プロパティ	設定値
Default	True

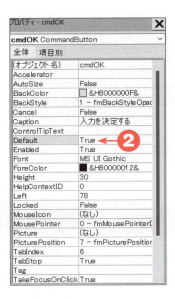

3 プロパティウィンドウのオブジェクトボックスをクリックし、［cmdCancel］を選択する（または、ユーザーフォーム上の［ゲームを中止する］ボタンをクリックする）。

4 プロパティウィンドウで、次の表のプロパティを変更する。

プロパティ	設定値
Cancel	True

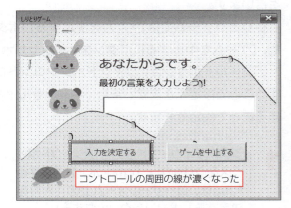

これで[Enter]キーと[Esc]キーでボタンを押せるようになりましたが、ここでは、**アクセラレーターキー**も設定しておきましょう。アクセラレーターキーは、[Alt]キーを押しながら指定文字のキーを押すことで、コントロールやメニューの実行ができるキーです。

　アクセラレーターキーの設定は、**Accelerator プロパティ**で行います。しりとりゲームでは、[入力を決定する] ボタンに「Enter」の「E」を指定し、[ゲームを中止する] ボタンに「Exit」の「X」を指定します。

1 [入力を決定する] ボタン（cmdOK）のプロパティウィンドウで、次の表のプロパティを変更する。

プロパティ	設定値
Accelerator	E

2 [ゲームを中止する] ボタン（cmdCancel）のプロパティウィンドウで、次の表のプロパティを変更する。

プロパティ	設定値
Accelerator	X

　ここまで設定できたら、プロパティウィンドウでの設定は終了です。次の節では、[Tab]キーを押したときのフォーカスの移動順を設定します。

ヒント

複数のコントロールのプロパティをまとめて設定する

複数のコントロールを同時に選択した状態で、プロパティウィンドウでHeightプロパティやWidthプロパティの値を変更すると、選択しているすべてのコントロールの幅や高さを同じ値にできます。LeftプロパティやTopプロパティなども同様です。
複数のコントロールを同時に選択するには、[Ctrl]キーを押しながらコントロールを左クリックします。

メニューで複数のコントロールの書式を合わせる

他のコントロールにサイズや位置を合わせるには [書式] メニューを使います。たとえば、幅を合わせるには、合わせたいコントロールをすべて選択して、[書式] メニューの [同じサイズに揃える] － [幅] をクリックします。左位置を合わせる場合は、[書式] メニューの [整列] － [左] をクリックします（原則として後に選択したコントロールに合わせられるようですが、予想と異なる書式に変更された場合は、[Ctrl]＋[Z]キーで元の書式に戻せます）。

9.4　ユーザーフォームにボタンを配置しよう

9.5 ユーザーフォームにタブオーダーを設定しよう

コントロールのフォーカスが Tab キーで移動する順番を設定します。

フォーカスが移動する順番を設定しよう

ダイアログボックスを表示しているときに Tab キーを押すと、入力フォーカスが次のコントロールに移動します。このフォーカスが移動する順序を**タブオーダー**と言います。

タブオーダーは、次の手順で［タブオーダー］ダイアログボックスで設定します。

1 ユーザーフォーム InputDialog をクリックする。

2 ［表示］メニューの［タブオーダー］をクリックする。

結果▶ ［タブオーダー］ダイアログボックスが表示される。

3 ［タブオーダー］の一覧から［txtUserInput］を選択し、［上に移動］ボタンを数回クリックして［txtUserInput］が一番上に表示されるようにする。

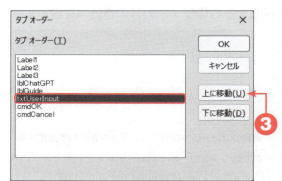

298　第9章　ユーザーフォームを作成しよう

4 同様に［cmdOK］を選択し、［上に移動］ボタンを数回クリックして［cmdOK］が上から2番目に表示されるようにする。

5 同様に［cmdCancel］を選択し、［上に移動］ボタンを数回クリックして［cmdCancel］が上から3番目に表示されるようにする。

6 ［OK］ボタンをクリックする。

結果　［タブオーダー］ダイアログボックスが閉じられる。

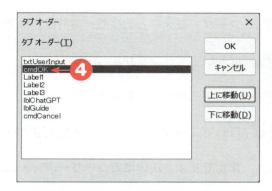

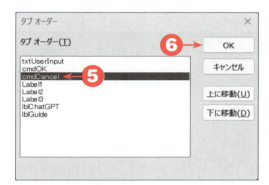

　ラベルコントロールはフォーカスを移動させる必要がないため、ここでは順番を設定しません。

　また、ラベルコントロールは既定ではフォーカスが移動しない設定になっています。フォーカスが移動するかどうかは、**TabStopプロパティ**で設定できます。TabStopプロパティの値が「True」であればフォーカスが移動します。「False」の場合はフォーカスが移動しません。

プロパティでタブオーダーを設定する

TabIndexプロパティでタブオーダーを設定することもできます。それぞれのコントロールのTabIndexプロパティに「0」から始まる数値を指定すると、数値の順にフォーカスが移動します。

🐰 ユーザーフォームの作成と実行確認はできましたか？

🐼 はーい！　パンダがかわいい〜♪

🐰 ウサギもかわいいですよ。

🐼 これでユーザーフォームは完成ですか？

🐰 まだですよ。次の章でユーザーフォームで行う処理を作成しましょう。

〜 もう一度確認しよう！〜　チェック項目

- ☐ プロジェクトにユーザーフォームを挿入できましたか？
- ☐ ユーザーフォームの背景の表示と設定ができましたか？
- ☐ ユーザーフォームにコントロールを配置できましたか？
- ☐ コントロールのプロパティを変更できましたか？
- ☐ コントロールのタブオーダーを設定できましたか？

第 **10** 章

ユーザーフォームの
動作を作成しよう

この章では、ユーザーフォームのコントロールの表示
位置を指定する処理や、ボタンをクリックされたとき
の処理を作成します。

10.1 ユーザーフォームを初期化
しよう

10.2 コマンドボタンコントロールの
処理を作成しよう

10.3 ［閉じる］ボタンの処理を
作成しよう

この章で学ぶこと

🐰 ここでは、ユーザーフォーム側で行う処理を作ります。

🐼 どんな処理ですか？

🐰 コントロールの表示位置をコードで指定したり、ボタンをクリックされたら入力された文字をコードでチェックしたりします。

🐼 ボクは白黒だけど、チェックのパンダもいいかもね！

🐰 ？？？

この章では、次について学びます。

- **イベントプロシージャの作成**
- **コードでコントロールの表示位置を指定する方法**
- **文字列がひらがなのみか判別する方法**
- **［閉じる］ボタンの閉じる処理を無効にする方法**

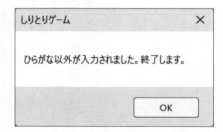

10.1 ユーザーフォームを初期化しよう

ラベルコントロールやコマンドボタンコントロールの表示位置をコードで指定します。

Initializeイベントプロシージャを作成しよう

　しりとりゲームでは、ユーザーフォームを最初に表示する直前にコントロールの表示位置を指定します。

　ユーザーがボタンをクリックしたり、ユーザーフォームが閉じられたりすると、Windowsのオペレーティングシステムからプログラムに通知がされます。プログラムは、この通知を受けて**イベント**を発生させます。イベントが発生したときに処理を行うプロシージャを**イベントプロシージャ**と言います。

　ユーザーフォームを最初に表示するときは、**Initializeイベント**が発生します。そこで、**Initializeイベントプロシージャ**を作成し、ユーザーフォームのコントロールの表示位置を指定する処理を記述します。

　イベントプロシージャは、コードウィンドウのオブジェクトボックスとプロシージャボックスを使って次の手順で作成します。

1 ユーザーフォームInputDialogをクリックし、[表示] メニューの [コード] をクリックする（または、F7キーを押す）。

結果 ユーザーフォームInputDialogのコードウィンドウが表示される。

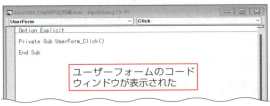

ユーザーフォームのコードウィンドウが表示された

2 コードウィンドウのオブジェクトボックスに [UserForm] と表示されているのを確認する（違う場合は、オブジェクトボックスをクリックし、[UserForm] を選択する）。

3 プロシージャボックスをクリックし、[Initialize] をクリックする。

結果▶ UserForm_Initializeイベントプロシージャが作成され、コードウィンドウに表示される。

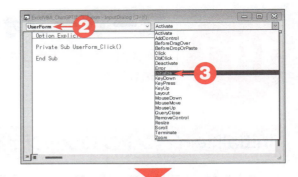

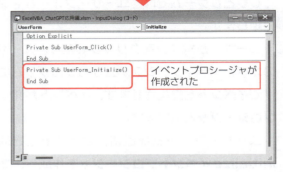

このようにユーザーフォームのイベントプロシージャ名は、「UserForm」という文字と半角のアンダースコア（_）とイベント名で構成されます。続けて、次の項では、コントロールの表示位置を指定するコードを入力します。

ヒント
ほかのイベントプロシージャが用意されている場合
ユーザーフォームのコードウィンドウを表示すると、最初から別のイベントプロシージャが表示されていることがあります。この場合は、そのままにしておいても大丈夫ですが、不要な場合は削除してもかまいません。

用語
イベントハンドラー
イベントプロシージャは、イベントが発生したときに処理を行うサブルーチンと説明しましたが、**イベントハンドラー**と呼ばれることもあります。

ユーザーフォームを初期化するコードを入力しよう

Initializeイベントプロシージャに、コントロールの表示位置を指定するコードを入力します。

コントロールの表示位置は、それぞれのコントロールのLeftプロパティに左位置を、Topプロパティに上位置を指定します。

書式 Left プロパティでコントロールの左位置を指定

Me.**オブジェクト名**.Left = **左位置**

書式 Top プロパティでコントロールの上位置を指定

Me.**オブジェクト名**.Top = **上位置**

Me キーワードは、コードを記述しているオブジェクト自身を表します。ここではユーザーフォーム InitDialog への参照ということになります。

Me キーワードは記述しなくても動作しますが、「Me.」と入力することで、オブジェクト名が入力候補として表示されるので、オブジェクト名の入力間違いを防ぐために役立ちます。

ここでは次の手順で、ラベルコントロールとテキストボックスコントロール、コマンドボタンコントロールの表示位置を指定します。

1 ユーザーフォーム InitDialog の UserForm_Initialize イベントプロシージャ内に、次のコードを入力する（色文字部分）。

```
Private Sub UserForm_Initialize()
    With Me                            1
        .lblChatGPT.Left = 105         2
        .lblChatGPT.Top = 50           3
        .lblGuide.Left = 105           4
        .lblGuide.Top = 90             5
        .txtUserInput.Left = 105       6
        .txtUserInput.Top = 110        7
        .cmdOK.Left = 50               8
        .cmdOK.Top = 185               9
        .cmdCancel.Left = 230          10
        .cmdCancel.Top = 185           11
    End With
End Sub
```

コードの解説

1
```
With Me
```

このコードが記述されているオブジェクト、つまりユーザーフォーム InputDialog の指定を、With ブロック内で省略します。

10.1 ユーザーフォームを初期化しよう　**305**

2

```
.lblChatGPT.Left = 105
```

ChatGPTの回答を表示するラベルコントロールの左位置を指定します。Withブロック内なので、半角のピリオド（.）から入力します（以降も同様です）。

3

```
.lblChatGPT.Top = 50
```

ChatGPTの回答を表示するラベルコントロールの上位置を指定します。

4

```
.lblGuide.Left = 105
```

ユーザーの入力を促すラベルコントロールの左位置を指定します。

5

```
.lblGuide.Top = 90
```

ユーザーの入力を促すラベルコントロールの上位置を指定します。

6

```
.txtUserInput.Left = 105
```

テキストボックスコントロールの左位置を指定します。

7

```
.txtUserInput.Top = 110
```

テキストボックスコントロールの上位置を指定します。

8

```
.cmdOK.Left = 50
```

［入力を決定する］ボタンの左位置を指定します。

9

```
.cmdOK.Top = 185
```

［入力を決定する］ボタンの上位置を指定します。

306 第10章 ユーザーフォームの動作を作成しよう

10 `.cmdCancel.Left = 230`

［ゲームを中止する］ボタンの左位置を指定します。

11 `.cmdCancel.Top = 185`

［ゲームを中止する］ボタンの上位置を指定します。

ヒント

フォントの色をコードで指定する

ラベルコントロールのフォントの色もコードで指定できます。フォントの色を指定するには、次の書式のように**ForeColor プロパティ**を使います。

書式

ラベルコントロール名.ForeColor = 色

「色」には、「vbBlack」や「vbRed」のような組み込みのカラー定数を指定します。

実行してユーザーフォームの表示を確認しよう

　ユーザーフォームの画面デザインが完成したら、実行して表示を確認します。画面表示を確認したら、続けて、前の節で設定したタブオーダーの確認も行います。

1 保存をしてから、ユーザーフォームウィンドウのInitDialogをクリックする（またはInitDialogのコードウィンドウをクリックする）。

2 F5キーを押して、または［実行］メニューの［Sub/ユーザーフォームの実行］をクリックして実行する。

3 ［しりとりゲーム］ダイアログボックスが右の画面のように表示されることを確認する。
また、テキストボックスコントロールに入力カーソルが表示されているのを確認する。

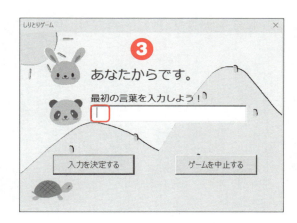

10.1　ユーザーフォームを初期化しよう

4 そのまま続けて Ⓐ のキー、Enter キーの順に押し、「あ」と入力されるのを確認する。

結果 テキストボックスコントロールが全角ひらがなモードに設定されていることが確認できる。

5 Tab キーを押す。

結果 ［入力を決定する］ボタンにフォーカスが移動する。

6 再び Tab キーを押す。

結果 ［ゲームを中止する］ボタンにフォーカスが移動する。

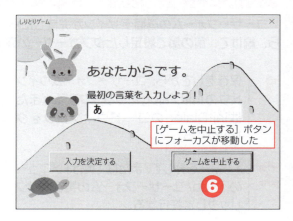

7 もう一度 Tab キーを押す。

結果 ▶ テキストボックスコントロールにフォーカスが戻る。

8 ［しりとりゲーム］ダイアログボックス右上の × ［閉じる］ボタンをクリックする。

結果 ▶ ［しりとりゲーム］ダイアログボックスが閉じられる。

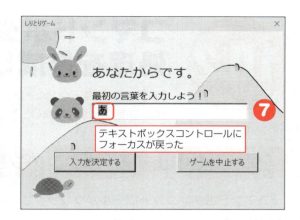

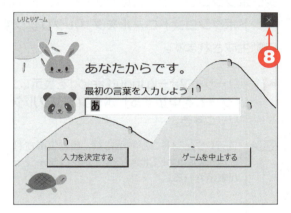

　［しりとりゲーム］ダイアログボックスの画面デザインとタブオーダーを確認したら、次の節では、コマンドボタンコントロールの処理を作成します。

10.2 コマンドボタンコントロールの処理を作成しよう

［入力を決定する］ボタンをクリックされたときと、［ゲームを中止する］ボタンをクリックされたときの処理を作成します。

［ゲームを中止する］ボタンのプロシージャを作成しよう

　コマンドボタンコントロールがクリックされたときは、**Clickイベント**が発生します。コマンドボタンコントロールのClickイベントプロシージャは、ユーザーフォームウィンドウのコマンドボタンコントロールをダブルクリックすると、ユーザーフォームのコードウィンドウに自動生成されます。

1 ユーザーフォームInputDialogを表示し、［ゲームを中止する］ボタンをダブルクリックする。

結果 コードウィンドウが表示され、自動生成されたcmdCancel_Clickイベントプロシージャが表示される。

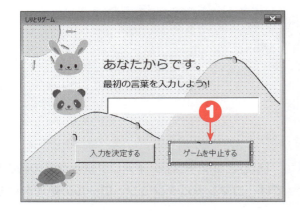

イベントプロシージャが作成された

2 コードウィンドウの Option Explicit ステートメントの下に、次のコードを入力する（色文字部分）。

```
Option Explicit

Const GAME_TITLE As String = "しりとりゲーム"   ← 1

Private Sub cmdCancel_Click()

End Sub
```

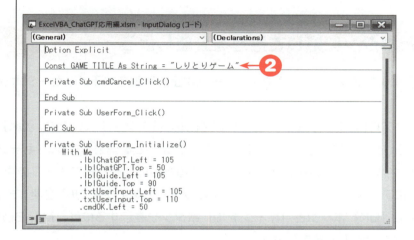

このように、コントロールのイベントプロシージャ名は、コントロールのオブジェクト名と半角のアンダースコア（_）に続けてイベント名で構成されます。

ユーザーフォームを表示する

プロジェクトエクスプローラーの［InitDialog］をダブルクリックすると、ユーザーフォーム InitDialog のフォームウィンドウを表示できます。または、プロジェクトエクスプローラーの［InitDialog］を選択した状態で、［表示］メニューの［オブジェクト］をクリックして表示することもできます。

コードウィンドウでイベントプロシージャを作成する

コマンドボタンコントロールやその他のコントロールも、ユーザーフォームのInitializeイベントプロシージャと同じように、コードウィンドウのオブジェクトボックスでコントロール名を選択し、プロシージャボックスでイベントを選択してイベントプロシージャを作成できます。

既定のイベント

コントロールをダブルクリックしたときに作成されるイベントプロシージャのイベントを、そのコントロールの**既定のイベント**と言います。コマンドボタンコントロールの場合は、Clickイベントが既定のイベントです。

コードの解説

1
```
Const GAME_TITLE As String = "しりとりゲーム"
```

　メッセージボックスのタイトルバーに表示する文字列を、モジュールレベル定数GAME_TITLEとして定義します。

クリックされたボタンに応じて処理を分岐しよう

　[ゲームを中止する] ボタンをクリックされたら、ゲーム中止の確認をするメッセージボックスを表示します。

　このメッセージボックスには、[OK] ボタンと [キャンセル] ボタンを表示します。[OK] ボタンがクリックされたら、ゲームを中止するためにユーザーフォームを消去します。[キャンセル] ボタンがクリックされたら、ゲーム中止をキャンセルするためにユーザーフォームに戻り、入力を続行できるようにテキストボックスコントロールにフォーカス (カーソル) を戻します。

　メッセージボックスに [OK] ボタンと [キャンセル] ボタンを表示するには、MsgBox関数の第2引数に「vbOKCancel」を指定します。

書式 MsgBox関数の戻り値を取得

```
変数 = MsgBox(表示文字列, vbOKCancel, [タイトルバーの文字列])
```

　戻り値を取得する「変数」には、クリックされたボタンの種類が代入されます。この「変数」は、**VbMsgBoxResult型**で宣言します。

　第2引数に「vbOKCancel」を指定した場合の戻り値は、次の表のVbMsgBoxResult列挙型の値です。

戻り値	説明
vbOK	[OK] ボタンがクリックされた
vbCancel	[キャンセル] ボタンがクリックされた

　ここでは、戻り値が「vbOK」、つまり、[OK] ボタンがクリックされたら、ユーザーフォームを消去します。ユーザーフォームを消去するには、ユーザーフォームの**Hideメソッド**を使

312　第10章　ユーザーフォームの動作を作成しよう

います。

> **書式** **ユーザーフォームを消去**

```
Me.Hide
```

「Me」は、前の節で説明したように、コードが記述されているユーザーフォームを指します。また、メインプロシージャからユーザーフォームを呼び出して表示するので、メインプロシージャにどのボタンが押されたか通知し、メインプロシージャ側で適切な処理を行えるようにします。そのため、しりとりゲームではユーザーフォームの**Tag プロパティ**を利用することにします。

> **書式** **ユーザーフォームの Tag プロパティ**

```
Me.Tag = 文字列
```

Tag プロパティは任意の文字列を指定できるので、ここでは［ゲームを中止する］ボタンが押されたことがわかるように「Cancel」を指定します。

メッセージボックスで［キャンセル］ボタンがクリックされたときは、ゲーム中止処理をキャンセルするため、ユーザーフォームは表示したままにし、消去処理は行いません。この場合は、入力を続行できるように、テキストボックスコントロールにフォーカス（入力カーソル）を戻します。

テキストボックスコントロールにフォーカスを設定するには、テキストボックスコントロールの**SetFocus メソッド**を使います。

> **書式** **フォーカスを設定**

```
テキストボックスコントロール名.SetFocus
```

ボタンごとの処理をまとめると、次のようになります。

- ・ユーザーに［OK］ボタンをクリックされたら
  - →Tag プロパティに「Cancel」を代入する
  - →ユーザーフォームを消去する
- ・ユーザーに［キャンセル］ボタンをクリックされたら
  - →テキストボックスコントロールにフォーカスを設定する

以上の処理を、次の手順でcmdCancel_Clickイベントプロシージャ内に入力します。

1 ユーザーフォームInputDialogのcmdCancel_Clickイベントプロシージャ内に、次のコードを入力する（色文字部分）。

```
Private Sub cmdCancel_Click()
    Dim btnRet As VbMsgBoxResult          ← 1

    btnRet = MsgBox("しりとりを終了しますか？", vbOKCancel, GAME_TITLE)   ← 2

    If btnRet = vbOK Then          ← 3
        Me.Tag = "Cancel"          ← 4
        Me.Hide          ← 5    6
    Else          ←
        Me.txtUserInput.SetFocus          ← 7
    End If
End Sub
```

コードの解説

1
```
Dim btnRet As VbMsgBoxResult
```

　MsgBox関数の戻り値を取得するための変数btnRetを、VbMsgBoxResult型で宣言します。

2
```
btnRet = MsgBox("しりとりを終了しますか？", vbOKCancel, GAME_TITLE)
```

　終了確認のメッセージボックスを表示し、戻り値（クリックされたボタンを表す値）を変数btnRetに代入します。

3
```
If btnRet = vbOK Then
```

　[OK] ボタンがクリックされたら、Ifブロック内の処理を行います。

4
```
Me.Tag = "Cancel"
```

314 第10章 ユーザーフォームの動作を作成しよう

ユーザーフォームのTagプロパティの値を「Cancel」にします。

5　　`Me.Hide`

　ユーザーフォームを消去します。Hideメソッドは、ユーザーフォームを終了するのではなく、消去（非表示に）します。これは、ユーザーフォームを呼び出したメインプロシージャ側で、ユーザーフォームのTagプロパティを参照するためです。ユーザーフォームを残しておくことによって、メインプロシージャでユーザーフォームのプロパティを参照できます。

6　　`Else`

　[OK] ボタンがクリックされなかったとき、つまり、[キャンセル] ボタンがクリックされたときはElseブロック内の処理を行います。

7　　`Me.txtUserInput.SetFocus`

　テキストボックスコントロールにフォーカスを設定します。

［入力を決定する］ボタンのイベントプロシージャを作成しよう

　[入力を決定する] ボタンがクリックされたら、テキストボックスコントロールに文字が入力されているかどうかをチェックします。

　テキストボックスコントロールに入力された文字列は、テキストボックスコントロールの**Textプロパティ**で取得できます。したがって、Textプロパティの値が空の文字列「""」の場合は、入力されていないことになります。入力されていない場合は、入力を促すメッセージボックスを表示し、テキストボックスコントロールにフォーカスを設定します。

　以上の処理を、次の手順で ［入力を決定する］ ボタンをダブルクリックして作成します。

10.2　コマンドボタンコントロールの処理を作成しよう　**315**

1 ユーザーフォームInputDialogの［入力を決定する］ボタンをダブルクリックする。

結果 コードウィンドウが表示され、cmdOK_Clickイベントプロシージャが作成される。

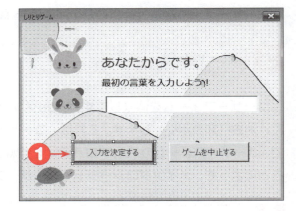

2 cmdOK_Clickイベントプロシージャ内に、次のコードを入力する（色文字部分）。

```
Private Sub cmdOK_Click()

    'テキストボックスが空ならテキストボックスにフォーカスを設定する
    If Me.txtUserInput.Text = "" Then          ← 1
        MsgBox "入力してください。", , GAME_TITLE   ← 2
        Me.txtUserInput.SetFocus               ← 3
    End If
End Sub
```

コードの解説

1
```
If Me.txtUserInput.Text = "" Then
```

テキストボックスコントロールが空の場合は、Ifブロック内の処理を行います。

2
```
MsgBox "入力してください。", , GAME_TITLE
```

入力を促すメッセージボックスを表示します。モジュールレベル定数GAME_TITLEは、文字列「しりとりゲーム」を定義しています。

3
```
Me.txtUserInput.SetFocus
```

テキストボックスコントロールに入力カーソルを表示します。

入力された文字列がひらがなかどうかチェックしよう

テキストボックスコントロールに文字列が入力されている場合は、ひらがなかどうかをチェックします。ここでは、文字列がひらがなかどうかをチェックするために**Like演算子**を使います。

書式 Like演算子

文字列 Like パターン文字列

Like演算子は、「文字列」が「パターン文字列」に一致したら「True」を返します。

たとえば、文字列内に「パンダ」という文字列が含まれているかどうかを調べるには、「パターン文字列」に「"*パンダ*"」と指定します（「*」は0文字以上の文字列を表します）。AからZの範囲のアルファベットが含まれているかどうかのように範囲を指定する場合は、半角のハイフン（-）と角かっこを使って「[A-Z]」のように指定します。

いくつかのパターン例を次の表に示します。

パターンの例	説明
パンダ	「パンダ」が含まれていたら「True」を返す
[パンダ]	「パ」「ン」「ダ」のどれかが含まれていたら「True」を返す
[A-Z]	「A」から「Z」の範囲内の文字が含まれていたら「True」を返す
[!A-Z]	「A」から「Z」の範囲にない文字が含まれていたら「True」を返す

ここでは、ひらがなかどうかをチェックするので、範囲を「ぁ-ん」のように指定します（「ぁ」は小さい「あ」です）。このように範囲を指定するときは、昇順で（小さい方から大きい方へ）記述します。「ん-ぁ」のように降順で指定すると、実行時にエラーが発生します。

半角の感嘆符「!」は、「〜ではない」という否定を意味します。「[!A-Z]」と記述すると、「A」から「Z」の範囲にない文字が含まれているかどうかをチェックします。したがって、「[!ぁ-ん]」と記述することによって、「ぁ」から「ん」の範囲にない文字が含まれるかどうか判別できます。

用語

正規表現

「[ぁ-ん]」は小さい「ぁ」から始まり「ん」まで続くひらがなの集まりを表します（濁音や半濁音も含みます）。このように文字列の集合を表現するためのパターンを**正規表現**と言います。

ひらがなチェックは、次の手順で入力します。

1 cmdOK_ClickイベントプロシージャのIfブロック内の次の位置に、次のコードを入力する（色文字部分）。

```
Private Sub cmdOK_Click()

    'テキストボックスが空ならテキストボックスにフォーカスを設定する
    If Me.txtUserInput.Text = "" Then
        MsgBox "入力してください。", , GAME_TITLE
        Me.txtUserInput.SetFocus

    'ひらがな以外が含まれるときは終了コードを返す
    ElseIf Me.txtUserInput.Text Like "*[! ぁ-ん, ! ー]*" Then      ← 1
        MsgBox "ひらがな以外が入力されました。終了します。", , GAME_TITLE    ← 2
        Me.Tag = "Exit"    ← 3
        Me.Hide    ← 4

    'ひらがなのみ入力されたときはそのままユーザーフォームを消去する
    Else    ← 5
        Me.Hide    ← 6
    End If
End Sub
```

コードの解説

1

```
ElseIf Me.txtUserInput.Text Like "*[! ぁ-ん, ! ー]*" Then
```

　直前のIfブロックがテキストボックスコントロールが空の場合の処理なので、ここでは、テキストボックスコントロールが空ではない場合で、ひらがな以外の文字が入力されている場合は、ElseIfブロック内の処理を行います。

　パターン「*[! ぁ-ん]*」は、ひらがなではない文字を表します。また、長音記号「ー」の入力も許可するため、「! ー」も指定して、ひらがなではなく長音記号でもない文字が含まれている場合は、続くブロック内の処理を行います。パターンを複数指定する場合は、このように半角のコンマ（,）で区切ります。

2

```
MsgBox "ひらがな以外が入力されました。終了します。", , GAME_TITLE
```

　ひらがな以外の文字が入力されていることをメッセージボックスで知らせます。第2引数を省略して［OK］ボタンのみ表示します。

318 第10章 ユーザーフォームの動作を作成しよう

3
```
Me.Tag = "Exit"
```

呼び出し元にゲーム終了を知らせるため、Tagプロパティの値を「Exit」にします。

4
```
Me.Hide
```

ユーザーフォームを消去します。cmdCancel_Clickプロシージャと同様に、ユーザーフォームを終了せずに非表示にすることによって、メインプロシージャ側でユーザーフォームのTagプロパティを参照できるようにします。

5
```
Else
```

ひらがなと長音記号のみ入力されている場合は、このElseブロック内の処理を行います。

6
```
Me.Hide
```

ユーザーフォームを消去します。この場合（ひらがなと長音記号のみ入力されている場合）は、メインプロシージャ側でテキストボックスコントロールの入力を参照できるように、ユーザーフォームを終了せずにHideメソッドで非表示にするだけにします。

［ゲームを中止する］ボタンの動作を確認しよう

ユーザーフォームを実行し、［ゲームを中止する］ボタンの動作確認を行います。

次の手順で確認しますが、ユーザーフォーム側（プログラム側）では実行の終了処理を行っていないため（終了せずに非表示にしているため）、手順どおりに最後に実行を終了する操作を行ってください。

1 ユーザーフォームInputDialogのコードウィンドウをクリックする（または、ユーザーフォームInputDialogをクリックする）。

2 F5キーを押して、または［実行］メニューの［Sub/ユーザーフォームの実行］をクリックして実行する。

結果 ［しりとりゲーム］ダイアログボックスが表示される。

10.2　コマンドボタンコントロールの処理を作成しよう　**319**

3 [ゲームを中止する] ボタンをクリックする。

結果 終了を確認するメッセージボックスが表示される。

4 [キャンセル] ボタンをクリックする。

結果 [しりとりゲーム] ダイアログボックスに戻り、テキストボックスコントロールに入力カーソルが表示される。

5 もう一度 [ゲームを中止する] ボタンをクリックする。

結果 終了を確認するメッセージボックスが表示される。

6 [OK] ボタンをクリックする。

結果 [しりとりゲーム] ダイアログボックスが消去される。

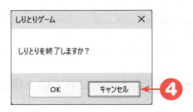

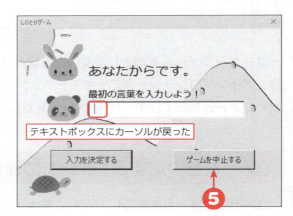

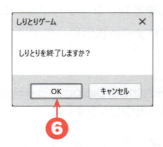

7 VBEの標準ツールバーの ■ ［リセット］ボタンをクリックする（または、［実行］メニューの［リセット］をクリックする）。

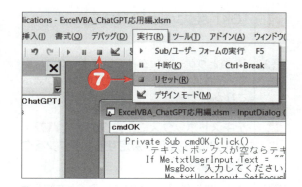

結果 ユーザーフォームInputDialogの実行が終了される。

　［ゲームを中止する］ボタンの動作確認ができたら、続けて［入力を決定する］ボタンの動作確認を行います。

［入力を決定する］ボタンの動作を確認しよう

　［入力を決定する］ボタンの動作確認を行います。
　［ゲームを中止する］ボタンの動作確認のときと同じように、次の手順に従って、最後に実行を終了してください。

1 ユーザーフォームInputDialogのコードウィンドウをクリックする（または、ユーザーフォームInputDialogをクリックする）。

2 F5キーを押して、または［実行］メニューの［Sub/ユーザーフォームの実行］をクリックして実行する。

結果 ［しりとりゲーム］ダイアログボックスが表示される。

3 ［入力を決定する］ボタンをクリックする（テキストボックスには何も入力しない）。

結果 入力を促すメッセージボックスが表示される。

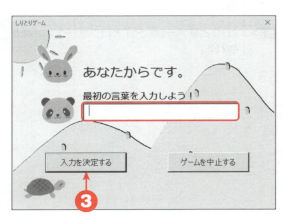

10.2　コマンドボタンコントロールの処理を作成しよう **321**

4 [OK] ボタンをクリックする。

結果　[しりとりゲーム] ダイアログボックスに戻り、テキストボックスに入力カーソルが表示される。

5 テキストボックスに、カタカナで**パンダ**と入力し、[入力を決定する] ボタンをクリックする。

結果　ひらがな以外が入力されていることを知らせるメッセージボックスが表示される。

6 [OK] ボタンをクリックする。

結果　[しりとりゲーム] ダイアログボックスが消去される。

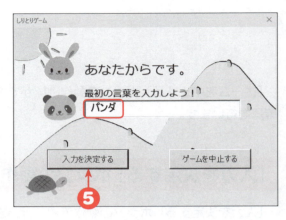

7 もう一度 F5 キーを押して、または [実行] メニューの [Sub/ユーザーフォームの実行] をクリックして実行する。

結果　[しりとりゲーム] ダイアログボックスが表示される。

8 テキストボックスに入力されている「パンダ」を削除し、ひらがなで**ぱんだ**と入力する。

9 [入力を決定する] ボタンをクリックする。

結果　[しりとりゲーム] ダイアログボックスが消去される。

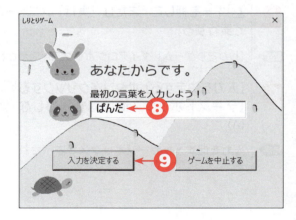

10 VBEの標準ツールバーの ■ [リセット] ボタンをクリックする（または、[実行] メニューの [リセット] をクリックする）。

結果 ユーザーフォームInputDialogの実行が終了される。

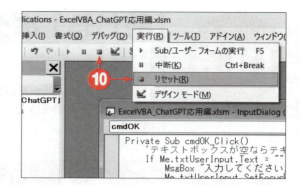

　ここでは、ひらがなとカタカナのみテストしましたが、漢字やアルファベットの入力テストや、ひらがなと漢字が混じっている場合の入力テストも行ってみてください。

　これで［しりとりゲーム］ダイアログボックスで入力できるようになりましたが、最後に、ダイアログボックス右上の × ［閉じる］ボタンがクリックされたときの処理を追加します。

10.3 [閉じる]ボタンの処理を作成しよう

[しりとりゲーム]ダイアログボックス右上の[閉じる]ボタンがクリックされたら、ゲームのキャンセルとみなし、[ゲームを中止する]ボタンと同じ処理を行います。

[閉じる]ボタンのイベントプロシージャを作成しよう

　×［閉じる］ボタンをクリックされると、ユーザーフォームの **QueryClose イベント** が発生します。そこで、UserForm_QueryCloseイベントプロシージャに処理を入力します。

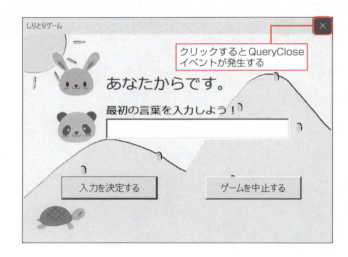

クリックするとQueryCloseイベントが発生する

　UserForm_QueryCloseイベントは、×［閉じる］ボタンをクリックしたときのほか、コードからユーザーフォームを終了するときも発生します。

　UserForm_QueryCloseイベントがどのような状況で発生したかは、UserForm_QueryCloseイベントプロシージャの引数 **CloseMode** に渡されます。×［閉じる］ボタンをクリックされた場合は、引数CloseModeに「vbFormControlMenu」が渡されます。

```
UserForm_QueryClose(Cancel As Integer, CloseMode As Integer)
```
　　　　　　　　　　　　　　　　　　　　↑
　　　　　　　　　　ユーザーフォームがどのように閉じられたかの通知

　したがって、引数CloseModeの値が「vbFormControlMenu」の場合に[ゲームを中止す

る] ボタンと同じ処理を行います。

[ゲームを中止する] ボタンと同じ処理を行うには、[ゲームを中止する] ボタンのクリックイベントプロシージャであるcmdCancel_Clickイベントプロシージャを呼び出します。

☒ [閉じる] ボタンをクリックされたときの処理は、次の手順で入力します。

1 ユーザーフォームInputDialogのコードウィンドウのオブジェクトボックスをクリックし、[UserForm] を選択する。

2 プロシージャボックスをクリックし、[QueryClose] を選択する。

結果 UserForm_QueryCloseイベントプロシージャが作成され、コードウィンドウに表示される。

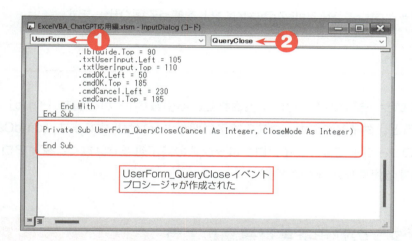

UserForm_QueryCloseイベントプロシージャが作成された

3 作成されたUserForm_QueryCloseイベントプロシージャ内に、次のコードを入力する（色文字部分）。

```
Private Sub UserForm_QueryClose(Cancel As Integer, CloseMode As Integer)
    ' [×] ボタンがクリックされたら [ゲームを中止する] ボタンの処理を行う
    If CloseMode = vbFormControlMenu Then
        Call cmdCancel_Click
        Cancel = True
    End If
End Sub
```

ヒント

VBAのコードからユーザーフォームを終了したとき

プログラムでユーザーフォームを終了した場合は、UserForm_QueryCloseイベントの引数CloseModeに「vbFormCode」が渡されます。

コードの解説

1
```
If CloseMode = vbFormControlMenu Then
```

　⊠ ［閉じる］ボタンをクリックされたら、Ifブロックの処理を行います。

2
```
Call cmdCancel_Click
```

　cmdCancel_Clickイベントプロシージャを呼び出して実行します。イベントプロシージャ
も他のプロシージャと同じようにCallステートメントを使って呼び出します。

3
```
Cancel = True
```

　このイベントプロシージャの1つ目に定義されている引数Cancelの値を「True」にします。「True」にすると、ダイアログボックスの終了処理がキャンセルされます（cmdCancel_Clickイベントプロシージャでは、ダイアログボックスの終了処理ではなく、ダイアログボックスの表示を消去する処理を行っています）。

［閉じる］ボタンの動作を実行確認しよう

　ユーザーフォームを実行して、⊠ ［閉じる］ボタンが［ゲームを中止する］ボタンと同じ動作をするか確認します。

1 ユーザーフォームInputDialogのコードウィンドウをクリックする（または、ユーザーフォームInputDialogをクリックする）。

2 F5 キーを押して、または［実行］メニューの［Sub/ユーザーフォームの実行］をクリックして実行する。

結果▶ ［しりとりゲーム］ダイアログボックスが表示される。

326 第10章　ユーザーフォームの動作を作成しよう

3 ダイアログボックス右上の ✕ ［閉じる］ボタンをクリックする。

結果 終了を確認するメッセージボックスが表示される。

4 ［キャンセル］ボタンをクリックする。

結果 ［しりとりゲーム］ダイアログボックスに戻り、テキストボックスコントロールに入力カーソルが表示される。

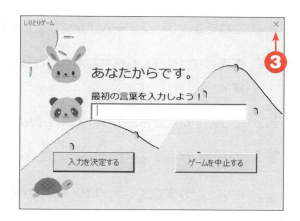

5 もう一度 ✕ ［閉じる］ボタンをクリックする。

結果 終了を確認するメッセージボックスが表示される。

6 ［OK］ボタンをクリックする。

結果 ［しりとりゲーム］ダイアログボックスが消去される。

7 VBEの標準ツールバーの ■ ［リセット］ボタンをクリックする（または、［実行］メニューの［リセット］をクリックする）。

結果 ユーザーフォームInputDialogの実行が終了される。

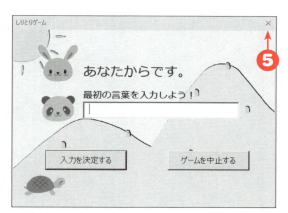

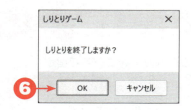

　　✕ ［閉じる］ボタンをクリックしたときの動作が［ゲームを中止する］ボタンの動作と同じであることを確認できたらユーザーフォームは完成です。

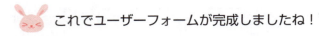 これでユーザーフォームが完成しましたね！

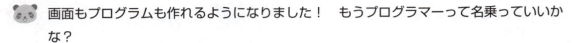 画面もプログラムも作れるようになりました！　もうプログラマーって名乗っていいかな？

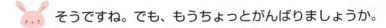 そうですね。でも、もうちょっとがんばりましょうか。

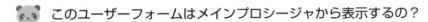 このユーザーフォームはメインプロシージャから表示するの？

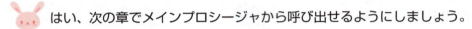 はい、次の章でメインプロシージャから呼び出せるようにしましょう。

〜もう一度確認しよう！〜　チェック項目

- ☐ コントロールの表示位置をコードで指定できましたか？
- ☐ イベントプロシージャを作成できましたか？
- ☐ メッセージボックスでクリックされたボタンに応じて処理を分岐できましたか？
- ☐ テキストボックスの文字列を取得できましたか？
- ☐ イベントプロシージャ内でほかのイベントプロシージャを呼び出せましたか？
- ☐ [閉じる] ボタンのユーザーフォームを閉じる処理を無効にできましたか？

第 **11** 章

しりとりができる
ようにしよう

この章では、前の章で作成したユーザーフォームを
使って、連続して入力できるようにします。また、しり
とりとして成立しているかどうか、語尾の文字が「ん」
でないかどうかなどもチェックできるようにします。

11.1	ユーザーの入力を取得しよう
11.2	連続して入力できるように しよう
11.3	しりとりのチェックをしよう
11.4	スコアを表示して 勝ち負け判定をしよう
11.5	実行してしりとりチェックを 動作確認しよう

この章で学ぶこと

🐰 この章では、ワークシートの［Let's しりとり！］ボタンをクリックしたら、しりとりゲームができるようにします。

🐼 前の章で作ったユーザーフォームを表示するんですね。

🐰 はい、続けて入力して、しりとりとして遊べるようにします。

🐼 早く遊びたいなー。

この章では、次について学びます。

- ●ユーザーフォームの表示と終了
- ●ユーザーフォームのコントロールの参照
- ●比較演算子<>と、論理演算子Not、Or
- ●文字列を操作する関数
- ●For … Next ステートメント
- ●パラメーターを受け取るプロシージャの作成

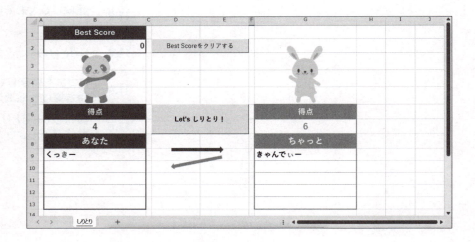

第11章 しりとりができるようにしよう

11.1 ユーザーの入力を取得しよう

前の章で作成したユーザーフォームをメインプロシージャから表示し、ユーザーの入力を取得してセルに表示します。

ユーザーフォーム InputDialog を表示しよう

ユーザーフォーム InputDialog をメインプロシージャから表示します。

ユーザーフォームを表示するには、ユーザーフォームの **Show** メソッドを使います。

書式 **Show メソッドでユーザーフォームを表示**

```
ユーザーフォーム名.Show
```

　ユーザーフォーム InputDialog を表示し、ユーザーがボタンをクリックすると、ユーザーフォームが消去されます（前の章で、コマンドボタンコントロールをクリックしたときのイベントプロシージャで Hide メソッドを実行してユーザーフォームを非表示にしています）。

　ユーザーフォームが消去されると、Show メソッドの次の行に制御が移ります。このとき、ユーザーフォームは見えなくなっただけで、メモリにはデータが残っています。そこで、メインプロシージャでユーザーフォームの実行を完全に終了する処理を行います。

　ユーザーフォームの実行を終了するには、ユーザーフォームの **Unload** メソッドを使います。

書式 **Unload メソッドでユーザーフォームを終了**

```
Unload ユーザーフォーム名
```

ここまでの処理を、次の手順で入力します。

1 ブック「ExcelVBA_ChatGPT応用編.xlsm」のVBEで、標準モジュールModule1のコードウィンドウを表示する。

2 「しりとりMain」プロシージャの次の位置に、次のコードを入力する（色文字部分）。

```
Sub しりとりMain()
    (中略)

    'シークレットキーを取得する
    strApiKey = GetSecretKey()
    If strApiKey = "" Then      'キャンセルまたは入力無しなら終了
        Exit Sub
    End If

    'ワークシートの表示を初期化する
    Call InitSheet

    '入力用ダイアログボックスを表示する
    InputDialog.Show          ← 1

    '入力用ダイアログボックスの実行を終了する
    Unload InputDialog        ← 2
End Sub
```

コードの解説

1　`InputDialog.Show`

ユーザーフォームInputDialogを表示します。

2　`Unload InputDialog`

ユーザーフォームInputDialogの実行を終了します。

ユーザーフォームのInitializeイベントプロシージャが実行されるとき

プログラムの中でユーザーフォームのShowメソッドを実行すると、最初の1回目のShowメソッドの実行時に、ユーザーフォームの読み込み処理が行われます。このときにInitializeイベントが発生します。つまり、最初の読み込み時に、前の章で作成したUserForm_Initializeイベントプロシージャが実行されます。

ゲームの終了判定をしよう

ユーザーの入力を取得する前に、[しりとりゲーム] ダイアログボックスでゲームを中止する操作が行われたかどうかを調べます。

前の章で、[しりとりゲーム] ダイアログボックスでゲームを中止する操作が行われたとき、ユーザーフォームのTagプロパティの値が「Cancel」になるように変更しました。また、[しりとりゲーム] ダイアログボックス右上の ✕ [閉じる] ボタンがクリックされたら、[ゲームを中止する] ボタンと同じ処理を行うようにしました。そこで、ユーザーフォームのTagプロパティの値が「Cancel」の場合は、ゲームを終了するようにします。

ユーザーフォームのTagプロパティの値は、次の書式で取得できます。

書式　ユーザーフォームのTagプロパティ

> ユーザーフォーム名.Tag

ここでは、Tagプロパティの値が次の場合にゲームを終了するように設定します。

Tagプロパティの値	説明
Cancel	ゲームを中止する操作をされたとき
Exit	ひらがな以外が入力されたとき

つまり、Tagプロパティの値が「Cancel」または「Exit」の場合は、ゲームを終了するようにします。

このように、「AまたはB」の場合の判別を行うときは、**Or演算子**を使います。

書式　Or演算子

> 式1 Or 式2

Or演算子は、「式1」または「式2」のどちらかまたは両方の結果が「True」の場合に、「True」を返します。

また、ここではすぐにユーザーフォームを終了せず、終了する"印"を変数に保管しておき、後で終了処理を行います。このように何かの印を保管する変数を、一般に**フラグ**（Flag）と言います。

11.1　ユーザーの入力を取得しよう　**333**

しりとりゲームのメインプロシージャでは、フラグ用に変数blExitFlagをBoolean型で宣言しているので、これを使います。

ここまでの処理を、次の手順で入力します。

1 ブック「ExcelVBA_ChatGPT応用編.xlsm」のVBEで、標準モジュールModule1のコードウィンドウを表示する。

2 「しりとりMain」プロシージャの次の位置に、次のコードを入力する（色文字部分）。変数名「blExitFlag」の先頭の「bl」は「BL」の小文字なので間違えないようにする。

```vba
Sub しりとりMain()
    (中略)

    'ワークシートの表示を初期化する
    Call InitSheet

    '入力用ダイアログボックスを表示する
    InputDialog.Show
    If InputDialog.Tag = "Exit" Or InputDialog.Tag = "Cancel" Then    ← 1
        blExitFlag = True    ← 2
    End If

    '入力用ダイアログボックスの実行を終了する
    Unload InputDialog
End Sub
```

ヒント

両方の式が「True」の場合を判別する

2つの式が両方とも「True」の場合に処理を行いたいときは、**And演算子**を使います。And演算子は、演算子の両側の式の結果がともに「True」の場合に「True」を返します。

書式 And演算子

式1 And 式2

コードの解説

1
```vba
If InputDialog.Tag = "Exit" Or InputDialog.Tag = "Cancel" Then
```

334 第11章 しりとりができるようにしよう

ユーザーフォームInputDialogのTagプロパティの値が「Exit」または「Cancel」の場合は、Ifブロック内の処理を行います。

2
```
blExitFlag = True
```

フラグ用の変数blExitFlagの値を「True」にします。後で処理を行うときに、「True」であれば、実行を終了します。

ユーザーが入力した言葉を取得しよう

ユーザーがダイアログボックスのテキストボックスに入力した言葉を取得し、ワークシートに表示します。

ユーザーフォームはHideメソッドで消去していますが、見えなくしているだけでメモリには存在しているので、ユーザーフォーム名を指定してテキストボックスコントロールを参照することができます。

書式 **テキストボックスコントロールの文字列を参照**

ユーザーフォーム名.テキストボックスコントロール名.Text

ユーザーが入力した言葉は、変数strWordに代入しておきます。

取得した言葉は、しりとり開始時にChatGPTに渡す文字列「しりとりをしましょう。（中略）私からです。」の最後に追加します。

また、取得した言葉をワークシートのセルに表示します。このとき、Rangeプロパティではなく**Cellsプロパティ**を使います。

書式 **Cellsプロパティでセルを参照**

Cells(行番号, 列番号)

Rangeプロパティでは「Range("D2")」のようにセルを指定しましたが、Cellsプロパティではセルの行番号と列番号でセルを指定します。ここでは、メインプロシージャの初期設定として入力した行番号（変数rowNum）と列番号（変数colNum）を指定します。

ユーザーの入力を取得する処理は、次の手順で入力します。

11.1　ユーザーの入力を取得しよう　　**335**

1 ブック「ExcelVBA_ChatGPT応用編.xlsm」のVBEで、標準モジュールModule1の「しりとりMain」プロシージャの次の位置に、次のコードを入力する（色文字部分）。

```
Sub しりとりMain()
    (中略)

    '入力用ダイアログボックスを表示する
    InputDialog.Show
    If InputDialog.Tag = "Exit" Or InputDialog.Tag = "Cancel" Then
        blExitFlag = True
    End If

    '入力ダイアログボックスの文字列を取得する
    strWord = InputDialog.txtUserInput.Text          ◀━━  1

    'ChatGPTに渡すプロンプトに言葉を追加する
    strMsg = strMsg & strWord          ◀━━  2

    '取得した言葉をセルに表示する
    mySheet.Cells(rowNum, colNum).Value = strWord          ◀━━  3

    '入力用ダイアログボックスの実行を終了する
    Unload InputDialog
End Sub
```

コードの解説

1
```
strWord = InputDialog.txtUserInput.Text
```

ユーザーフォームのテキストボックスコントロールの文字列を変数strWordに代入します。

2
```
strMsg = strMsg & strWord
```

取得した言葉をChatGPTに渡す文字列strMsgの最後に追加し、再び変数strMsgに代入します（変数strMsgに上書きします）。

3
```
mySheet.Cells(rowNum, colNum).Value = strWord
```

取得した言葉を、rowNum行目のcolNum列目のセルに表示します。

第11章　しりとりができるようにしよう

最初の時点では、変数rowNumには「9」が代入されています。変数colNumには、モジュールレベル定数USER_COLUMNが代入されています。定数USER_COLUMNの値は「2」なので、左から2列目であるB列を指定したことになります。つまり、この時点ではセルB9に表示します。

実行してセルに表示できるか確認しよう

ユーザーがダイアログボックスに入力した言葉をセルに表示できるか確認をします。

1 ブック「ExcelVBA_ChatGPT応用編.xlsm」の表示をExcelに切り替え、[Let's しりとり！] ボタンをクリックする。

結果 インプットボックスが表示される。

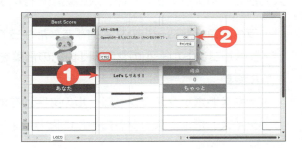

2 任意の文字を入力し、[OK] ボタンをクリックする。

結果 [しりとりゲーム] ダイアログボックスが表示される。

3 **こあら**と入力し、[入力を決定する] ボタンをクリックする。

結果 実行が終了し、セルB9に「こあら」と表示される。

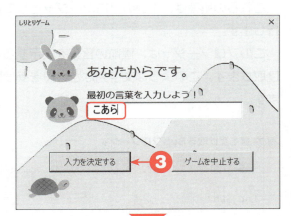

　[ゲームを中止する] ボタンをクリックされたときと、ひらがな以外が入力されたときの処理はまだ行っていないため、ここではテストは行いません。
　セルB9に表示されるのを確認したら、次の節では、連続して入力できるようにしましょう。

連続して入力できるようにしよう

ダイアログボックスを再表示して、しりとりの言葉を続けて入力していけるようにします。

ダイアログボックスを初期化しよう

　［しりとりゲーム］ダイアログボックスからユーザーの入力文字列を取得したら、続けて次の入力ができるようにするため、次の処理を行います。

- ラベルコントロールの文字列「あなたからです」を直前に取得した言葉に変更
- ラベルコントロールの文字列「最初の言葉を入力しよう！」を「に続く言葉を入力しよう」に変更
- テキストボックスコントロールの文字列を消去
- テキストボックスコントロールに入力フォーカスを表示

　これらの処理は、1つのプロシージャとして作成し、メインプロシージャから呼び出して実行します。

　このプロシージャは、直前の言葉を表示するため、直前の言葉をメインプロシージャから受け取ります。このような文字列などの値を受け取るプロシージャは、次の書式のように記述します。

書式　値を受け取るSubプロシージャ

```
Sub プロシージャ名(パラメーター名 As 型)
End Sub
```

　受け取る値は「パラメーター名」に渡されます。呼び出すときに渡す値を「引数」と呼びますが、受け取る側の値は、一般に**パラメーター**（またはパラメーターの値）と呼びます。

　「パラメーター名」は、変数宣言と同じように任意の名前を指定します。

　「型」は、受け取るパラメーターのデータ型を指定します。ここでは、文字列を受け取るためString型を指定します。

　ダイアログボックスを初期化するプロシージャは、次の手順で入力します。プロシージャ名は「InitInputDialog」とします。

1 ブック「ExcelVBA_ChatGPT応用編.xlsm」のVBEで、標準モジュールModule1の最後に、次のコードを入力する（色文字部分）。

```
'シークレットキーを取得して返す
Function GetSecretKey() As String
    （中略）
End Function

'ダイアログボックスの初期化を行う
Sub InitInputDialog(chatWord As String)          ← 1
    With InputDialog                             ← 2
        .lblChatGPT.Caption = chatWord           ← 3
        .lblGuide.Caption = "に続く言葉を入力しよう！"  ← 4
        .txtUserInput.Text = ""                  ← 5
        .txtUserInput.SetFocus                   ← 6
    End With
End Sub
```

ヒント

モジュールの最後を表示する

コードウィンドウをクリックし、[Ctrl]＋[End]キーを押すと、モジュールの最後に入力カーソルが移動します（モジュールの最後の部分が表示されます）。また、[Ctrl]＋[Home]キーを押すと、モジュールの最初に入力カーソルが移動します。

コードの解説

1
```
Sub InitInputDialog(chatWord As String)
```

パラメーターを受け取るプロシージャ InitInputDialog を定義します。パラメーター名は chatWordとします。

2
```
With InputDialog
```

With ブロック内で、ユーザーフォーム InputDialog を処理対象とします。

11.2　連続して入力できるようにしよう　**339**

3
```
.lblChatGPT.Caption = chatWord
```

パラメーター chatWord に受け取った言葉を、ラベルコントロール lblChatGPT に表示します。半角のピリオド（.）から入力することに注意してください。以降も同様です。

4
```
.lblGuide.Caption = "に続く言葉を入力しよう！"
```

入力を促すラベルコントロール lblGuide の文字列を変更します。

5
```
.txtUserInput.Text = ""
```

テキストボックスコントロールを空にします。

6
```
.txtUserInput.SetFocus
```

テキストボックスコントロールに入力フォーカスを設定します。

入力を繰り返せるようにしよう

しりとりゲームでは、ユーザーとChatGPTのやりとりを連続して行います。

そこで、連続して入力できるように繰り返し構文を使います。ユーザーとChatGPTがそれぞれ5回ずつ答えるため、繰り返し構文を使って計10回の回答を取得するようにします。

繰り返し構文は、第7章ではDo Whileステートメントを使いましたが、ここでは**For … Nextステートメント**を使ってみましょう。

書式 For … Nextステートメント

```
For カウンター変数 = 初期値 To 最終値 Step 増減値
    処理1
Next カウンター変数
```

For … Nextステートメントは、次の順で処理を行います。

（1）「カウンター変数」に「初期値」を代入する

340 第11章　しりとりができるようにしよう

（2）ブロック内の処理を行う

（3）「カウンター変数」に「増減値」を加算する

（4）「カウンター変数」が「最終値」までの範囲内であればブロック内の処理を行い、範囲外
　　であればForブロックの処理を終了する

（5）終了でなければ（3）に戻る

　たとえば、「カウンター変数」の変数名が「intCount」で、変数の値が「1」から「10」までの間、処理を繰り返すには次のように記述します。

```
For intCount = 1 To 10 Step 1
    (処理)
Next intCount
```

　また、しりとりの言葉の取得は、1回目はユーザーから、2回目はChatGPTから、3回目はユーザーから、4回目はChatGPTからのように繰り返して行います。つまり、奇数回はユーザーの番、偶数回はChatGPTの番ということになります。

　そこで、奇数回か偶数回かを判別するために**Mod演算子**を使います。

書式 Mod演算子

式1 Mod **式2**

　「式1」と「式2」には、数値または数値を返す式を指定します。

　Mod演算子は、「式1」を「式2」で割った余りの数値を返します。そこで、ここでは「式2」に数値「2」を指定します。「式2」に「2」を指定することで、「式1」を「2」で割った余りが「0」であれば偶数、余りが「1」であれば奇数と判断できます。

　したがって、次の構文で、奇数回ならユーザーの入力を取得、偶数回ならChatGPTの回答を取得する処理を繰り返します。

```
For numberOfTimes = 1 To 10 Step 1
    ' ユーザーの番
    If (numberOfTimes Mod 2) = 1 Then
        (ユーザーの入力処理)

    ' ChatGPTの番
    Else
        (ChatGPTの回答取得処理)
    End If
Next numberOfTimes
```

11.2　連続して入力できるようにしよう **341**

この繰り返し処理は、次の手順でメインプロシージャに入力します（入力場所に注意してください。ブロック内のコードは適宜インデントを行ってください）。

1 ブック「ExcelVBA_ChatGPT応用編.xlsm」のVBEで、標準モジュールModule1の「しりとりMain」プロシージャの次の位置に、次のコードを入力する（色文字部分）。

```
Sub しりとりMain()
    (中略)

    'シークレットキーを取得する
    If strApiKey = "" Then       'キャンセルまたは入力無しなら終了
        Exit Sub
    End If

    'ワークシートの表示を初期化する
    Call InitSheet

    For numberOfTimes = 1 To 10 Step 1          ← 1
        '奇数回であればユーザー入力を取得する
        If (numberOfTimes Mod 2) = 1 Then       ← 2
            colNum = USER_COLUMN                ← 3

            '入力用ダイアログボックスを表示する
            InputDialog.Show
            If InputDialog.Tag = "Cancel" Or InputDialog.Tag = "Exit" Then
                blExitFlag = True
                Exit For         ← 4
            End If

            '入力ダイアログボックスの文字列を取得する
            strWord = InputDialog.txtUserInput.Text

            'ChatGPTに渡すプロンプトに言葉を追加する
            strMsg = strMsg & strWord

            'ダイアログボックスを初期化する
            Call InitInputDialog(strWord)       ← 5

        '偶数回であればChatGPTの回答を取得する
        Else         ← 6
            colNum = CHAT_COLUMN     ← 7
        End If

        '取得した言葉をセルに表示する
        mySheet.Cells(rowNum, colNum).Value = strWord

        'ChatGPTの番であれば行番号をカウントする
        If colNum = CHAT_COLUMN Then        ← 8
            rowNum = rowNum + 1     ← 9
```

342　第11章 しりとりができるようにしよう

```
            End If
        Next numberOfTimes
        
        '入力用ダイアログボックスの実行を終了する
        Unload InputDialog
End Sub
```

 ヒント

コードをまとめてインデントする

インデントしたいコードを Shift +矢印キー等で選択し、Tab キーを押すと複数行のコードを一度にインデントできます。インデントを戻したい場合は、コードを選択してから Shift + Tab キーを押します。
また、コード選択後、[編集] メニューの [インデント]（または [インデントを戻す]）をクリックして、インデントすることもできます。

コードの解説

1
```
For numberOfTimes = 1 To 10 Step 1
```

やりとり回数用変数 numberOfTimes の値が「1」から「10」までの間、For ブロック内の処理を繰り返します。

2
```
If (numberOfTimes Mod 2) = 1 Then
```

やりとり回数用変数 numberOfTimes の値を「2」で割った余りが「1」であれば、つまり奇数であれば、If ブロック内の処理を行います。
かっこ「()」がある場合は、かっこ内の処理が先に行われます。ここでは、Mod 演算子の結果が「1」と等しいかどうかを判別します。

3
```
colNum = USER_COLUMN
```

奇数回の場合はユーザーが入力する番なので、表示列番号用変数 colNum に定数 USER_COLUMN の値を代入します。モジュールレベル定数 USER_COLUMN は、ユーザーの言葉を入力する列の番号「2」を定義しています。

4
```
Exit For
```

Exit For ステートメントは、For ブロックの処理を終了します。ユーザーフォームのTag プロパティの値が「Cancel」か「Exit」の場合は、ここで繰り返し処理を終了します。

5
```
Call InitInputDialog(strWord)
```

[しりとりゲーム] ダイアログボックスを初期化するInitInputDialog プロシージャを呼び出します。引数には、直前の言葉として変数strWordを指定します。

6
```
Else
```

奇数回ではない場合、つまり、偶数回の場合はChatGPTの番としてElseブロック内の処理を行います（ここでは、まだ具体的な処理は入力しません）。

7
```
colNum = CHAT_COLUMN
```

ChatGPTの番には、表示列番号用変数colNumに、モジュールレベル定数CHAT_COLUMNの値を代入します。定数CHAT_COLUMNには、ChatGPT用の列番号として「7」を定義しています。

8
```
If colNum = CHAT_COLUMN Then
```

変数colNumが定数CHAT_COLUMNと等しいとき、つまり、ChatGPTの番のときに、Ifブロック内の処理を行います。

9
```
rowNum = rowNum + 1
```

行番号用変数rowNumに「1」を加算します。ユーザー入力の1回目とChatGPT回答の1回目はそれぞれ同じ行のセルに表示するので、ChatGPTの番が終了したときのみ行番号を加算します。

ここまで入力できたら、実行して確認します。

第11章　しりとりができるようにしよう

実行して連続して5回入力できるか確認しよう

　実行して、繰り返して入力できるかを確認します。ただし、まだChatGPTの回答は取得していないため、ワークシートのChatGPTの回答欄にもユーザーの欄と同じ言葉が表示されます（同じ言葉が表示されるか確認します）。

1 ブック「ExcelVBA_ChatGPT応用編.xlsm」の表示をExcelに切り替え、[Let's しりとり!] ボタンをクリックする。

結果 インプットボックスが表示される。

2 任意の文字を入力し、[OK] ボタンをクリックする。

結果 [しりとりゲーム] ダイアログボックスが表示される。

3 **うさぎ**と入力し、[入力を決定する] ボタンをクリックする（またはEnterキーを押す）。

結果 セルB9とセルG9に「うさぎ」と表示される（ダイアログボックスの下に隠れて見えない場合は、ダイアログボックスのタイトルバーをドラッグして移動させて確認する）。再度、[しりとりゲーム] ダイアログボックスが表示され、「うさぎ」「に続く言葉を入力しよう！」と表示される。

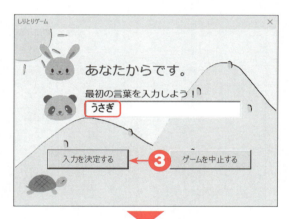

セルB9とセルG9に表示された

11.2　連続して入力できるようにしよう　**345**

4 任意の言葉を入力し、[入力を決定する]ボタンをクリックする（または Enter キーを押す）。

結果　セルB10とセルG10に入力した言葉が表示される。再度、[しりとりゲーム] ダイアログボックスが表示され、入力した言葉が「に続く言葉を入力しよう！」の上に表示される。

5 同様に、任意の言葉を入力して[入力を決定する]ボタンをクリックする（または Enter キーを押す）操作を、3回繰り返す。

結果　入力した言葉がユーザーの欄とChatGPTの欄の続きのセルに表示され、実行が終了する。

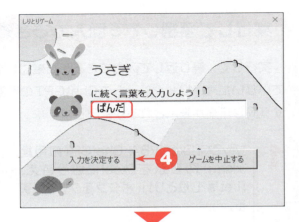

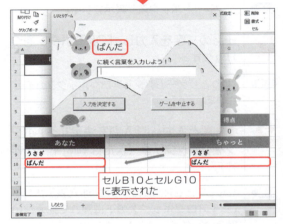

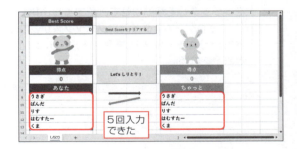

　実行が終了されたら、ユーザーの欄とChatGPTの欄に同じ言葉が表示されていることを確認します。動作が異なっていた場合は、行番号（変数rowNum）の加算のコードや入力場所などを確認してください。

しりとりチェックのテストができるようにしておこう

　繰り返し入力できるようになったら、しりとりとして成立しているかどうかなどのチェックを行う処理を作成しますが、その前に、仮の処理としてChatGPTの番にユーザーが入力できるようにしておきます。ユーザーが続けて入力できるようにしておくことで、ChatGPTに接続しなくてもテストを行えるようになります。

1　ブック「ExcelVBA_ChatGPT応用編.xlsm」のVBEで、「しりとりMain」プロシージャのForループ内のElseブロック内に、次のコードを入力する（色文字部分）。Ifブロック内の処理をコピー＆ペーストしてもよいが、**3** のコードを入力し忘れないようにする。

```vba
For numberOfTimes = 1 To 10 Step 1
        '奇数回であればユーザー入力を取得する
        If (numberOfTimes Mod 2) = 1 Then

            （中略）

            'ダイアログボックスを初期化する
            Call InitInputDialog(strWord)

        '偶数回であればChatGPTの回答を取得する
        Else
            colNum = CHAT_COLUMN

            '入力用ダイアログボックスを表示する
            InputDialog.Show
            If InputDialog.Tag = "Cancel" Or InputDialog.Tag = "Exit" Then
                blExitFlag = True
                Exit For
            End If

            strMsg = ""        '2回目以降は「しりとりをしましょう」は不要

            '入力ダイアログボックスの文字列を取得する
            strWord = InputDialog.txtUserInput.Text

            'ダイアログボックスを初期化する
            Call InitInputDialog(strWord)
        End If

        '取得した言葉をセルに表示する
        mySheet.Cells(rowNum, colNum).Value = strWord

        （中略）
Next numberOfTimes
```

11.2　連続して入力できるようにしよう　**347**

コードの解説

1
```
InputDialog.Show
```

ChatGPTの番も仮処理として、[しりとりゲーム]ダイアログボックスを表示します。

2
```
If InputDialog.Tag = "Cancel" Or InputDialog.Tag = "Exit" Then
```

[ゲームを中止する]ボタンと[閉じる]ボタンをクリックされたとき、ひらがな以外が入力されたときの処理も、ユーザーの番と同様に終了するようにします。

3
```
strMsg = ""
```

ChatGPTに渡すメッセージ文用変数strMsgをクリアします。この変数には最初に「しりとりをしましょう。」から始まる文字列を代入してありますが、ChatGPTとのやりとり2回目以降は不要なため削除しておきます。

4
```
strWord = InputDialog.txtUserInput.Text
```

ユーザーの番と同様に、[しりとりゲーム]ダイアログボックスのテキストボックスコントロールに入力された言葉を変数strWordに取得します。

5
```
Call InitInputDialog(strWord)
```

ユーザーの番と同様に、[しりとりゲーム]ダイアログボックスを初期化します。

348 第11章 しりとりができるようにしよう

実行して連続して10回入力できるか確認しよう

ChatGPTの番も入力できるようになったので、実行して確かめてみましょう。

1 ブック「ExcelVBA_ChatGPT応用編.xlsm」の表示をExcelに切り替え、[Let's しりとり!] ボタンをクリックする。

結果｜インプットボックスが表示される。

2 任意の文字を入力し、[OK] ボタンをクリックする。

結果｜[しりとりゲーム] ダイアログボックスが表示される。

3 **しまりす**と入力し、[入力を決定する] ボタンをクリックする（または Enter キーを押す）。

結果｜セルB9に「しまりす」と表示される。再度、[しりとりゲーム] ダイアログボックスが表示され、「しまりす」「に続く言葉を入力しよう！」と表示される。

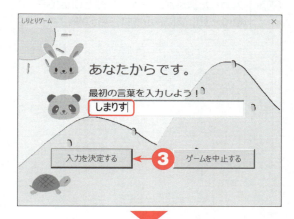

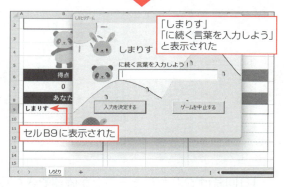

11.2 連続して入力できるようにしよう

4 すみれと入力し、[入力を決定する] ボタンをクリックする（または Enter キーを押す）。

結果 セルG9に「すみれ」と表示される。再度、[しりとりゲーム] ダイアログボックスが表示され、ラベルコントロールに「すみれ」と表示される。

5 テキストボックスに任意のひらがなを入力して [入力を決定する] ボタンをクリックする（または Enter キーを押す）操作を、あと8回繰り返す。

結果 入力した言葉がユーザーの欄とChatGPTの欄に交互に順に表示され、実行が終了される。

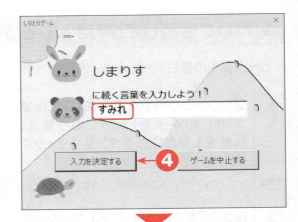

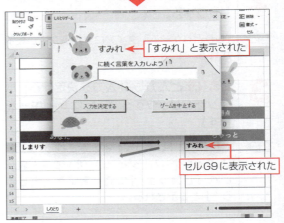

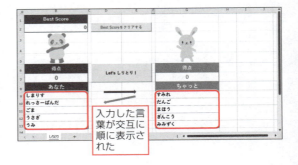

10回続けて入力できることが確認できたら、次の節からは、しりとりをチェックする処理を作成します。

11.3 しりとりのチェックをしよう

しりとりとして成立しているかどうか、また、語尾が「ん」でないかなどをチェックする処理を作成します。

しりとりとして成立しているかチェックしよう

　2回目以降の言葉の先頭文字が、前回の言葉の語尾の文字と同じかどうかチェックします。この処理は、サブルーチンとして別のプロシージャ内に作成します（このチェック機能が不要な場合は、コードを入力せず読み進めるだけでもかまいません）。

　このプロシージャでは、調べる言葉の先頭文字が前回の言葉の語尾と異なる場合は、エラーメッセージを表示します。2つの文字が同じではない場合の判別を行うには、比較演算子 **<>** を使います。

書式　比較演算子<>

> 文字列1　<>　文字列2

　比較演算子<>は、「文字列1」と「文字列2」が同じではない場合は「True」を返します。同じ場合は「False」を返します。

　この処理を行うプロシージャは、文字列を比較した結果を返すことにします。チェックする言葉の先頭文字が前回の言葉の語尾と同じであれば、つまり、しりとりとして成立していれば、呼び出し元に「True」を返します。同じでなければ「False」を返します。そこで、Boolean型の戻り値を返すFunctionプロシージャとして定義します。

　受け取るパラメーターは、次の表のとおりです（やりとり回数を受け取るのは、1回目の入力時はチェックする必要がないためです。やりとり回数が2回目以降であれば処理を行うようにします）。

パラメーター名	型	説明
numTimes	Integer	やりとり回数
checkWord	String	チェックする言葉
lastChar	String	前回の言葉の語尾の文字

　このプロシージャを、次の手順で入力します。プロシージャ名は「CheckSiritori」とします。

1 ブック「ExcelVBA_ChatGPT応用編.xlsm」のVBEで、標準モジュールModule1の最後に、次のコードを入力する（色文字部分）。

```
'ダイアログボックスの初期化を行う
Sub InitInputDialog(chatWord As String)
    （中略）
End Sub


'渡された2つの文字が同じかどうかチェックする
Function CheckSiritori(numTimes As Integer _        ← 1
        , checkWord As String, lastChar As String) As Boolean
    CheckSiritori = True        ← 2
    If numTimes > 1 Then        ← 3
        If Left(checkWord, 1) <> lastChar Then        ← 4
            MsgBox "しりとりになっていません。終了します。", , "残念！"        ← 5
            CheckSiritori = False        ← 6
        End If
    End If
End Function
```

コードの解説

1
```
Function CheckSiritori(numTimes As Integer _
        , checkWord As String, lastChar As String) As Boolean
```

Functionプロシージャ CheckSiritoriを定義します。戻り値の型はBoolean型とします。

2
```
CheckSiritori = True
```

最初に戻り値を「True」に設定しておきます。この後の処理では、先頭文字と語尾の文字が一致していない場合のみ、戻り値を「False」に変更します。

3
```
If numTimes > 1 Then
```

やりとりが2回目以降のみIfブロック内の処理を行います。

4
```
If Left(checkWord, 1) <> lastChar Then
```

第11章 しりとりができるようにしよう

チェックする言葉の先頭文字と前回の語尾の文字が一致しない場合のみ、Ifブロック内の処理を行います。

Left関数は、第1引数に指定された文字列の先頭から、第2引数に指定された文字数分の文字列を抽出して返します。

書式 Left関数

```
Left(文字列, 文字数)
```

ここでは、第2引数に「1」を指定しているため、先頭の1文字が返されます。

5
```
MsgBox "しりとりになっていません。終了します。", , "残念！"
```

メッセージボックスを表示して、しりとりとして成立していないことを知らせます。

6
```
CheckSiritori = False
```

しりとりとして成立していないので、戻り値を「False」にします。

CheckSiritoriプロシージャを作成できたら、次は、語尾の文字色を変更する処理を作成します。まだ語尾の文字を取得していないため、ここでは実行確認は行いません。

語尾の小さいひらがなを標準のひらがなに変換しよう

しりとりゲームでは、語尾が「ゃゅょ」などの小さいひらがなだった場合、次の言葉は「やゆよ」などの標準のひらがなから始まる言葉を入力するというルールにします。

したがって、語尾が小さいひらがなの場合は、標準のひらがなに変換してから変数に保管しておくことにします。そこで、受け取った文字が小さいひらがなであれば、標準のひらがなに変換して返すプロシージャを作成します。

小さいひらがなを標準のひらがなに変換する処理は、次の手順で行うことにします。

（1）小さいひらがなの文字列（ぁぃぅぇぉっゃゅょゎ）を作成する
（2）標準のひらがなの文字列（あいうえおつやゆよわ）を作成する
（3）受け取った文字が小さいひらがなの文字列に含まれるか判別する（何文字目に含まれる

11.3 しりとりのチェックをしよう **353**

かを取得する）

（4）含まれていたら、標準のひらがなの文字列から該当する番目の文字を取得する

　小さいひらがなの文字列と標準のひらがなの文字列は、対応する文字が同じ順番になるように作成します。同じ順番にすることによって、次のように処理できます。

　たとえば、「めんきょ」と入力されて、「ょ」を受け取った場合は、小さいひらがなの文字列の9文字目に見つかります。

" あ い う え ぉ つ ゃ ゅ ょ わ "

（左から9文字目）

　そこで、標準のひらがな文字列の9番目の文字「よ」を取得します。

" あいうえおつやゆ よ わ "

（左から9文字目）

　受け取った文字が小さいひらがなの文字列に含まれているかどうかを調べるには、**InStr関数**を使います。

書式 InStr関数

> InStr(開始位置, 文字列1, 文字列2)

　InStr関数は、「文字列2」が「文字列1」の中に最初に見つかった位置を返します。見つからなかった場合は「0」を返します。

　「開始位置」には、検索を開始する文字位置を指定します。

　また、標準のひらがなの文字列から○番目の文字を取得するには、**Mid関数**を使います。

書式 Mid関数

> Mid(文字列, 開始位置, 文字数)

　Mid関数は、「文字列」の「開始位置」番目の文字から、「文字数」分の文字列を取得して返します。

ここでは、「文字列」に標準のひらがなの文字列を指定し、「開始位置」にInStr関数で取得した文字位置、「文字数」として「1」を指定することで、該当する標準のひらがなを取得します。

この処理を行うプロシージャを、次の手順で入力します。プロシージャ名は「ToStandard」とします。

1 ブック「ExcelVBA_ChatGPT応用編.xlsm」のVBEで、標準モジュールModule1の最後に、次のコードを入力する（色文字部分）。

```
'渡された2つの文字が同じかどうかチェックする
Function CheckSiritori(numTimes As Integer _
        , checkWord As String, lastChar As String) As Boolean
    (中略)
    End If
End Function

'語尾の小さいひらがなを標準のひらがなに変換する
Function ToStandard(strChar As String) As String          ← 1
    Const SMALL As String = "ぁぃぅぇぉっゃゅょゎ"          ← 2
    Const STANDARD As String = "あいうえおつやゆよわ"       ← 3
    Dim intChar As Integer        '何番目に見つかったか      ← 4

    intChar = InStr(1, SMALL, strChar)                    ← 5
    If intChar > 0 Then                                   ← 6
        ToStandard = Mid(STANDARD, intChar, 1)            ← 7
    Else                                                  ← 8
        ToStandard = strChar                              ← 9
    End If
End Function
```

コードの解説

1
```
Function ToStandard(strChar As String) As String
```

ToStandardプロシージャを定義します。語尾の文字をパラメーターstrCharに受け取ります。変換後の文字を返すので、戻り値の型はString型とします。

2
```
Const SMALL As String = "ぁぃぅぇぉっゃゅょゎ"
```

11.3　しりとりのチェックをしよう **355**

小さいひらがなの文字列を作成し、定数SMALLとして定義します。

3
```
Const STANDARD As String = "あいうえおつやゆよわ"
```

標準のひらがなの文字列を作成し、定数STANDARDとして定義します。

4
```
Dim intChar As Integer
```

InStr関数の戻り値（文字が見つかった位置）を代入する変数intCharを宣言します。

5
```
intChar = InStr(1, SMALL, strChar)
```

受け取った文字strCharが小さいひらがな文字列に含まれるか調べます。

6
```
If intChar > 0 Then
```

変数intCharが「0」より大きい場合、つまり、小さいひらがなが含まれていた場合は、Ifブロック内の処理を行います。

7
```
ToStandard = Mid(STANDARD, intChar, 1)
```

標準のひらがな文字列から該当する番目の文字を取得します。取得した文字は、戻り値としてプロシージャ名に代入します。

8
```
Else
```

受け取った文字が小さいひらがな文字列に含まれなかった場合は、Elseブロック内の処理を行います。

9
```
ToStandard = strChar
```

受け取った文字strCharをそのまま返します。

ここで作成したプロシージャは、次に作成する語尾の文字色を変更するプロシージャから呼び出して使います。

語尾の文字色を変更するプロシージャを作成しよう

　しりとりゲームでは、語尾の文字を赤色に変更して目立つようにします。この処理も独立したプロシージャとして作成します。

　このプロシージャでは、セルに表示した言葉の語尾の文字色を変更し、語尾の文字を戻り値として返すことにします。したがって、戻り値の型はString型とします。また、セルの文字色を変更するため、操作対象となるセルへの参照をパラメーターとして受け取ります。

　この処理を行うプロシージャを、次の手順で作成します。プロシージャ名は「CharToRed」とします。

1 ブック「ExcelVBA_ChatGPT応用編.xlsm」のVBEで、標準モジュールModule1の最後に、次のコードを入力する（色文字部分）。

```vba
'語尾の小さいひらがなを標準のひらがなに変換する
Function ToStandard(strChar As String) As String
    （中略）
End Function

'語尾の文字を赤色に変更する
Function CharToRed(targetCell As Range) As String      ← 1
    Const CHO_ON As String = " ー "      ← 2
    Dim strLastChar As String      ← 3

End Function
```

コードの解説

1
```vba
Function CharToRed(targetCell As Range) As String
```

　CharToRedプロシージャを定義します。戻り値を返すのでFunctionプロシージャとします。セルを受け取るパラメーター targetCell をRange型で定義します。

11.3　しりとりのチェックをしよう　　**357**

2
```
Const CHO_ON As String = " ー "
```

長音記号「ー」を定数CHO_ONとして定義します。間違えてマイナス記号などを定義しないよう注意してください。

3
```
Dim strLastChar As String
```

語尾の文字を保管するための変数strLastCharを宣言します。

ここで作成したCharToRedプロシージャ内の処理は、次の項で作成します。

語尾の文字色を変更する処理を作成しよう

CharToRedプロシージャ内で、受け取ったセルの文字列の最後の文字の色を変更します。

セルの文字列は、RangeオブジェクトのTextプロパティで取得できます。取得した文字列の最後の文字、つまり、一番右側の文字を取得するには**Right関数**を使います。

書式 Right関数

```
Right(文字列, 文字数)
```

Right関数は、引数に指定した「文字列」の右端から「文字数」分の文字列を返します。ここでは、「文字数」に「1」を指定することによって、語尾の1文字を取得します。

ただし、取得した語尾の文字が長音記号（ー）であった場合は、1つ前の文字を赤色に変更し、語尾の文字とします（長音記号が2つ以上続けて入力された場合の処理は、しりとりゲームでは行いません）。

1つ前の文字を取得するには、この節の「語尾の小さいひらがなを標準のひらがなに変換しよう」で使ったMid関数を使って次のように記述します。

```
Mid(セルの文字列, セルの文字列の文字数 - 1, 1)
```

また、セルの文字の色を変更する、つまり、セルの書式設定をするには、Rangeオブジェクトの**Charactersプロパティ**を使います。

358　第11章 しりとりができるようにしよう

書式 **Range オブジェクトの Characters プロパティ**

Range オブジェクト.Characters(**開始位置, 文字数**)

Characters プロパティは、セルの文字列の「開始位置」番目から「文字数」分の文字列を **Characters オブジェクト**として返します。Characters オブジェクトには **Font.Color プロパティ**があるので、これを使って文字の色を変更します。

書式 **Characters オブジェクトの Font.Color プロパティ**

Characters オブジェクト.Font.Color = **色**

ここでは、赤色にするため、「色」に「vbRed」を指定します。

また、語尾が小さいひらがなの場合は標準のひらがなに変更してから返します。標準のひらがなへの変更処理は、この節の「語尾の小さいひらがなを標準のひらがなに変換しよう」で作成した ToStandard プロシージャを呼び出して行います。

以上の処理を、先ほど作成した CharToRed プロシージャ内に、次の手順で入力します。

1 ブック「ExcelVBA_ChatGPT応用編.xlsm」のVBEで、標準モジュール Module1 の CharToRed プロシージャ内に、次のコードを入力する（色文字部分）。

```
Function CharToRed(targetCell As Range) As String
    Const CHO_ON As String = "ー"
    Dim strLastChar As String

    With targetCell          ◀ 1
        '文字が長音の場合
        If Right(.Text, 1) = CHO_ON Then          ◀ 2
            .Characters(Len(.Text) - 1, 1).Font.Color = vbRed          ◀ 3
            strLastChar = Mid(.Text, Len(.Text) - 1, 1) '1つ前の文字を取得  ◀ 4

        '文字が長音ではない場合
        Else          ◀ 5
            .Characters(Len(.Text), 1).Font.Color = vbRed          ◀ 6
            strLastChar = Right(.Text, 1)          ◀ 7
        End If
    End With

    CharToRed = ToStandard(strLastChar)          ◀ 8
End Function
```

11.3 しりとりのチェックをしよう **359**

ヒント

文字列の長さより取得する文字数の方が大きいとき

Right関数の第2引数に指定した文字数が、第1引数に指定した文字列の長さより大きい場合は、第1引数に指定した文字列全体が返されます。

コードの解説

1
```
With targetCell
```

パラメーター targetCell に受け取ったセルへの参照をWithブロック内の操作対象とします。

2
```
If Right(.Text, 1) = CHO_ON Then
```

セルの文字列の右端の文字を取得し、長音記号かどうかを判別します。長音記号の場合は、Ifブロック内の処理を行います。Textプロパティは、半角のピリオド（.）から入力することに注意してください（以降も同様です）。

3
```
.Characters(Len(.Text) - 1, 1).Font.Color = vbRed
```

Charactersプロパティでセルの文字列の右端から2番目の文字を指定し、文字の色を赤に変更します。Charactersプロパティも半角のピリオドから入力します。

4
```
strLastChar = Mid(.Text, Len(.Text) - 1, 1)
```

セルの文字列の最後から2番目の文字を取得し、語尾の文字として変数strLastCharに代入します。

Len関数は、引数に指定した文字列の文字数を返します。つまり、「Len(.Text) - 1」は、セルの文字列の文字数より1つ小さい数ということになります。したがって、5文字の文字列の場合、「Mid(.Text, Len(.Text) - 1, 1)」は4文字目から1文字を取得します。

> **書式** Len関数
>
> Len(文字列)

5 `Else`

語尾の文字が長音記号でない場合は、Elseブロック内の処理を行います。

6 `.Characters(Len(.Text), 1).Font.Color = vbRed`

セルの文字列の最後の1文字を赤色に変更します。
「Len(.Text)」はセルの文字列の文字数を返します。したがって、5文字の文字列の場合は、Charactersプロパティに5文字目から1文字を取得するように指定したことになります。

7 `strLastChar = Right(.Text, 1)`

セルの文字列の語尾の文字を取得し、変数strLastCharに代入します。
Right関数は、第1引数に指定した文字列の右端から、第2引数に指定した文字数分の文字を取得して返します。

8 `CharToRed = ToStandard(strLastChar)`

ToStandardプロシージャで小さいひらがなを標準のひらがなに変換し、戻り値として設定します。

語尾が「ん」ではないかどうかチェックしよう

語尾が「ん」ではないかどうかを判別するプロシージャを作成します。
語尾が「ん」であった場合、ユーザーの番には「あなたの負けです」と表示し、ChatGPTの番には「ChatGPTの負けです」と表示します。したがって、ユーザーの番かChatGPTの番か判別できるように、パラメーターに現在処理対象としているセルの列番号を受け取ります（2列目であればユーザーの番、7列目であればChatGPTの番と判別します）。

語尾の文字もパラメーターとして受け取ります。

また、このプロシージャの戻り値は、「ん」でなければ「True」、「ん」であった場合は「False」を返すことにします。

このプロシージャは、次の手順で入力します。プロシージャ名は「CheckLastChar」とします。

1 ブック「ExcelVBA_ChatGPT応用編.xlsm」のVBEで、標準モジュールModule1の最後に、次のコードを入力する（色文字部分）。

```vb
'語尾の文字を赤色に変更する
Function CharToRed(targetCell As Range) As String
    (中略)
End Function

'受け取った文字が「ん」ではないかチェックする
Function CheckLastChar(checkChar As String, targetCol As Integer) As Boolean    ← 1
    CheckLastChar = True    ← 2
    If checkChar = "ん" Then    ← 3
        If targetCol = USER_COLUMN Then    ← 4
            MsgBox "「ん」で終わりました。" & vbLf _
                    & "あなたの負けです。終了します。", , GAME_TITLE    ← 5
        Else    ← 6
            MsgBox "「ん」で終わりました。" & vbLf _
                    & "ChatGPTの負けです。終了します。", , GAME_TITLE    ← 7
        End If
        CheckLastChar = False    ← 8
    End If
End Function
```

コードの解説

1　`Function CheckLastChar(checkChar As String, targetCol As Integer) As Boolean`

CheckLastCharプロシージャを定義します。戻り値を返すためFunctionプロシージャとします。「ん」かどうか判別する語尾の文字をパラメーターcheckCharに受け取ります。パラメーターtargetColは、現在操作中のセルの列番号を受け取ります。

2
```
CheckLastChar = True
```

「ん」ではない場合は「True」を返します。このコードを先に記述しておくことによって、後は「ん」であった場合のみ「False」を返すコードを記述するだけになります（「ん」ではない場合のElseブロックが不要になります）。

3
```
If checkChar = "ん" Then
```

受け取った文字が「ん」であった場合は、Ifブロック内の処理を行います。

4
```
If targetCol = USER_COLUMN Then
```

操作中のセルの列番号が定数USER_COLUMNの場合、つまり、「2」の場合は、Ifブロック内の処理を行います。

5
```
MsgBox "「ん」で終わりました。" & vbLf _
        & "あなたの負けです。終了します。", , GAME_TITLE
```

メッセージボックスを表示してユーザーの負けであることを知らせます。メッセージボックスのタイトルバーには「しりとりゲーム」と表示します。

6
```
Else
```

ユーザーの番ではない場合は、Elseブロック内の処理を行います。

7
```
MsgBox "「ん」で終わりました。" & vbLf _
        & "ChatGPTの負けです。終了します。", , GAME_TITLE
```

メッセージボックスを表示してChatGPTの負けであることを知らせます。

8
```
CheckLastChar = False
```

「ん」の場合は「False」を返します。

11.3　しりとりのチェックをしよう

重複チェックをしよう

　ユーザーが入力またはChatGPTが回答した言葉が、前の言葉と重複していないかどうかを判別するプロシージャを作成します（重複チェック機能が不要な場合は、コードを入力せず読み進めるだけでもかまいません）。

　この処理は、セル範囲をパラメーターとして受け取り、受け取ったセル範囲内をチェックすることにします。したがって、ユーザーのセル範囲のチェックとChatGPTのセル範囲のチェックで2回呼び出されることになります。

　チェック対象の言葉は、文字列として受け取るのではなく、表示されているセルへの参照を受け取ることにします。このようにすることにより、次の例のように同じ言葉であったとしても、同じセルであれば重複ではないと判断できます。

【例】
（1）3回目に「きつね」と入力されたら3番目のセルに表示する

うさぎ
ぱんだ
きつね

（2）「きつね」が重複するか上から順にセルをチェックする
（3）3番目が重複する
（4）セルどうしを比較すると同じセルなので重複ではないと判断する

　同一のセルかどうかを判断するには、ここでは、Rangeオブジェクトの**Addressプロパティ**を使います。

書式 RangeオブジェクトのAddressプロパティ

> **Rangeオブジェクト**.Address

　Addressプロパティは、セルのアドレスを文字列型で返します。たとえば、セルB5の場合は文字列「$B$5」が返されます。セルB5〜D8のセル範囲（Range("B5:D8")）の場合は、「$B$5:$D$8」が返されます。したがって、2つのセルのAddressプロパティの値が同じであれば同一のセルと判断できます。

　言葉が重複していた場合は、戻り値として「False」を返します。重複していなかった場合

364 第11章 しりとりができるようにしよう

は「True」を返します。

　このプロシージャは、次の手順で入力します。プロシージャ名は「CheckDuplicate」とします。

1 ブック「ExcelVBA_ChatGPT応用編.xlsm」のVBEで、標準モジュールModule1の最後に、次のコードを入力する（色文字部分）。

```vba
' 語尾が「ん」ではないかチェックする
Function CheckLastChar(checkChar As String, targetCol As Integer) As
Boolean
    （中略）
End Function

'前の言葉と重複していないかチェックする
Function CheckDuplicate(nowCell As Range, nowList As Range) As Boolean    ← 1
    Dim myCell As Range    ← 2

    CheckDuplicate = True    ← 3

    For Each myCell In nowList    ← 4
        If nowCell.Text = myCell.Text Then    ← 5
            If Not (nowCell.Address = myCell.Address) Then    ← 6
                MsgBox "すでに使われている言葉です。終了します。" _    ← 7
                    , , GAME_TITLE
                CheckDuplicate = False    ← 8
            End If
        End If
    Next myCell
End Function
```

コードの解説

1

```vba
Function CheckDuplicate(nowCell As Range, nowList As Range) As Boolean
```

　CheckDuplicateプロシージャを定義します。「True」または「False」を返すので、戻り値の型はBoolean型とします。

　重複チェックを行うセル（今回入力されたセル）への参照をパラメーターnowCellとして受け取ります。また、重複する言葉があるか調べるセル範囲への参照をパラメーターnowListとして受け取ります。

11.3　しりとりのチェックをしよう　**365**

2
```
Dim myCell As Range
```

For Each … Nextステートメントで使う変数を宣言します。

3
```
CheckDuplicate = True
```

戻り値を「True」にしておきます。以降は、重複していた場合のみ「False」に変更します。

4
```
For Each myCell In nowList
```

For Each … Nextステートメントで、受け取ったセル範囲nowListのセルを1つずつ順に参照します。

5
```
If nowCell.Text = myCell.Text Then
```

チェック対象セルの文字列とセル範囲のセルの文字列が同じであれば、Ifブロック内の処理を行います。

6
```
If Not (nowCell.Address = myCell.Address) Then
```

チェック対象のセルのアドレスが、同じ文字列が見つかったセルのアドレスと同じでなければ、重複しているとみなし、Ifブロック内の処理を行います。

Not演算子は、論理型（Boolean型）の値を反転した値を返します。

書式 Not演算子

```
Not 式
```

「式」には、「True」か「False」を返す式を指定します。「式」が「True」であれば、Not演算子は「False」を返します。また、「式」が「False」の場合は「True」を返します。

ここでは、かっこ内の「nowCell.Address = myCell.Address」が成立しない場合、この式の結果は「False」です。この「False」をNot演算子で反転しているので、「True」ということになり、Ifブロック内の処理が行われます。つまり、アドレスが同じではない場合に、Ifブロック内の処理が行われます。

366 第11章 しりとりができるようにしよう

7
```
MsgBox "すでに使われている言葉です。終了します。", , GAME_TITLE
```

メッセージボックスを表示し、言葉が重複していることを知らせます。

8
```
CheckDuplicate = False
```

戻り値を「False」にします。

用語

論理演算子

「True」を「False」に反転または「False」を「True」に反転することを**論理否定**と言います。このようにBoolean型の式を判別したり演算したりする演算子を**論理演算子**と呼びます。両側の式が「True」のときに「True」を返すAnd演算子や、片方または両側の式が「True」のときに「True」を返すOr演算子も論理演算子です。

スコアを表示して勝ち負け判定をしよう

文字数に応じてポイントを取得してスコアに加算し、勝ち負けの判定を行います。

ポイントを計算してスコアを表示しよう

　しりとりゲームでは、答えた言葉の文字数に応じてポイントを付与します。ポイントは、1文字につき1ポイントとします（ポイント付与機能が不要な場合は、入力を省いてもかまいません。ポイントを付与しない場合は、次の勝ち負け判定もできません）。

　この処理も独立したプロシージャとして作成します。スコアを表示するだけなので、戻り値はありません。パラメーターは、次の表のとおりです。

パラメーター名	型	説明
targetWS	Worksheet	スコアを表示するワークシートへの参照
targetCell	Range	ポイントを計算するセルへの参照

　パラメーター targetCell は、セルの列番号を参照して同じ列のスコア用セルにスコアを表示するために受け取るので、文字列ではなくセルへの参照を受け取るようにします。

　スコアを表示するときは、取得したポイントを0.1秒ごとに1ポイントずつスコアに加算して表示します。たとえば、スコアが0のときに3ポイントを追加する場合は、0.1秒ごとに表示を「1」「2」「3」と変化させていきます。そのため、0.1秒待って次の数字を表示する処理を繰り返します。ここでは、**Application.Waitメソッド**を使って待機をすることにします。

書式　Application.Waitメソッド

```
Application.Wait 待機時刻
```

　Application.Waitメソッドを実行すると、そのまま「待機時刻」まで待機します。「待機時刻」に指定するのは、1秒や2分などの時間間隔ではなく、待機終了日時です。そのため、今から何秒後まで待機するといった場合は、引数「待機時刻」に**Now関数**と待機時間を指定します。

書式　Now関数

```
Now()
```

Now関数は、現在の日時を秒単位で返します。ただし、Now関数は秒単位の時刻を取得するため、そのままでは0.1秒待つなど1秒未満の待機に対応できません。Now関数を使って1秒未満を指定するときは、半角の角かっこ（[]）で囲んで「[Now()]」と記述します。

したがって、「[Now()]」に0.1秒を足した時刻をApplication.Waitメソッドの引数に指定します。「[Now()]」と記述したときに足す時間単位は、1日の何分の1かを指定します。そこで、1日は86400000ミリ秒（＝24時間×60分×60秒×1000）で、待機時間は100ミリ秒（0.1秒）なので、0.1秒待機するには次のように記述します。

```
Application.Wait [Now()] + 100 / 86400000
```

少し複雑ですが、ミリ秒単位の待機を指定するときはこのように記述する方法があると覚えておいてください。

ポイントの加算は、セルの文字数の回数分だけ繰り返して行います。そこで、For … Next ステートメントを使って加算を繰り返します。

スコアを表示するプロシージャは、次の手順で入力します。プロシージャ名は「AddPoint」とします。

1 ブック「ExcelVBA_ChatGPT応用編.xlsm」のVBEで、標準モジュールModule1の最後に、次のコードを入力する（色文字部分）。

```
'前の言葉と重複していないかチェックする
Function CheckDuplicate(nowCell As Range, nowList As Range) As Boolean
    （中略）
End Function

'ポイントを計算してスコアを表示する
Sub AddPoint(targetWS As Worksheet, targetCell As Range)          ← 1
    Const DISPLAY_TIME As Integer = 100          ← 2
    Dim intCount As Integer          ← 3

    With targetCell          ← 4
        For intCount = 1 To Len(.Text) Step 1          ← 5
            targetWS.Cells(SCORE_CELL_ROW, .Column).Value = _
                    targetWS.Cells(SCORE_CELL_ROW, .Column).Value + 1          ← 6
            Application.Wait [Now()] + DISPLAY_TIME / 86400000          ← 7
        Next intCount
    End With
End Sub
```

11.4　スコアを表示して勝ち負け判定をしよう　369

ヒント

秒単位で待機時間を指定する

ミリ秒単位ではなく秒単位で0.1秒の待機を指定するコードを作成するには、次のように記述することもできます。

```
Application.Wait [Now()] + 0.1 / 86400
```

Now関数で現在の日時を取得する

Now関数だけ使って現在の日時を取得したり表示したりできます。たとえば、「Debug.Print Now」のように記述して実行すると、イミディエイトウィンドウに次のように表示されます。

```
2024/03/15 10:12:25
```

コードの解説

1
```
Sub AddPoint(targetWS As Worksheet, targetCell As Range)
```

AddPointプロシージャを定義します。パラメーターとして、targetWSにスコアを表示するワークシートへの参照、targetCellにポイントを算出する言葉が表示されているセルへの参照を受け取ります。

2
```
Const DISPLAY_TIME As Integer = 100
```

100ミリ秒の「100」を、定数DISPLAY_TIMEとして定義します。スコアの表示間隔を変更するときは、この値を変更します。

3
```
Dim intCount As Integer
```

カウンター変数を宣言します。

4
```
With targetCell
```

ポイントを算出するセルをWithブロック内の操作対象とします。

5

```
For intCount = 1 To Len(.Text) Step 1
```

カウンター変数intCountが1からセルの文字数分まで変化する間、ブロック内の処理を行います。Len関数は、前の節で説明したように、引数に指定した文字列の長さ（文字数）を返します。

6

```
targetWS.Cells(SCORE_CELL_ROW, .Column).Value = _
        targetWS.Cells(SCORE_CELL_ROW, .Column).Value + 1
```

スコア用セルの数値に1ポイント加算した値を、スコア用セルに表示します。セルの行番号と列番号を指定するため、RangeプロパティではなくCellsプロパティを使います。

行番号は、モジュールレベル定数SCORE_CELL_ROWに定義しているので、これを利用します。また、列番号は、ポイント算出対象セルの列番号を指定します。セルの列番号は、Rangeオブジェクトの**Columnプロパティ**で取得できます。

書式 RangeオブジェクトのColumnプロパティ

Rangeオブジェクト.Column

このようにポイント算出対象セルと同じ列番号を指定することにより、ユーザーの入力のときは2列目、ChatGPTの回答のときは7列目のスコア用セルにスコアを表示できます。

7

```
Application.Wait [Now()] + DISPLAY_TIME / 86400000
```

0.1秒待機します。定数DISPLAY_TIMEは、先ほどの **2** で「100」を定義しています。

勝ち負けの判定をしよう

ユーザーとChatGPTのスコアを比較し、どちらが勝ったかをメッセージボックスで知らせます（勝ち負け判定が不要な場合は、この処理を作成しなくても実行できます）。

この処理も独立したプロシージャで作成します。判定を行うだけなので、戻り値はありません。パラメーターは、次の表のとおりです。

パラメーター名	型	説明
targetSheet	Worksheet	スコア用セルがあるワークシートへの参照

　パラメーターを受け取ったら、ユーザーのスコア用セルとChatGPTのスコア用セルの値を比較して、どちらが勝ったかを判定します。スコアが同じ場合は、引き分けとします。

パラメーターの受け渡しをせずに処理を行う

ここでは、スコア用セルがあるワークシートへの参照をパラメーターとして受け取っていますが、対象となるワークシートはあらかじめわかっているので、受け渡しせずに処理を行うこともできます。必要なデータをパラメーターで渡すようにしておくと、データの流れがわかりやすくなります。また、他のプログラムからも利用できる普遍的なサブルーチンを作成できます。
コードの記述方法は1つではなく、状況や考え方によって多種多様な記述方法があります。そのときどきの状況に応じて、適したコードや処理を選択するようにします。

　勝ち負け判定のプロシージャは、次の手順で入力します。プロシージャ名は「JudgeGame」とします。

1 ブック「ExcelVBA_ChatGPT応用編.xlsm」のVBEで、標準モジュールModule1の最後に、次のコードを入力する（色文字部分）。

```vb
'ポイントを計算してスコアを表示する
Sub AddPoint(targetWS As Worksheet, targetCell As Range)
    （中略）
End Sub

'スコアのセルを比較して勝ち負けを判定する
Sub JudgeGame(targetSheet As Worksheet)          ← 1 2
    With targetSheet
        If .Range(USER_SCORE_CELL).Value > _
                .Range(CHAT_SCORE_CELL).Value Then   ← 3
            MsgBox "あなたの勝ちです。", , "You Win!"   ← 4
        ElseIf .Range(USER_SCORE_CELL).Value < _
                .Range(CHAT_SCORE_CELL).Value Then   ← 5
            MsgBox "ChatGPTの勝ちです。", , "You Lose!"  ← 6
        Else  ← 7
            MsgBox "引き分けです。", , GAME_TITLE       ← 8
        End If
    End With
End Sub
```

第11章　しりとりができるようにしよう

コードの解説

1
```
Sub JudgeGame(targetSheet As Worksheet)
```

　JudgeGameプロシージャを定義します。スコアが表示されているワークシートへの参照をパラメーター targetSheet として受け取ります。

2
```
With targetSheet
```

スコアが表示されているワークシートをWithブロック内の操作対象とします。

3
```
If .Range(USER_SCORE_CELL).Value > _
            .Range(CHAT_SCORE_CELL).Value Then
```

ユーザーのスコアの方が大きい場合は、Ifブロック内の処理を行います。

4
```
MsgBox "あなたの勝ちです。", , "You Win!"
```

メッセージボックスを表示して、ユーザーの勝ちを知らせます。

5
```
ElseIf .Range(USER_SCORE_CELL).Value < _
            .Range(CHAT_SCORE_CELL).Value Then
```

ChatGPTのスコアの方が大きい場合は、ElseIfブロック内の処理を行います。

6
```
MsgBox "ChatGPTの勝ちです。", , "You Lose!"
```

メッセージボックスを表示して、ChatGPTの勝ちを知らせます。

7
```
Else
```

　ユーザーの勝ちではなく、ChatGPTの勝ちでもないとき、つまり、引き分けの場合はElseブロック内の処理を行います。

11.4　スコアを表示して勝ち負け判定をしよう　　**373**

> **8**　`MsgBox "引き分けです。", , GAME_TITLE`

メッセージボックスを表示して、引き分けであることを知らせます。

　勝ち負け判定の処理を作成したら、しりとりのチェックなどの操作は終了です。次は、作成したプロシージャをメインプロシージャから呼び出して、しりとりゲームができるようにします。

　ウサギ先生からの特別アドバイス：その2

しりとりゲームでは、スコアを100ミリ秒（0.1秒）ごとに表示するようにしているので、完成後に実行すると、スコアの表示がパパっと切り替わるのを確認できます。表示される数字をもうちょっとゆっくり確認したい場合は、次のコードのように「500」を定数DISPLAY_TIMEとして定義してみてもよいでしょう。

```
Const DISPLAY_TIME As Integer = 500
```

このように定義すると、500ミリ秒ごとに表示が切り替わります。まずは、本書のとおりに入力してみて、この章の学習を終えてから必要に応じて変更してみましょう。

11.5 実行してしりとりチェックを動作確認しよう

チェックするプロシージャをメインプロシージャから呼び出すようにしてから、実行して動作確認を行います。

チェックする処理をメインプロシージャから呼び出そう

前の節までに作成したプロシージャをメインプロシージャから順に呼び出します。

呼び出したとき、重複チェックなど「True」または「False」の戻り値があるプロシージャについては、「False」であればフラグ用の変数blExitFlagに「True」を代入します。また、Exit Forステートメントを実行してループ処理を終了します（ユーザーの入力を取得するときと同じ処理です）。

プロシージャをメインプロシージャから呼び出す処理は、次の手順で入力します（作成しなかったプロシージャは呼び出せません。作成していないプロシージャの呼び出しコードの入力は省略してください）。

1 ブック「ExcelVBA_ChatGPT応用編.xlsm」のVBEで、標準モジュールModule1の「しりとりMain」プロシージャのForループ内の次の位置に、次のコードを入力する（色文字部分）。

```
Sub しりとりMain()
    (中略)

        '偶数回であればChatGPTの回答を取得する
        Else
            colNum = CHAT_COLUMN

        (中略)

            'ダイアログボックスを初期化する
            Call InitInputDialog(strWord)
        End If

        '取得した言葉をセルに表示する
        mySheet.Cells(rowNum, colNum).Value = strWord

        'しりとりとして成立しているかチェックする
        If Not CheckSiritori(numberOfTimes, strWord, lastChar) Then   ← 1
            blExitFlag = True   ← 2
```

```
                Exit For                    ← 3
        End If

        '語尾の文字を赤色に変更する
        lastChar = CharToRed(mySheet.Cells(rowNum, colNum))    ← 4

        '語尾が「ん」でないかチェックする
        If Not CheckLastChar(lastChar, colNum) Then    ← 5
            blExitFlag = True
            Exit For
        End If
                                                                    6
        '重複チェックを行う
        If Not CheckDuplicate(mySheet.Cells(rowNum, colNum), userRange) Then ←
            blExitFlag = True
            Exit For
                                                                    7
        End If
        If Not CheckDuplicate(mySheet.Cells(rowNum, colNum), chatRange) Then ←
            blExitFlag = True
            Exit For
        End If

        'ポイントを加算する
        Call AddPoint(mySheet, mySheet.Cells(rowNum, colNum))    ← 8

        'ChatGPTの番であれば行番号をカウントする
        If colNum = CHAT_COLUMN Then
            rowNum = rowNum + 1
        End If
    Next numberOfTimes

    '入力用ダイアログボックスの実行を終了する
    Unload InputDialog
End Sub
```

コードの解説

1
```
If Not CheckSiritori(numberOfTimes, strWord, lastChar) Then
```

CheckSiritoriプロシージャを呼び出して、しりとりとして成立しているかチェックします。
引数として、やりとりの回数とチェックする言葉、前回の語尾の文字を渡します。

しりとりとして成立している場合、CheckSiritoriプロシージャは「True」を返します。この時点のIfステートメントは次のようになります。

第11章 しりとりができるようにしよう

```
If Not True Then
```

結果の「True」をNot演算子で反転しているので、Ifステートメントの条件式の結果は「False」ということになります。したがって、Ifブロック内の処理は行われません。

しりとりとして成立せず「False」が返された場合は、Not演算子で反転して「True」になるので、Ifブロック内の処理を行います。

2
```
blExitFlag = True
```

フラグ用の変数blExitFlagに「True」を代入します。Ifブロック内の処理は以降も同様です。

3
```
Exit For
```

Forループを終了します。

4
```
lastChar = CharToRed(mySheet.Cells(rowNum, colNum))
```

CharToRedプロシージャを呼び出して、語尾の文字を赤色に変更します。引数として、変更するセルへの参照を渡します。変数rowNumは、現在チェック対象の言葉を表示しているセルの列番号が代入されています。変数colNumは行番号が代入されています。

戻り値（語尾の文字）を変数lastCharに代入します。

5
```
If Not CheckLastChar(lastChar, colNum) Then
```

CheckLastCharプロシージャを呼び出して、語尾の文字が「ん」でないかをチェックします。引数として、語尾の文字と列番号を渡します。戻り値の処理はこれまでと同じです。

6
```
If Not CheckDuplicate(mySheet.Cells(rowNum, colNum), userRange) Then
```

CheckDuplicateプロシージャを呼び出して、重複チェックを行います。引数として、チェックする言葉を表示しているセルへの参照と、ユーザーの欄への参照を渡します。

11.5　実行してしりとりチェックを動作確認しよう **377**

戻り値は、先ほどのCheckSiritoriプロシージャのときと同じように「True」または「False」が返されるため、Not演算子で反転します。

7　`If Not CheckDuplicate(mySheet.Cells(rowNum, colNum), chatRange) Then`

　もう一度CheckDuplicateプロシージャを呼び出して、ChatGPTの欄との重複をチェックします。引数として、チェックする言葉を表示しているセルへの参照と、ChatGPTの欄への参照を渡します。

8　`Call AddPoint(mySheet, mySheet.Cells(rowNum, colNum))`

　AddPointプロシージャを呼び出して、スコアにポイントを追加します。引数として、スコアを表示するワークシートへの参照と、現在チェック中の言葉が表示されているセルへの参照を渡します。

 ヒント

条件式を読みやすくする

ここでは、Ifステートメントの条件式にNot演算子を使いましたが、わかりにくい場合は、次のようにプロシージャの結果が「False」と等しい場合のように記述しても同じ結果になります。

`If CheckSiritori(numberOfTimes, strWord, lastChar) = False Then`

処理スピード等を考慮して簡潔に記述されることが一般的ですが、上のように記述すると可読性が向上します。

勝ち負け判定をする処理をメインプロシージャから呼び出そう

　勝ち負けを表示するプロシージャをメインプロシージャから呼び出します。

1 ブック「ExcelVBA_ChatGPT応用編.xlsm」のVBEで、標準モジュールModule1の「しりとりMain」プロシージャのEnd Subステートメントの直前に、次のコードを入力する（色文字部分）。

```
Sub しりとりMain()
    (中略)

    Next numberOfTimes

    '入力用ダイアログボックスの実行を終了する
    Unload InputDialog

    'ゲーム中断ではないときは勝ち負け判定を行う
    If Not blExitFlag Then          ◄──────── 1
        'やりとりが10回を超えたら勝ち負け判定をする
        If numberOfTimes > 10 Then  ◄──── 2
            Call JudgeGame(mySheet) ◄──── 3
        End If
    End If
End Sub
```

コードの解説

1

```
If Not blExitFlag Then
```

フラグ用変数blExitFlagの値が「False」の場合、Ifブロック内の処理を行います。「If blExitFlag = False Then」と記述しても同じ意味になります。

2

```
If numberOfTimes > 10 Then
```

やりとりの回数用変数numberOfTimesが「10」を超えている場合、つまり、10回まで完了した場合は、Ifブロック内の処理を行います。

3

```
Call JudgeGame(mySheet)
```

JudgeGameプロシージャを呼び出して、勝ち負けを表示します。

メインプロシージャが完成したら、次は、実行して正しくチェックが行われるか確認してみましょう。

11.5　実行してしりとりチェックを動作確認しよう **379**

しりとりゲームを実行してみよう

ここまで入力した内容について、簡単な動作確認テストを行います。この段階では、次の表の動作確認を行ってみましょう。なお、この章の「11.2　連続して入力できるようにしよう」の動作確認（および、必要な場合はコードの訂正）は、完了しているものとします。

状況	動作	結果（○/×）	メモ
言葉を入力して［入力を決定する］ボタンをクリックしたとき	セルに表示された文字列の最後の文字が赤色になる		
	ポイントが1ポイントずつスコアに加算される		
	「1ポイント×文字数」のポイントがスコアの欄に表示される		
語尾の文字が長音記号「ー」の言葉を入力して［入力を決定する］ボタンをクリックしたとき	右端から2番目の文字が赤色で表示される		
	次の言葉を長音記号の前の文字から始めてもエラーにならない		
語尾の文字が小さいひらがなの言葉を入力して［入力を決定する］ボタンをクリックしたとき	次の言葉を標準のひらがなから始めてもエラーにならない		
しりとりとして成立しない言葉を入力して［入力を決定する］ボタンをクリックしたとき	しりとりになっていないことを示すエラーメッセージが表示される		
	しりとりゲームが終了される		
語尾の文字が「ん」の言葉を入力して［入力を決定する］ボタンをクリックしたとき	負けたことを示すエラーメッセージが表示される		
	しりとりゲームが終了される		
重複している言葉を入力して［入力を決定する］ボタンをクリックしたとき	重複していることを示すエラーメッセージが表示される		
	しりとりゲームが終了される		
10回入力後、ユーザーのスコアの方が大きいとき	メッセージボックスにユーザーの勝ちと表示される		
10回入力後、ChatGPTのスコアの方が大きいとき	メッセージボックスにChatGPTの勝ちと表示される		
10回入力後、ユーザーとChatGPTのスコアが同じとき	メッセージボックスに引き分けと表示される		

この表は簡易的な動作確認書の例です（実際の動作確認テストよりテスト項目を少なくし、簡潔な表にしています）。メモ欄には、動作が正常ではなかったときの動作を記入してください。

第11章　しりとりができるようにしよう

ここでは、動作確認テストの例を示すので、手順に沿って実行してみてください。

まず、しりとりとして成立しない言葉を入力したときの動作から確認してみましょう。手順3の［入力を決定する］ボタンをクリックした直後に、セルB7にポイントが加算されるのを確認してください。

1 ブック「ExcelVBA_ChatGPT応用編.xlsm」のExcelを表示し、［Let's しりとり！］ボタンをクリックする。

結果 インプットボックスが表示される。

2 任意の文字を入力し、［OK］ボタンをクリックする。

結果 ［しりとりゲーム］ダイアログボックスが表示される。

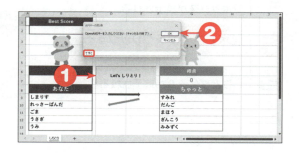

3 **ぶらきおさうるす**と入力し、［入力を決定する］ボタンをクリックする（またはEnterキーを押す）。

結果 セルB9に「ぶらきおさうるす」と表示され、「す」だけ赤色で表示される。再度、［しりとりゲーム］ダイアログボックスが表示される。セルB7に「8」と表示される（「1」〜「8」までカウントアップして表示される）。

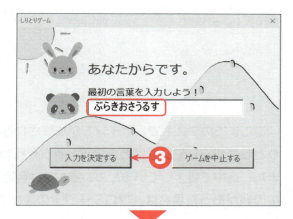

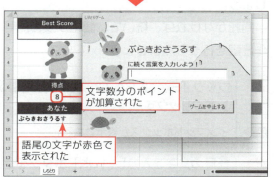

文字数分のポイントが加算された

語尾の文字が赤色で表示された

4 **あろさうるす**と入力し、[入力を決定する] ボタンをクリックする（または Enter キーを押す）。

結果 セルG10に「あろさうるす」と表示される。しりとりになっていないことを示すメッセージボックスが表示される。

5 [OK] ボタンをクリックする。

結果 しりとりゲームが終了される。

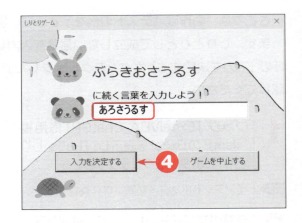

　ここまでのテストで、ポイントが加算されることと、語尾の文字が赤色になること、しりとりとして成立していないときのチェックが行われてゲームが終了されることが確認できます。また、途中で終了しているため、勝ち負け判定の表示が行われないことも確認できます。動作に問題があった場合は、プロシージャの呼び出しと、プロシージャ内の処理を確認してみましょう。

　問題がなければ、続いて、語尾が長音記号「ー」のときと、語尾の文字が「ん」のときの動作確認を行ってみましょう。

1 ブック「ExcelVBA_ChatGPT応用編.xlsm」のExcelを表示し、[Let's しりとり！] ボタンをクリックする。

結果 インプットボックスが表示される。

2 任意の文字を入力し、[OK] ボタンをクリックする。

結果 [しりとりゲーム] ダイアログボックスが表示される。

第11章　しりとりができるようにしよう

3 **くっきー**と入力し、[入力を決定する] ボタンをクリックする（または Enter キーを押す）。

結果 ▶ セルB9に「くっきー」と表示され、「き」だけ赤色で表示される。再度、[しりとりゲーム] ダイアログボックスが表示される。セルB7に「4」と表示される。

4 **きゃんでぃー**と入力し、[入力を決定する] ボタンをクリックする（または Enter キーを押す）。

結果 ▶ セルG9に「きゃんでぃー」と表示され、「ぃ」が赤色で表示される。セルG7に「6」と表示される。

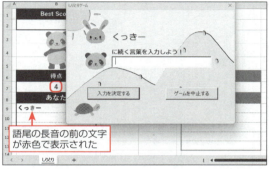

語尾の長音の前の文字が赤色で表示された

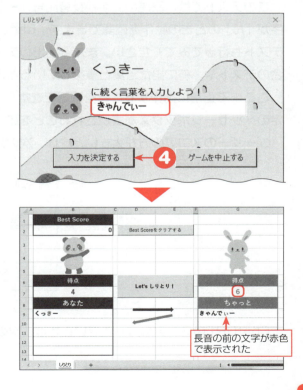

長音の前の文字が赤色で表示された

11.5 実行してしりとりチェックを動作確認しよう 383

5 **いよかん**と入力し、[入力を決定する] ボタンをクリックする（または Enter キーを押す）。

結果 セルB10に「いよかん」と表示される。負けたことを示すメッセージボックスが表示される。

6 [OK] ボタンをクリックする。

結果 しりとりゲームが終了される。

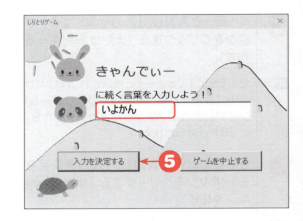

　このテストでは、語尾の文字が長音記号「ー」のときとユーザーが入力した言葉の語尾の文字が「ん」のときの動作を確認できます。ChatGPT側（偶数回）の語尾が「ん」だった場合のテストも行ってみてください。また、前出のテスト表を参照して、語尾が小さいひらがなの場合のテストや、前に出た言葉と重複しているときのテストなども行ってみてください。

　ここまで正常に動作することを確認できたら、次は10回続けて入力し、最後に勝ち負け判定のメッセージボックスが表示されることを確認してください。

　ユーザーのスコアの方が大きいときは、次のメッセージボックスが表示されます。

　ChatGPTのスコアの方が大きいときは、次のメッセージボックスが表示されます。

　また、ユーザーのスコアとChatGPTのスコアが同じ場合は、次のメッセージボックスが表示されます。

　ここまで実行テストを行い、正常に動作することを確認できたら、この章の学習は終わりです。しりとりゲームとしての機能は絞っているので、このほかに、語尾の長音記号が2つ続けて入力されていた場合のエラー処理なども追加してみてもよいでしょう。

　次の章では、ChatGPTと対戦できるようにします。この章でしりとりゲームの作成を終えてもゲームとして実行できますが、ぜひ次の章も目を通してみてください。
　また、次のページのコラムで、おまけとしてベストスコアの表示とクリアを行うプロシージャの例を紹介しますので、時間があれば入力してゲーム性を高めてみてください。

ベストスコアを表示しよう

セルB2にベストスコアを表示するプロシージャと、ベストスコアをクリアするプロシージャの例を紹介します。

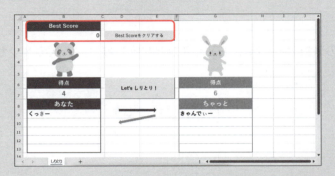

次の手順で入力します。プロシージャ名は、それぞれ「UpdateBestScore」、「ClearBestScore」とします。UpdateBestScoreプロシージャは、パラメーターとして操作対象ワークシートへの参照を受け取ります（しりとりゲームを空白のブックから作成した場合は、上の画面を参考にして［Let's しりとり！］ボタンの上にフォームコントロールのボタンを配置してから入力してください）。

1 ブック「ExcelVBA_ChatGPT応用編.xlsm」のVBEで、標準モジュールModule1の最後に、ベストスコアを表示するプロシージャとして、次のコードを入力する（色文字部分）。

```
'スコアのセルを比較して勝ち負けを判定する
Sub JudgeGame(targetSheet As Worksheet)
    （中略）
End Sub

'ベストスコアを更新する
Sub UpdateBestScore(targetSheet As Worksheet)
    With targetSheet
        If .Range("B7").Value > .Range("B2").Value Then
            .Range("B2").Value = .Range("B7").Value
            MsgBox "ベストスコアを更新しました！", , GAME_TITLE
        End If
    End With
End Sub
```

2 手順❶のコードに続けて、ベストスコアをクリアするプロシージャとして、次のコードを入力する（色文字部分）。

```
'ベストスコアを更新する
Sub UpdateBestScore(targetSheet As Worksheet)
    (中略)
End Sub

'ベストスコアをクリアする
Sub ClearBestScore()
    ThisWorkbook.Worksheets(SHEET_NAME).Range("B2").Value = 0
End Sub
```

3 標準モジュールModule1の「しりとりMain」プロシージャのEnd Subステートメントの直前に、次のコードを入力する（色文字部分）。

```
Sub しりとりMain()
    (中略)
    'ゲーム中断ではないときは勝ち負け判定を行う
    If Not blExitFlag Then
        (中略)
    End If

    'ベストスコアを更新する
    Call UpdateBestScore(mySheet)
End Sub
```

4 表示をExcelに切り替え、［Best Scoreをクリアする］ボタンを右クリックし、［マクロの登録］をクリックして、［マクロの登録］ダイアログボックスで［ClearBestScore］を選択し、［OK］ボタンをクリックする。

　入力を終えたら、実行して動作確認を行ってみてください。このコードでは、ベストスコアの更新は、勝ち負けやゲーム途中のキャンセルなどに関係なく行われます。

> **フォームコントロールからプロシージャを呼び出すとき**
>
> ベストスコアを更新するUpdateBestScoreプロシージャは、メインプロシージャから呼び出されます。そこで、メインプロシージャから現在処理中のワークシートへの参照をパラメーターに受け取るようにしています。一方、ベストスコアをクリアするClearBestScoreプロシージャは、メインプロシージャから呼び出すのではなく、ワークシート上のボタンから呼び出しています。したがって、パラメーターを渡せないため、パラメーターを定義していません（パラメーターがあるプロシージャは、ワークシート上のボタンから呼び出せません）。

11.5　実行してしりとりチェックを動作確認しよう

🐼 しりとりできたー！

🐰 がんばりましたね！！

🐼 ひとつずつチェックするのって大変……

🐰 そうですね、今回は学習用にチェック機能を減らしましたが、ほかの人に遊んでもらうときは、もうちょっと機能を追加した方がよいですね。

🐼 ボク、このままでいいや……

🐰 このままでも遊べますが、次の章ではChatGPTとの対戦コードを入力します。

🐼 また大変なのかなぁ……

🐰 前にChatGPTと接続したときのコードを生かしてプログラミングしましょう。ここまでがんばってきたみなさんは、ぜひトライしてみてください！

〜もう一度確認しよう！〜　チェック項目

- ☐ メインプロシージャからユーザーフォームを表示できましたか？
- ☐ ユーザーフォームのテキストボックスの文字列を取得できましたか？
- ☐ For … Nextステートメントで繰り返し処理を行えましたか？
- ☐ Not演算子、Or演算子、<>演算子を使えましたか？
- ☐ パラメーターを受け取るプロシージャを作成できましたか？
- ☐ Cellsプロパティに行番号と列番号を指定してセルを参照できましたか？
- ☐ しりとりとして成立しているかチェックできましたか？

第 **12** 章

ChatGPTと
しりとりをしよう

この章では、ユーザーの入力とChatGPTの回答が交互に行われるようにし、しりとりゲームを完成させます。

12.1 ChatGPTの回答を得る
プロシージャを作ろう

12.2 ChatGPTに2回目の
問いかけをしよう

12.3 実行してChatGPTと
しりとりをしよう

この章で学ぶこと

🐰 ここでは、ChatGPTとしりとりができるようにします。

🐼 いよいよですね！

🐰 はい、1回の対話で終わりではなく、前の対話の内容を踏まえて対話を続けていきます。

🐼 普通にリクエストを繰り返すだけじゃダメなの？

🐰 そうですね、ChatGPTに前の話の続きとわかるようにリクエストします。

🐼 なるほど〜。あともう少しだからがんばります！

この章では、次について学びます。

- ●ChatGPTとの通信でトークン数の上限を設定する
- ●ChatGPTと対話を続ける

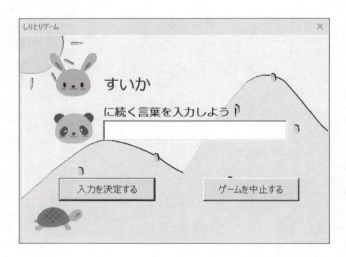

ChatGPTの回答を得るプロシージャを作ろう

ChatGPTに接続して、しりとりの回答を得る処理を、独立したプロシージャとして作成します

ChatGPTとの接続を復習しよう

　ChatGPTと連続した対話をする処理を作成する前に、第7章で学習したChatGPTとの接続方法を簡単におさらいしておきましょう。

　第7章でも学習したように、ChatGPTへの接続は、次の手順で行います。

（1）通信用のオブジェクトを作成する
（2）**リクエスト**（問い合わせ文）を作成する
（3）ChatGPTにリクエストを送る
（4）**レスポンス**（返答）を受け取る
（5）レスポンスを解析してデータを取り出す

　また、ChatGPTに渡すデータの形式と、リクエストとレスポンスについても簡単に確認しておきましょう。

　ChatGPTに渡すデータは、キーと値をセットにしたJSON形式で次のように記述します。

```
{"キー1":"値1", "キー2":"値2", ...}
```

リクエストボディは、次のように記述します。

```
{"model":"モデル名", "messages":[メッセージ]}
```

リクエストボディ内のメッセージは、次のように記述します。

```
[{"role":"user", "content":"質問文"}]
```

ChatGPTからの回答は、キーcontentの値として、次のような書式で受け取ります。

```
{　（中略）　, "content":"回答",　（中略）　}
```

したがって、「"content":"」の次の文字から次の「"」までの文字列を、ChatGPTからの回答として取り出します。

以上のポイントを踏まえ、次の項からChatGPTに接続する処理を作成します。以降の内容についてわからないところがある場合は、第7章を復習してください。

ChatGPTの回答を得るプロシージャを作成しよう

まず、ChatGPTの回答を得るプロシージャを作成します。このプロシージャは、ChatGPTの番になるたびに呼び出されます。

このプロシージャでは、第7章と同じように、ChatGPTのエンドポイント等を定数として定義します。また、メッセージやChatGPTからのレスポンスを一時保管するための変数も宣言します。

パラメーターは、次の表のとおりです。

パラメーター名	型	説明
intTimes	Integer	やりとりの回数（1回目と2回目以降でメッセージを変更するため）
xmlObject	Object	通信用オブジェクトへの参照
strKey	String	APIに渡すシークレットキー
userWord	String	1回目は「しりとりをしましょう。～」の後にユーザーが最初に答えた言葉を追加した文字列、2回目以降はユーザーが直前に答えた言葉

取得した回答は、戻り値として返すことにします。したがって、Functionプロシージャとして定義します。戻り値の型はString型にします。

ChatGPTに接続するプロシージャは、次の手順で入力します。プロシージャ名は「ConnectChatGPT」とします。

1 ブック「ExcelVBA_ChatGPT応用編.xlsm」のVBEで、標準モジュールModule1の最後に、次のコードを入力する（色文字部分）。

```
(Module1の最後にあるコード)

'ChatGPTに接続して回答を得る
Function ConnectChatGPT(intTimes As Integer, xmlObject As Object _
                        , strKey As String, userWord As String) As String    1
    Const CHAT_MODEL As String = "gpt-4o-mini"    'ChatGPTのモデル
    Const API_URL As String = "https://api.openai.com/v1/chat/completions"
    Const MAX_TOKENS As Integer = 1000    ←    2

    Dim strNewMessages As String       'ChatGPTのメッセージ用
    Dim strRequestBody As String       'リクエストボディ用
    Dim varTemp1 As Variant            'ChatGPTの回答取り出し用
    Dim varTemp2 As Variant            'ChatGPTの回答取り出し用
    Dim varTemp3 As Variant            'ChatGPTの回答取り出し用

End Function
```

コードの解説

1
```
Function ConnectChatGPT(intTimes As Integer, xmlObject As Object _
                        , strKey As String, userWord As String) As String
```

　FunctionプロシージャConnectChatGPTを定義します。ChatGPTからの回答の文字列を返すため、戻り値はString型とします。

2
```
Const MAX_TOKENS As Integer = 1000
```

　しりとりゲームでは、ChatGPTとの対話のトークン数の上限を設定します（設定方法は次の項で説明します）。ここでは、1000トークンを上限とするため、「1000」を定数MAX_TOKENSとして定義しておきます。

12.1　ChatGPTの回答を得るプロシージャを作ろう　**393**

トークン上限数を設定してリクエストボディを作成しよう

ChatGPTと接続する際に、トークンの上限数を設定することができます。

トークンの上限数は、リクエストボディに指定します。トークン上限数のキーは「max_tokens」です。トークン数を「1000」とすると、リクエストボディには次のように記述します（トークン上限数を最後に指定する場合です）。

```
{ （中略） , "max_tokens":1000}
```

ここでは、トークン上限数を設定してリクエストボディを作成するところまで入力してみましょう。リクエストヘッダーの「"Bearer "」を入力するときは、「Bearer」の後の半角スペースを忘れないようにしてください。

1 標準モジュールModule1のConnectChatGPTプロシージャ内の次の位置に、次のコードを入力する（色文字部分）。

```
Function ConnectChatGPT(intTimes As Integer, xmlObject As Object _
                      , strKey As String, userWord As String) As String
   （中略）
   Dim varTemp1 As Variant          'ChatGPTの回答取り出し用
   Dim varTemp2 As Variant          'ChatGPTの回答取り出し用
   Dim varTemp3 As Variant          'ChatGPTの回答取り出し用

   With xmlObject        ← 1

       'HTTPリクエストのヘッダーを設定する
       .Open "POST", API_URL
       .setRequestHeader "Content-Type", "application/json"
       .setRequestHeader "Authorization", "Bearer " & strKey
                                                    └→ 必ず半角スペースを入力
       '1回目のメッセージを作成する
       If intTimes = 2 Then   ← 2

           mStrMessages = "[{""role"":""user"",""content"":""" _    ┐  3
                           & userWord & """}]"                      ┘

       '2回目以降のメッセージを作成する
       Else   ← 4

       End If

       'リクエストボディを作成する
```

394　第12章 ChatGPTとしりとりをしよう

```
            strRequestBody = "{""model"":""" & CHAT_MODEL _
                            & """, ""messages"":" & mStrMessages & _
                            ", ""max_tokens"":" & MAX_TOKENS & "}"
            Debug.Print "リクエストボディ：" & strRequestBody
        End With
    End Function
```

⑤

コードの解説

1
```
With xmlObject
```

パラメーターとして受け取った通信用オブジェクトxmlObjectをWithブロック内の操作対象とします。

2
```
If intTimes = 2 Then
```

パラメーターとして受け取ったやりとり回数intTimesが「2」の場合は、Ifブロック内の処理を行います。やりとり回数は、最初のユーザーの番が「1」、次のChatGPTの番が「2」になるため、「2」の場合はChatGPTに最初に接続するときです。

3
```
mStrMessages = "[{""role"":""user"",""content"":""" & userWord & """}]"
```

メッセージを作成し、モジュールレベル変数mStrMessagesに代入します。ChatGPTと前回の対話を踏まえた対話をする場合は、前回のメッセージと今回のメッセージを一緒に渡す必要があるため、モジュールレベル変数を使います。モジュールレベル変数に代入しておくと、次にこのプロシージャが呼び出されたときにも、前回のメッセージを参照できます。

また、メッセージには、「しりとりをしましょう。～」の後にユーザーが答えた最初の言葉を追加した文字列を受け取っているパラメーターuserWordをcontentに指定します。

4
```
Else
```

やりとり回数が「2」ではない場合、つまり、ChatGPTに接続する2回目以降の場合は、Elseブロック内の処理を行います（ブロック内の処理は後で作成します）。

12.1　ChatGPTの回答を得るプロシージャを作ろう　**395**

5
```
strRequestBody = "{""model"":""" & CHAT_MODEL _
            & """, ""messages"":" & mStrMessages & _
            ", ""max_tokens"":" & MAX_TOKENS & "}"
```

　リクエストボディを作成し、変数strRequestBodyに代入します。ここでは、最後にトークン数の上限を指定します。このステートメントは、ChatGPTに接続する1回目も2回目以降も実行されます（ダブルクォーテーションの数に注意して入力してください）。

　リクエストボディ作成まで入力したら、次は、リクエストボディを送信するコードを入力します。

リクエストの送信とレスポンスの受信をする処理を入力しよう

ChatGPTにリクエストを送信し、レスポンスを受信します。この処理も第7章と同じです。

1 ConnectChatGPTプロシージャ内のWithブロック内に、次のコードを入力する（色文字部分）。

```
Function ConnectChatGPT(intTimes As Integer, xmlObject As Object _
                    , strKey As String, userWord As String) As String

    （中略）

    With xmlObject

        'HTTPリクエストのヘッダーを設定する
        .Open "POST", API_URL
        .setRequestHeader "Content-Type", "application/json"
        .setRequestHeader "Authorization", "Bearer " & strKey
        （中略）

        'リクエストボディを作成する
        strRequestBody = "{""model"":""" & CHAT_MODEL _
                    & """, ""messages"":" & mStrMessages & _
                    ", ""max_tokens"":" & MAX_TOKENS & "}"
        Debug.Print "リクエストボディ:" & strRequestBody

        MsgBox "接続を開始します。", , "テスト用メッセージ1"  ◀──── 1

        'リクエストを送信する
        .send strRequestBody  ◀──── 2

        'レスポンスが返ってくるまで待つ
```

第12章 ChatGPTとしりとりをしよう

```
                    Do While .readyState <> 4
                        DoEvents                         ◀─ 3
                    Loop

                    MsgBox "ChatGPTからの回答を受け取りました。", , "テスト用メッセージ2"  ◀ 4

                    'レスポンスのテキスト情報を変数に取得する    5
                    mStrResponse = .responseText  ◀─
                    Debug.Print "取得したテキスト情報：" & mStrResponse
            End With
    End Function
```

コードの解説

1
```
    MsgBox "接続を開始します。", , "テスト用メッセージ1"
```

　接続開始からChatGPTの返答を得るまでに時間がかかることがあるため、確認用のメッセージボックスを表示します（実行が停止したままのときに、返答待ちかプログラムのエラーか区別するためです）。

2
```
    .send strRequestBody
```

　リクエストボディを送信します。第7章の7.5節で説明しているので、必要に応じて参照してください。

3
```
    Do While .readyState <> 4
        DoEvents
    Loop
```

　IXMLHTTPRequestオブジェクトのreadyStateプロパティの値が4になるまで参照を繰り返すことによって、レスポンスが返ってくるのを待ちます。待ち時間に画面が固まらないようにするため、ブロック内でDoEvents関数を実行しています。第7章の7.6節で説明しているので、必要に応じて参照してください。

4
```
    MsgBox "ChatGPTからの回答を受け取りました。", , "テスト用メッセージ2"
```

12.1　ChatGPTの回答を得るプロシージャを作ろう　　**397**

通信が終了したことを知らせるメッセージボックスを表示します。

5
```
mStrResponse = .responseText
```

レスポンスのテキスト情報をモジュールレベル変数mStrResponseに代入します。ChatGPTとの次のやりとりを行うときに、ChatGPTの直前のレスポンスも提示する必要があるため、モジュールレベル変数に保管します。

ChatGPTの回答を得る処理を入力しよう

受信したレスポンスからChatGPTの回答を取り出す処理を入力します。

1 ConnectChatGPTプロシージャ内のEnd Withステートメントの下に、次のコードを入力する（色文字部分）。

```
Function ConnectChatGPT(intTimes As Integer, xmlObject As Object _
                    , strKey As String, userWord As String) As String
    (中略)

        'レスポンスのテキスト情報を変数に取得する
        mStrResponse = .responseText
        Debug.Print "取得したテキスト情報：" & mStrResponse
    End With

    'ChatGPTの回答の開始位置で分割する
    varTemp1 = Split(mStrResponse, "content"": """)     ← 1
    If UBound(varTemp1) = 0 Then     ← 2
        MsgBox "エラーが発生した可能性があります。", , GAME_TITLE
        ConnectChatGPT = ""     ← 3
        Exit Function     ← 4
    End If

    'ChatGPTの回答の終了位置で分割する
    varTemp2 = Split(varTemp1(1), """")     ← 5

    '回答の改行コードを削除して返す
    ConnectChatGPT = Replace(Replace(varTemp2(0), "¥n", ""), "¥", "")     ← 6
End Function
```

398 第12章 ChatGPTとしりとりをしよう

コードの解説

1
```
varTemp1 = Split(strResponse, "content"": """)
```

　ChatGPTからの回答の最初の位置でテキスト情報を分割し、Variant型変数varTemp1に代入します。このステートメントが正常に実行されると、varTemp1(0)にChatGPTの回答の前までのテキスト、varTemp1(1)にChatGPTの回答以降のテキストが代入されます。

2
```
If UBound(varTemp1) = 0 Then
```

　変数varTemp1の要素数が0の場合、つまり、content（回答）がなかった場合は、Ifブロック内の処理を行います。

3
```
ConnectChatGPT = ""
```

　空の文字列を戻り値に設定します。

4
```
Exit Function
```

　このプロシージャの処理を終了し、呼び出し元に戻ります。

5
```
varTemp2 = Split(varTemp1(1), """")
```

　ChatGPTからの回答の最後の次の位置でテキスト情報を分割し、Variant型変数varTemp2に代入します。このステートメントが実行されると、varTemp2(0)にChatGPTの回答、varTemp2(1)にChatGPTの回答の後のテキストが代入されます。

6
```
ConnectChatGPT = Replace(Replace(varTemp2(0), "¥n", ""), "¥", "")
```

　レスポンスから取り出した回答を戻り値として設定します。
　このステートメントでは、まず次のコードが実行され、改行コードを削除します（Replace関数により、改行コード「¥n」を空文字「""」で置き換えます）。改行コードを削除するのは、セルに1行で表示するためです。

```
Replace(varTemp2(0), "¥n", "")
```

　続いて、次のコードが実行され、半角の円記号「¥」が削除されます。これは、ChatGPTからの回答に不要な「¥」が含まれることがあるからです。

```
Replace(上のステートメントの結果, "¥", "")
```

　ここまでの入力で、第7章と同じように、ChatGPTに接続して回答を取得する処理ができました。次の節では、ChatGPTと対話を続けていく処理を作成します。

ChatGPTの回答に応じた対処をする

ChatGPTからの回答に、「りんご（あなたの番です）」のように余分な言葉や記号が含まれることがあります。しりとりゲームでは言葉が実在するかどうかチェックしていないので、この場合は語尾の「）」がなければ、「す」から次の入力を続けることができます。したがって、次のコードで「）」を取り除くようにしてもよいでしょう。

```
Replace(ChatGPTの回答, "）", "")
```

また、次のように変数を使って順に記述すると、後から見たときにわかりやすくなります。

```
回答用変数名 = Replace(varTemp2(0), "¥n", "")
回答用変数名 = Replace(回答用変数名, "）", "")
回答用変数名 = Replace(回答用変数名, "。", "")    '文末の「。」を削除
```

12.2 ChatGPTに2回目の問いかけをしよう

ChatGPTとしりとりの続きをします。しりとりを続けるには、前回までのメッセージに新しいメッセージをつなげて渡します。

ChatGPTと連続して対話をするには

　前回の対話とつながった対話をChatGPTと続けるには、1回目から直前までのメッセージをすべて渡す必要があります。たとえば、2回目のメッセージを渡すときは、次のようにつなげます。

> 前回のメッセージ,前回のChatGPTのメッセージ,新しいメッセージ

　しりとりゲームの場合、ChatGPTに渡す1回目～3回目のメッセージは、次のようなイメージです（「Y」はユーザー（あなた）の入力、「C」はChatGPTの回答を指します）。

1回目のメッセージ

{ しりとりをしましょう。(中略) 私からです。しまりす }

　　　　　　　　　　　　　　　　　　　　　　　　　Y

2回目のメッセージ

{ しりとりをしましょう。(中略) 私からです。しまりす },{ すいか },{ かさ }
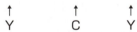
　　　　　　　　　　　　　　　　　　　　　　　Y　　　　C　　　Y

3回目のメッセージ

{ しりとりをしましょう。(中略) 私からです。しまりす },{ すいか },{ かさ },{ さくら },{ らっこ }

　　　　　　　　　　　　　　　　　　　　　　　Y　　　C　　　Y　　　C　　　Y

　このメッセージの例はイメージであり、実際には、次のようなメッセージを半角のコンマ（,）で区切ってつないでいきます（ChatGPTからのメッセージの例です）。

```
{"role":"assistant","content":"すいか"}
```

したがって、最初に作成したメッセージをモジュールレベル変数に保管しておき、Chat
GPTからのメッセージとユーザーの入力を追加したメッセージをつなげていくようにします。

ChatGPTからのメッセージを追加するために、次の項では、レスポンスからChatGPTの
メッセージを取り出します。

ChatGPTからのメッセージを取り出すには

ChatGPTからのメッセージは前回のレスポンスから取り出します。

次のコードは、ChatGPTから受け取ったレスポンスの例です（responseTextプロパティ
で取得したテキスト情報です）。第7章では、このようなレスポンスから、色文字部分のキー
「"content":"」の次から、ダブルクォーテーション「"」までの文字列を抽出しました（この例
では、「りんご」という回答を受け取っています）。

```
{
  "id": "chatcmpl-AieQiGRHeVIzvqDi3nMIuiXE7GNDT",
  "object": "chat.completion",
  "created": 1735205207,
  "model": "gpt-4o-mini-2024-07-18",
  "choices": [
    {
      "index": 0,
      "message": {
        "role": "assistant",
        "content": "りんご",
        "refusal": null
      },
      "logprobs": null,
      "finish_reason": "stop"
    }
  ],
  "usage": {
    "prompt_tokens": 22,
    "completion_tokens": 13,
    "total_tokens": 35,
    "prompt_tokens_details": {
      "cached_tokens": 0,
      "audio_tokens": 0
    },
    "completion_tokens_details": {
```

第12章 ChatGPTとしりとりをしよう

```
        "completion_tokens_details": {        "reasoning_tokens": 0,
        "audio_tokens": 0,
        "accepted_prediction_tokens": 0,
        "rejected_prediction_tokens": 0
      }
    },
    "system_fingerprint": "fp_0aa8d3d20b"
  }
```

　ここではメッセージ全体を取り出すため、色文字部分の「"message":」に続く波かっこ「{」から「}」までの文字列を取り出します。文字列の取り出し処理は、回答の取り出しのときと同じようにSplit関数を使います（第7章の「7.6　HTTPレスポンスを受信しよう」を参照）。

　ここでは、レスポンスのテキスト情報をモジュールレベル変数mStrResponseに保管しているため（前の節の「リクエストの送信とレスポンスの受信をする処理を入力しよう」を参照）、モジュールレベル変数mStrResponseの「"message"":"」の次の位置でテキスト情報を分割します（リクエストのときのメッセージのキーは「messages」でしたが、レスポンスのときは語尾に「s」が付かない「message」であることに注意してください）。

　したがって、Split関数を次のように記述します。

```
  Split(mStrResponse, "message"":")
```

　このステートメントを実行すると、レスポンスのテキスト情報が「"message"":"」までの文字列と「"message"":"」の後の文字列に分割されます。そこで、2つ目の文字列の先頭から「}」の次の「,」までをLeft関数で取り出します。先ほどのレスポンスのテキスト情報の例では、色文字太字の次の部分を取り出すことになります。

```
        {
    "role": "assistant",
    "content": "りんご",
    "refusal": null
  },
```

　取り出したメッセージは、＆演算子で前回のメッセージにつなげます。また、直前にユーザーが入力した言葉も新しいメッセージとしてつなげます。ユーザーが入力した言葉は、パラメーター userWordとして受け取っているため、次のようなメッセージを作成します（ダブルクォーテーションの数については、第7章の217ページの「コードの解説」を参照）。

```
  "{""role"":""user"",""content"":""" & userWord & """}"
```

12.2　ChatGPTに2回目の問いかけをしよう　**403**

> **ヒント**
>
> **レスポンスは状況に応じて変わる**
>
> この章のレスポンスのテキスト情報は1つの例です。内容やキーは変わることがあります。本書の目的はChatGPTのAPI利用の解説ではないため、各項目の説明はしません。気になるキーワードがある場合は、本書の学習を終了した後にご自身で調べてみてください。
>
> **改行コードは処理に影響しない**
>
> ChatGPTから受け取ったメッセージには改行コードが含まれています。この改行コードは、ここで行う処理に影響がないためこのままにしています。

ChatGPTのメッセージを取り出す処理を作成しよう

ChatGPTのメッセージを取り出し、新しいメッセージを作成する処理を入力します。この処理は、2回目以降のメッセージを作成するElseブロック内に入力します。

1 ConnectChatGPTプロシージャ内のWithブロック内に、次のコードを入力する（色文字部分）。

```
Function ConnectChatGPT(intTimes As Integer, xmlObject As Object _
                      , strKey As String, userWord As String) As String
    (中略)

    With xmlObject
        (中略)

        '1回目のメッセージを作成する
        If intTimes = 2 Then

            mStrMessages = "[{""role"":""user"",""content"":""" _
                         & userWord & """}]"

        '2回目以降のメッセージを作成する
        Else
            'ChatGPTの直前回のレスポンスを分割する
            varTemp3 = Split(mStrResponse, "message"":")       ← 1

            '「}」の次の「,」まで（メッセージの部分）を取り出す
   2 →     strNewMessages = Left(varTemp3(1), InStr(varTemp3(1), "},") + 1)

            '前回のメッセージの最後の「]」を除去し、ChatGPTのメッセージを追加
            mStrMessages = Left(mStrMessages, Len(mStrMessages) - 1) _      ⎫
                         & "," & vbLf & strNewMessages & vbLf               ⎬ 3
                                                                            ⎭
            '新しいメッセージを作る
```

404　第12章　ChatGPTとしりとりをしよう

```
                    strNewMessages = "{""role"":""user"",""content"":"""  _
                                      & userWord & """}]"

                    '前回までのメッセージに新しいメッセージを追加する
                    mStrMessages = mStrMessages & strNewMessages        ← 5
                    Debug.Print "次のメッセージ：" & mStrMessages        ← 6
            End If

            'リクエストボディを作成する
            strRequestBody = "{""model"":"""  & CHAT_MODEL  _
                          & """, ""messages"":" & mStrMessages & _
                          ", ""max_tokens"":" & MAX_TOKENS & "}"
            (中略)

        End With

        (中略)

    End Function
```

右側に **4** は `strNewMessages` の2行にまたがる位置を指す。

コードの解説

1

```
varTemp3 = Split(mStrResponse, "message"":")
```

直前回のChatGPTのレスポンスのテキスト情報を、「"message"":」の次の位置で分割し、配列として変数varTemp3に代入します。

このステートメントが正常に実行されると、変数varTemp3(0)に「"message"":」までのテキスト情報、変数varTemp3(1)に「"message"":」の後のテキスト情報が代入されます。

2

```
strNewMessages = Left(varTemp3(1), InStr(varTemp3(1), "},") + 1)
```

直前のステートメントで取り出した「"message"":」の後の文字列の先頭文字から「},」までの文字列を取り出し、変数strNewMessagesに代入します。InStr関数は、第2引数に指定した文字列が最初に見つかった位置を返します。

メッセージとメッセージの間は半角のコンマ「,」で区切るので、ここでは半角のコンマまでの部分を取り出します。そのため、「},」が見つかった位置（「}」の位置）に「1」を足し、次の位置までの文字数をLeft関数に指定します。

12.2　ChatGPTに2回目の問いかけをしよう　**405**

このステートメントは、次のように分割して記述することもできます。

```
文字位置用変数 = InStr(varTemp3(1), "},")
strNewMessages = Left(varTemp3(1), 文字位置用変数 + 1)
```

3
```
mStrMessages = Left(mStrMessages, Len(mStrMessages) - 1) _
                & "," & vbLf & strNewMessages & vbLf
```

　前回のメッセージmStrMessagesに直前回のChatGPTからのメッセージstrNew Messagesを追加し、変数mStrMessagesに代入します。

　メッセージの最後には半角の角かっこ「]」があるので、Left関数で、文字列の先頭から文字列の長さより1文字少ない文字数の文字列を取得してから、次のメッセージを追加します。

　Excelの改行コード「vbLf」はChatGPT側には認識されませんが、デバッグ情報を出力したときに読みやすいように入れています。

4
```
strNewMessages = "{""role"":""user"",""content"":""" & userWord & """}]"
```

　今回のユーザー入力の言葉から新しいメッセージを作成し、変数strNewMessagesに代入します。メッセージの最後には半角の角かっこ「]」を追加しておきます。

　変数strNewMessagesは、ChatGPTからのメッセージを一時保管するために使いましたが、ここでは使用を終えているため、新しいメッセージの保管用に使っています。

　ここで作成するメッセージは、ユーザーの2回目以降の入力のメッセージです。したがって、ユーザーが「ぱんだ」と入力した場合は、次のようなメッセージを指定したことになります。

```
{"role":"user", "content":"ぱんだ"}
```

5
```
mStrMessages = mStrMessages & strNewMessages
```

　メッセージに新しいメッセージを追加し、メッセージ用変数mStrMessagesに代入します。このコードは直前の **4** と合わせて次のように記述することもできます。

406　第12章 ChatGPTとしりとりをしよう

```
mStrMessages = mStrMessages & _
    "{""role"":""user"",""content"":""" & userWord & """}]"
```

6 `Debug.Print "次のメッセージ:" & mStrMessages`

　ChatGPTに渡すメッセージをデバッグ出力します。2回目以降の接続でエラーが返ってきたときなどは、イミディエイトウィンドウでこのデバッグ情報も参照してエラーの原因を探ってください。

　ここまで入力できたら、ConnectChatGPTプロシージャは完成です。次は、ConnectChatGPTプロシージャをメインプロシージャから呼び出し、ChatGPTとしりとりができるようにします。

 ヒント

プロシージャを入力する場所

モジュール内に作成したプロシージャは、上のプロシージャから順に実行されるのではありません。選択して実行する操作をしたときや呼び出されたときに、該当するプロシージャが実行されます。したがって、プロシージャを入力する順番は決まっていません。新しいプロシージャを他のプロシージャの上の位置に入力することもできます。

12.3 実行してChatGPTとしりとりをしよう

ChatGPTに接続するプロシージャをメインプロシージャから呼び出す処理を入力し、実行をしてChatGPTとしりとりをします。

ChatGPTに接続するプロシージャをメインプロシージャから呼び出そう

ConnectChatGPTプロシージャをメインプロシージャから呼び出します。

　第11章では、やりとりの奇数回と偶数回のどちらもユーザーの入力を取得しました。ここでは、次のコードのように、偶数回のときはConnectChatGPTプロシージャを呼び出し、ChatGPTからの回答を得るように変更します。

```
If (numberOfTimes Mod 2) = 1 Then
    (ユーザーの入力を取得する処理)
Else
    (ChatGPTの回答を取得する処理)
End If
```

　「しりとりMain」プロシージャの現在のElseブロック内のコードは、ここではコメントにします（削除してもかまいません）。

1 標準モジュールModule1の「しりとりMain」プロシージャのForブロック内の、次のコードをコメントにする（色文字部分）。

```
Sub しりとりMain()
    (中略)
    
    'ワークシートの表示を初期化する
    Call InitSheet
    
    For numberOfTimes = 1 To 10 Step 1
        '奇数回であればユーザー入力を取得する
        If (numberOfTimes Mod 2) = 1 Then
            colNum = USER_COLUMN
            
            '入力用ダイアログボックスを表示する
            InputDialog.Show
            If InputDialog.Tag = "Exit" Or InputDialog.Tag = "Cancel" Then
                blExitFlag = True
```

第12章 ChatGPTとしりとりをしよう

```
                Exit For
            End If

            '入力ダイアログボックスの文字列を取得する
            strWord = InputDialog.txtUserInput.Text

            'ChatGPTに渡すプロンプトに言葉を追加する
            strMsg = strMsg & strWord

            'ダイアログボックスを初期化する
            Call InitInputDialog(strWord)

        '偶数回であればChatGPTの回答を取得する
        Else
            colNum = CHAT_COLUMN

            '入力用ダイアログボックスを表示する
            InputDialog.Show
            If InputDialog.Tag = "Cancel" Or InputDialog.Tag = "Exit" Then
                blExitFlag = True
                Exit For
            End If

            strMsg = ""        '2回目以降は「しりとりをしましょう」は不要

            '入力ダイアログボックスの文字列を取得する
            strWord = InputDialog.txtUserInput.Text

            'ダイアログボックスを初期化する
            Call InitInputDialog(strWord)
        End If

        '取得した言葉をセルに表示する
        mySheet.Cells(rowNum, colNum).Value = strWord

        （中略）
    Next numberOfTimes

    '入力用ダイアログボックスの実行を終了する
    Unload InputDialog

    （中略）
End Sub
```

行頭に「'」を
入力（以下同）

12.3　実行してChatGPTとしりとりをしよう　**409**

2　「しりとりMain」プロシージャのForブロック内のElseブロックに、次のコードを入力する（色文字部分）。

```
Sub しりとりMain()
    （中略）

    For numberOfTimes = 1 To 10 Step 1
        （中略）

            '偶数回であればChatGPTの回答を取得する
            Else
                colNum = CHAT_COLUMN

                '入力用ダイアログボックスを表示する
'                InputDialog.Show
'                If InputDialog.Tag = "Cancel" Or InputDialog.Tag = "Exit" Then
'                    blExitFlag = True
'                    Exit For
'                End If

                'しりとりの言葉を取得する
                strWord = ConnectChatGPT( _
                            numberOfTimes, objHttp, strApiKey, strMsg)
                If strWord = "" Then
                    blExitFlag = True
                    Exit For
                End If

                strMsg = ""      '2回目以降は「しりとりをしましょう」は不要

                '入力ダイアログボックスの文字列を取得する
'                strWord = InputDialog.txtUserInput.Text

                'ダイアログボックスを初期化する
                Call InitInputDialog(strWord)
        End If

        '取得した言葉をセルに表示する
        mySheet.Cells(rowNum, colNum).Value = strWord

        （中略）
    Next numberOfTimes

    （中略）
End Sub
```

1　← `numberOfTimes, objHttp, strApiKey, strMsg)`

2　← `If strWord = "" Then`

3　← `blExitFlag = True`

4　← `Exit For`

410　第12章 ChatGPTとしりとりをしよう

コードの解説

1
```
strWord = ConnectChatGPT(numberOfTimes, objHttp, strApiKey, strMsg)
```

　ConnectChatGPTプロシージャを呼び出し、戻り値（ChatGPTの回答）を変数strWordに代入します。引数として、やりとりの回数、通信用オブジェクトへの参照、シークレットキー、ユーザーが直前に答えた言葉を渡します。

2
```
If strWord = "" Then
```

　戻り値が空の文字列であった場合、つまり、ChatGPTからの回答が得られなかった場合は、Ifブロック内の処理を行います。

3
```
blExitFlag = True
```

　終了フラグを「True」にします。

4
```
Exit For
```

　Forループを終了します（しりとりを終了します）。

メインプロシージャで通信用オブジェクトを生成しよう

　最後に、メインプロシージャ内で通信用オブジェクトを生成する処理を追加します。オブジェクトの生成は、第7章と同じようにNewキーワードを使います。

1 「しりとりMain」プロシージャの次の位置に、次のコードを入力する（色文字部分）。

```
Sub しりとりMain()
    (中略)

    'シークレットキーを取得する
    strApiKey = GetSecretKey()
    If strApiKey = "" Then        'キャンセルまたは入力無しなら終了
        Exit Sub
    End If

    'ワークシートの表示を初期化する
    Call InitSheet

    'IXMLHTTPRequestオブジェクトを生成する
    Set objHttp = New MSXML2.XMLHTTP60          ← 1

    For numberOfTimes = 1 To 10 Step 1
        '奇数回であればユーザー入力を取得する
        If (numberOfTimes Mod 2) = 1 Then
            colNum = USER_COLUMN
    (中略)
End Sub
```

コードの解説

1
```
Set objHttp = New MSXML2.XMLHTTP60
```

　HTTP通信用のIXMLHTTPRequestオブジェクトを生成し、オブジェクトへの参照を変数objHttpに代入します。IXMLHTTPRequestオブジェクトについては第7章の7.5節で説明しているので、必要に応じて参照して復習してください。

しりとりゲームのコードを確認しよう

　次の項で実行を確認する前に、ここまで入力したコードを確認しておきましょう。
　ブック「ExcelVBA_ChatGPT応用編.xlsm」の標準モジュールModule1のコードは次のとおりです。なお、ここに掲載したコードには、前の章の最後のコラム「ベストスコアを表示しよう」で紹介した、ベストスコアの表示とクリアを行うプロシージャも含まれています。

412　第12章 ChatGPTとしりとりをしよう

```vba
Option Explicit

Const GAME_TITLE As String = "しりとりゲーム"      'メッセージボックスのタイトル
Const SHEET_NAME As String = "しりとり"          'ワークシート名
Const USER_LIST As String = "B9:B13"            'ユーザー入力を表示するセル範囲
Const CHAT_LIST As String = "G9:G13"            'ChatGPTの回答を表示するセル範囲
Const USER_SCORE_CELL As String = "B7"          'ユーザーのスコア表示用セル
Const CHAT_SCORE_CELL As String = "G7"          'ChatGPTのスコア表示用セル
Const SCORE_CELL_ROW As Integer = 7             'スコアセルの行番号
Const MAX_TIMES As Integer = 5                  'しりとりのやりとりの最大回数
Const USER_COLUMN As Integer = 2                'ユーザー側の表示列番号
Const CHAT_COLUMN As Integer = 7                'ChatGPT側の表示列番号

Dim mStrMessages As String                      'メッセージ
Dim mStrResponse As String                      'ChatGPTからのレスポンス

Sub しりとりMain()
    Dim mySheet As Worksheet          '［しりとり］シートへの参照用
    Dim userRange As Range            'ユーザーの言葉表示エリア参照用
    Dim chatRange As Range            'ChatGPTの言葉表示エリア参照用
    Dim strApiKey As String           'シークレットキー取得用
    Dim strWord As String             '入力された言葉
    Dim numberOfTimes As Integer      '現在のやりとり回数
    Dim rowNum As Integer             '現在処理中の行番号
    Dim colNum As Integer             '現在処理中の列番号
    Dim lastChar As String            '語尾の文字
    Dim strMsg As String              'ChatGPTに渡す最初のメッセージ
    Dim blExitFlag As Boolean         '終了フラグ（初期値はFalse）
    Dim objHttp As MSXML2.XMLHTTP60   'XMLHTTPオブジェクト用

    colNum = USER_COLUMN              'ユーザーから開始
    rowNum = 9                        '9行目から入力

    '使用するセル範囲への参照を取得する
    Set mySheet = ThisWorkbook.Worksheets(SHEET_NAME)
    Set userRange = mySheet.Range(USER_LIST)
    Set chatRange = mySheet.Range(CHAT_LIST)

    strMsg = "しりとりをしましょう。" _
           & "ひらがなのみの単語で答えてください。" _
           & "語尾に「ん」が付いたら負けです。" _
           & "5回までのやりとりです。私からです。" & "¥n"

    'シークレットキーを取得する
    strApiKey = GetSecretKey()
    If strApiKey = "" Then        'キャンセルまたは入力無しなら終了
        Exit Sub
    End If

    'ワークシートの表示を初期化する
```

12.3　実行してChatGPTとしりとりをしよう

```vba
    Call InitSheet

    'IXMLHTTPRequestオブジェクトを生成する
    Set objHttp = New MSXML2.XMLHTTP60

    For numberOfTimes = 1 To 10 Step 1
        '奇数回であればユーザー入力を取得する
        If (numberOfTimes Mod 2) = 1 Then
            colNum = USER_COLUMN

            '入力用ダイアログボックスを表示する
            InputDialog.Show
            If InputDialog.Tag = "Exit" Or InputDialog.Tag = "Cancel" Then
                blExitFlag = True
                Exit For
            End If

            '入力ダイアログボックスの文字列を取得する
            strWord = InputDialog.txtUserInput.Text

            'ChatGPTに渡すプロンプトに言葉を追加する
            strMsg = strMsg & strWord

            'ダイアログボックスを初期化する
'           Call InitInputDialog(strWord)

        '偶数回であればChatGPTの回答を取得する
        Else
            colNum = CHAT_COLUMN

            '入力用ダイアログボックスを表示する
'           InputDialog.Show
'           If InputDialog.Tag = "Cancel" Or InputDialog.Tag = "Exit" Then
'               blExitFlag = True
'               Exit For
'           End If

            'しりとりの言葉を取得する
            strWord = ConnectChatGPT( _
                        numberOfTimes, objHttp, strApiKey, strMsg)
            If strWord = "" Then
                blExitFlag = True
                Exit For
            End If

            strMsg = ""       '2回目以降は「しりとりをしましょう」は不要

            '入力ダイアログボックスの文字列を取得する
'           strWord = InputDialog.txtUserInput.Text

            'ダイアログボックスを初期化する
```

414　第12章 ChatGPTとしりとりをしよう

```vba
        Call InitInputDialog(strWord)
    End If

    '取得した言葉をセルに表示する
    mySheet.Cells(rowNum, colNum).Value = strWord

    'しりとりとして成立しているかチェックする
    If Not CheckSiritori(numberOfTimes, strWord, lastChar) Then
        blExitFlag = True
        Exit For
    End If

    '語尾の文字を赤色に変更する
    lastChar = CharToRed(mySheet.Cells(rowNum, colNum))

    '語尾が「ん」でないかチェックする
    If Not CheckLastChar(lastChar, colNum) Then
        blExitFlag = True
        Exit For
    End If

    '重複チェックを行う
    If Not CheckDuplicate(mySheet.Cells(rowNum, colNum), userRange) Then
        blExitFlag = True
        Exit For
    End If
    If Not CheckDuplicate(mySheet.Cells(rowNum, colNum), chatRange) Then
        blExitFlag = True
        Exit For
    End If

    'ポイントを加算する
    Call AddPoint(mySheet, mySheet.Cells(rowNum, colNum))

    'ChatGPTの番であれば行番号をカウントする
    If colNum = CHAT_COLUMN Then
        rowNum = rowNum + 1
    End If
Next numberOfTimes

'入力用ダイアログボックスの実行を終了する
Unload InputDialog

'ゲーム中断ではないときは勝ち負け判定を行う
If Not blExitFlag Then
    'やりとりが10回を超えたら勝ち負け判定をする
    If numberOfTimes > 10 Then
        Call JudgeGame(mySheet)
    End If
End If
```

12.3　実行してChatGPTとしりとりをしよう

```vba
    'ベストスコアを更新する
    Call UpdateBestScore(mySheet)
End Sub

'ワークシートの表示域を初期化する
Sub InitSheet()
    With ThisWorkbook.Worksheets(SHEET_NAME)
        .Range(USER_SCORE_CELL).Value = 0
        .Range(CHAT_SCORE_CELL).Value = 0
        .Range(USER_LIST).ClearContents
        .Range(CHAT_LIST).ClearContents
        .Range(USER_LIST).Font.Color = vbBlack
        .Range(CHAT_LIST).Font.Color = vbBlack
    End With
End Sub

'インプットボックスを表示してシークレットキーを取得する
Function GetSecretKey() As String
    Dim strInputKey As String

    'インプットボックスを表示してAPIキーを取得する
    strInputKey = InputBox( _
            "OpenAIのキーを入力してください（キャンセルで終了）。", "APIキーの取得")

    If StrPtr(strInputKey) = 0 Then
        MsgBox "キャンセルされました。終了します。", , GAME_TITLE
        GetSecretKey = ""
    ElseIf strInputKey = "" Then
        MsgBox "入力されませんでした。終了します。", , GAME_TITLE
        GetSecretKey = ""
    Else
        GetSecretKey = strInputKey
    End If
End Function

'ダイアログボックスの初期化を行う
Sub InitInputDialog(chatWord As String)
    With InputDialog
        .lblChatGPT.Caption = chatWord
        .lblGuide.Caption = "に続く言葉を入力しよう！"
        .txtUserInput.Text = ""
        .txtUserInput.SetFocus
    End With
End Sub

'渡された2つの文字が同じかどうかチェックする
Function CheckSiritori(numTimes As Integer _
        , checkWord As String, lastChar As String) As Boolean
    CheckSiritori = True
    If numTimes > 1 Then
        If Left(checkWord, 1) <> lastChar Then
```

```vba
            MsgBox "しりとりになっていません。終了します。", , "残念！"
            CheckSiritori = False
        End If
    End If
End Function

'語尾の小さいひらがなを標準のひらがなに変換する
Function ToStandard(strChar As String) As String
    Const SMALL As String = "ぁぃぅぇぉっゃゅょゎ"
    Const STANDARD As String = "あいうえおつやゆよわ"
    Dim intChar As Integer        '何番目に見つかったか

    intChar = InStr(1, SMALL, strChar)
    If intChar > 0 Then
        ToStandard = Mid(STANDARD, intChar, 1)
    Else
        ToStandard = strChar
    End If
End Function

'語尾の文字を赤色に変更する
Function CharToRed(targetCell As Range) As String
    Const CHO_ON As String = "ー"
    Dim strLastChar As String

    With targetCell
        '文字が長音の場合
        If Right(.Text, 1) = CHO_ON Then
            .Characters(Len(.Text) - 1, 1).Font.Color = vbRed
            strLastChar = Mid(.Text, Len(.Text) - 1, 1) '1つ前の文字を取得

        '文字が長音ではない場合
        Else
            .Characters(Len(.Text), 1).Font.Color = vbRed
            strLastChar = Right(.Text, 1)
        End If
    End With

    CharToRed = ToStandard(strLastChar)
End Function

'受け取った文字が「ん」ではないかチェックする
Function CheckLastChar(checkChar As String, targetCol As Integer) As Boolean
    CheckLastChar = True
    If checkChar = "ん" Then
        If targetCol = USER_COLUMN Then
            MsgBox "「ん」で終わりました。" & vbLf _
                    & "あなたの負けです。終了します。", , GAME_TITLE
        Else
            MsgBox "「ん」で終わりました。" & vbLf _
                    & "ChatGPTの負けです。終了します。", , GAME_TITLE
```

12.3　実行してChatGPTとしりとりをしよう

```vba
        End If
        CheckLastChar = False
    End If
End Function


'前の言葉と重複していないかチェックする
Function CheckDuplicate(nowCell As Range, nowList As Range) As Boolean
    Dim myCell As Range

    CheckDuplicate = True

    For Each myCell In nowList
        If nowCell.Text = myCell.Text Then
            If Not (nowCell.Address = myCell.Address) Then
                MsgBox "すでに使われている言葉です。終了します。" _
                        , , GAME_TITLE
                CheckDuplicate = False
            End If
        End If
    Next myCell
End Function


'ポイントを計算してスコアを表示する
Sub AddPoint(targetWS As Worksheet, targetCell As Range)
    Const DISPLAY_TIME As Integer = 100
    Dim intCount As Integer

    With targetCell
        For intCount = 1 To Len(.Text) Step 1
            targetWS.Cells(SCORE_CELL_ROW, .Column).Value = _
                    targetWS.Cells(SCORE_CELL_ROW, .Column).Value + 1
            Application.Wait [Now()] + DISPLAY_TIME / 86400000
        Next intCount
    End With
End Sub


'スコアのセルを比較して勝ち負けを判定する
Sub JudgeGame(targetSheet As Worksheet)
    With targetSheet
        If .Range(USER_SCORE_CELL).Value > _
                .Range(CHAT_SCORE_CELL).Value Then
            MsgBox "あなたの勝ちです。", , "You Win!"
        ElseIf .Range(USER_SCORE_CELL).Value < _
                .Range(CHAT_SCORE_CELL).Value Then
            MsgBox "ChatGPTの勝ちです。", , "You Lose!"
        Else
            MsgBox "引き分けです。", , GAME_TITLE
        End If
    End With
End Sub
```

```vba
'ベストスコアを更新する
Sub UpdateBestScore(targetSheet As Worksheet)
    With targetSheet
        If .Range("B7").Value > .Range("B2").Value Then
            .Range("B2").Value = .Range("B7").Value
            MsgBox "ベストスコアを更新しました！", , GAME_TITLE
        End If
    End With
End Sub

'ベストスコアをクリアする
Sub ClearBestScore()
    ThisWorkbook.Worksheets(SHEET_NAME).Range("B2").Value = 0
End Sub

'ChatGPTに接続して回答を得る
Function ConnectChatGPT(intTimes As Integer, xmlObject As Object _
                        , strKey As String, userWord As String) As String
    Const CHAT_MODEL As String = "gpt-4o-mini"     'ChatGPTのモデル
    Const API_URL As String = "https://api.openai.com/v1/chat/completions"
    Const MAX_TOKENS As Integer = 1000

    Dim strNewMessages As String       'ChatGPTのメッセージ用
    Dim strRequestBody As String       'リクエストボディ用
    Dim varTemp1 As Variant            'ChatGPTの回答取り出し用
    Dim varTemp2 As Variant            'ChatGPTの回答取り出し用
    Dim varTemp3 As Variant            'ChatGPTの回答取り出し用

    With xmlObject

        'HTTPリクエストのヘッダーを設定する
        .Open "POST", API_URL
        .setRequestHeader "Content-Type", "application/json"
        .setRequestHeader "Authorization", "Bearer " & strKey

        '1回目のメッセージを作成する
        If intTimes = 2 Then

            mStrMessages = "[{""role"":""user"",""content"":""" _
                            & userWord & """}]"

        '2回目以降のメッセージを作成する
        Else
            'ChatGPTの直前回のレスポンスを分割する
            varTemp3 = Split(mStrResponse, "message"":")

            '「}」の次の「,」まで（メッセージの部分）を取り出す
            strNewMessages = Left(varTemp3(1), InStr(varTemp3(1), "},") + 1)

            '前回のメッセージの最後の「]」を除去し、ChatGPTのメッセージを追加
            mStrMessages = Left(mStrMessages, Len(mStrMessages) - 1) _
```

12.3　実行してChatGPTとしりとりをしよう

```vba
                            & "," & vbLf & strNewMessages & vbLf

            '新しいメッセージを作る
            strNewMessages = "{""role"":""user"",""content"":""" _
                                & userWord & """}]"

            '前回までのメッセージに新しいメッセージを追加する
            mStrMessages = mStrMessages & strNewMessages
            Debug.Print "次のメッセージ:" & mStrMessages
        End If

        'リクエストボディを作成する
        strRequestBody = "{""model"":""" & CHAT_MODEL _
                    & """, ""messages"":" & mStrMessages & _
                    ", ""max_tokens"":" & MAX_TOKENS & "}"
        Debug.Print "リクエストボディ:" & strRequestBody

        MsgBox "接続を開始します。", , "テスト用メッセージ1"

        'リクエストを送信する
        .send strRequestBody

        'レスポンスが返ってくるまで待つ
        Do While .readyState <> 4
            DoEvents
        Loop

        MsgBox "ChatGPTからの回答を受け取りました。", , "テスト用メッセージ2"

        'レスポンスのテキスト情報を変数に取得する
        mStrResponse = .responseText
        Debug.Print "取得したテキスト情報:" & mStrResponse
    End With

    'ChatGPTの回答の開始位置で分割する
    varTemp1 = Split(mStrResponse, "content"": """)
    If UBound(varTemp1) = 0 Then
        MsgBox "エラーが発生した可能性があります。", , GAME_TITLE
        ConnectChatGPT = ""
        Exit Function
    End If

    'ChatGPTの回答の終了位置で分割する
    varTemp2 = Split(varTemp1(1), """")

    '回答の改行コードを削除して返す
    ConnectChatGPT = Replace(Replace(varTemp2(0), "\n", ""), "\", "")
End Function
```

第12章 ChatGPTとしりとりをしよう

しりとりゲームを実行しよう

メインプロシージャの入力を終えたら、実行してChatGPTとしりとりができるか確認してみましょう。実行を開始する前に、第6章で取得した、ChatGPTのシークレットキーを用意しておいてください。

1 ブック「ExcelVBA_ChatGPT応用編.xlsm」の［しりとり］シートの［Let'sしりとり!］ボタンをクリックする。

結果 インプットボックスが表示される。

2 シークレットキーを入力し、［OK］ボタンをクリックする。

結果 ［しりとりゲーム］ダイアログボックスが表示される。

3 テキストボックスに**しまりす**と入力し、［入力を決定する］ボタンをクリックする。

結果 接続開始を知らせるメッセージボックスが表示される。

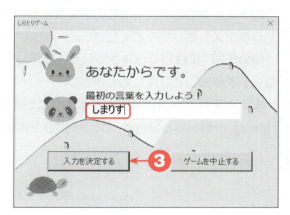

4 ［OK］ボタンをクリックする。

結果 回答受信を知らせるメッセージボックスが表示される。

5 ［OK］ボタンをクリックする。

結果 ChatGPTからの回答がセルG9に表示され、再び［しりとりゲーム］ダイアログボックスが表示される。

6 ChatGPTの回答に続く言葉を入力し、[入力を決定する]ボタンをクリックし、しりとりゲームを続けていく。

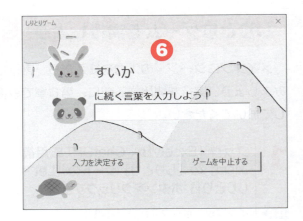

5回ずつのやりとりが完了するまで、またはどちらかが負けるまで続けてください。しりとりのチェック等のテストは前の章で済ませていますが、ここでも、正しくチェックが行われるどうかテストをしてみてください。

ChatGPTに接続できなかったり、接続しても回答が得られない場合は、前の項に掲載したコードを参照して訂正してください。

また、デバッグ情報を出力するようにしているので、イミディエイトウィンドウを確認し、「error」の語がある場合は、エラー内容を確認してみてください。

ヒント

ChatGPTの回答の語尾がひらがな以外のとき

ChatGPTからの回答が句点（。）など、ひらがな以外の文字で終わることもあります。そのような場合は[ゲームを中止する]ボタンをクリックしてゲームを終了します。または、ユーザーの番に適当な言葉を回答して「しりとりになっていません。終了します」と表示させて[OK]ボタンをクリックして終了してもよいでしょう。

モデル名が間違っているとき

メッセージボックスに「エラーが発生した可能性があります。」と表示された場合、つまり、ChatGPTからの回答が得られなかった場合は、イミディエイトウィンドウのデバッグ情報を確認してください。「取得したテキスト情報：」のキー「message」の値が「invalid model ID」の場合は、「model」に指定するモデル名が間違っているか、サポートされなくなった古いモデル名の可能性があります。この場合は、ConnectChatGPTプロシージャの定数CHAT_MODELの文字列を確認してください。または、インターネットでOpenAI社のAPIドキュメントを確認してモデル名を確認してください。

おわりに

　ChatGPTからの回答は正しくなかったり、予想していなかった形式の回答であったりすることもあり、制御されたプログラムとの違いを実感できると思います。そして、この不確実性に無限の可能性を見いだすこともできます。

　今回は、しりとりというシンプルなゲームで生成系AIの面白さを実感できたと思います。これを機に、専門家や世間のAIへの評価や定義にとらわれず、ご自身で自由な発想でAIを体験し利用していってください。

　また、プログラミングや通信などITの技術や概念などは、常に変わりゆくものであり、1つの真実や不変の定義があるものではありません。とどまることなく常に流れて変わっていくという点では、次の『方丈記』の書き出しがITの世界を如実に言い表しているといえます。

> ゆく河の流れは絶えずして、しかももとの水にあらず。淀みに浮かぶうたかたは、かつ消えかつ結びて、久しくとどまりたるためしなし。

　このように常に変わりゆくIT界ですが、Excel VBAとVBEのインターフェイスは比較的変化が少ないので、一度習得すると長期にわたって技術を生かすことができます。また、Excelに対する処理だけではなく今回のようにAPIを使った柔軟な処理もできるので、Excel VBAを学ぶことは素晴らしい選択といえます。

　本書の学習はこれで終了ですが、Excel VBAの基礎に迷ったときは本書に戻って復習してください。

 みなさん、ChatGPTとのしりとりはできましたか？

 えぇっ！？

 どうしましたか？

 「ぱんだ」って入力したら、ChatGPTが「ださい」って……。ボク、ダサくないよ！

 ただのしりとりですよ。

 あ……。「いいえださくない」って入力したら、ChatGPTが「いみがわかりません。すみません。」だってー！

そういうところ、制御された動作をしないところもAIの楽しさですね。単に質問の答えを得るだけより、AIの面白さを実感できると思います。しりとり以外の利用方法もぜひ考えてみてください。みなさん、お疲れさまでした。

ちょっと納得いかないけど……。でも先生ありがとうございました！！

〜 もう一度確認しよう！〜　チェック項目

- [ ] リクエストボディにトークン上限数を指定できましたか？
- [ ] ChatGPTとしりとりをできましたか？
- [ ] AIに触れる面白さを実感できましたか？
- [ ] Excel VBAの面白さを実感できましたか？

索引

●記号

! 317
" 22, 34, 35, 46, 200, 217, 223, 225, 231, 236
"" 51, 52, 64, 223, 236, 263, 315, 399, 411
& 83, 84, 216, 403
() 36, 47, 109, 147, 230, 343
' 68
, ... 75, 200, 230, 318, 405
. ... 28, 34, 109, 113, 306, 340, 360
.xlsm 38
/ 108
: 83, 96, 103, 200
; 96
[] 217, 223, 406
_ 36, 77, 304, 311
{} 403
¥n 215, 216, 232, 236, 399
< 232
<= 232
<> 227, 232, 351
= 34, 43, 52, 83, 231, 232
> 232
>= 232

●A

Acceleratorプロパティ 297
AI（人工知能） 3
And演算子 334, 367
API（Application Programming Interface） 4
APIキー 189
Application.Waitメソッド 368
application/json 221, 223
Applicationオブジェクト 75, 76, 84, 85, 95
　　ThisWorkbookプロパティ 85
Applicationプロパティ 76
Array関数 116
assistant 218
Asキーワード 43
Authorization 221, 223
AutoSizeプロパティ 286

●B

Bearer 221, 223, 238, 394
Boolean型 232, 351, 352, 365, 366, 367

●C

Callステートメント 257, 258, 326

Caption〜

Captionプロパティ 285
Cellsプロパティ 335, 371
Charactersオブジェクト 359
　　Font.Colorプロパティ 359
ChatGPT 3, 179
　　API使用料 180, 194, 198
　　アカウントを削除 188
　　アカウントを作成 182
　　金額の上限を設定 199
　　公式のサイト 183
　　サインアップ 182
　　残高の確認 193
　　支払い 194
　　出力 181
　　使用料の有効期限を確認 199
　　退会 188
　　入力 181
　　モデル 180, 223
　　モデル名 209, 422
CloseMode 324
Constステートメント 88
content 218, 229, 231, 391, 395
Content-Type 221, 222
CSVファイル 75

●D

Debugオブジェクト 122, 407
　　Printメソッド 122, 407
Dimステートメント 43, 46
Do Whileステートメント 226
DoEvents関数 227, 397

●E

Elselfステートメント 52, 56
End Ifステートメント 52, 57
End Sub 22
Excel VBA 3
Excelに戻る 26
Exit Forステートメント 344
Exit Subステートメント 53, 140, 164, 169

●F

False 52, 53, 108, 161, 227, 232, 351, 366
For … Nextステートメント 340
For Each … Nextステートメント 92, 105, 366
ForeColorプロパティ 307

索引　**425**

索引

Function プロシージャ ……… 261, 263, 351, 392, 393
　　呼び出し ……………………………………… 264

● G
GetOpenFilename メソッド ………………… 75, 76, 83
GPT-4o mini …………………………………………… 180

● H
Header プロパティ ……………………………………… 107
Height プロパティ ………………………………… 273, 280
HTTP（Hypertext Transfer Protocol）……… 203, 219
HTTP プロトコル ……………………………………… 219
HTTP リクエスト ……………………………………… 220
HTTP レスポンス ……………………………… 220, 226, 229

● I
If ステートメント ………………… 51, 92, 212, 231
IMEMode プロパティ …………………………………… 292
Initialize イベント ……………………………………… 332
InputBox 関数 ……………………………………… 47, 56
InStr 関数 ………………………………………… 354, 405
Is 演算子 ………………………………………………… 160
IXMLHTTPRequest オブジェクト ………………… 219, 412
　　Open メソッド ………………………………… 221, 222
　　readyState プロパティ ……………… 226, 228, 397
　　responseText プロパティ ………………… 229, 402
　　send メソッド ………………………………… 221, 224
　　setRequestHeader メソッド ………………… 221

● J
JSON（JavaScript Object Notation）………………… 200
JSON 形式 ……… 200, 214, 217, 222, 223, 229, 391

● L
Left 関数 ……………………………………… 353, 403, 405
Left プロパティ ………………………………… 280, 304
Len 関数 ………………………………………………… 360
Like 演算子 ……………………………………… 317, 232
ListColumn オブジェクト …………………………… 159
　　Range プロパティ …………………………………… 159
ListObjects コレクション ……………………………… 141
　　Add メソッド ………………………………… 143, 147
　　Count プロパティ …………………………………… 154
ListObjects プロパティ ………………………… 141, 143
ListObject オブジェクト ………………………… 141, 143
　　Delete メソッド …………………………………… 165
　　ListColumns プロパティ …………………………… 159

ListRows プロパティ …………………………………… 159
　　Name プロパティ …………………………………… 144
　　TableStyle プロパティ ……………………………… 144
　　Unlist メソッド …………………………………… 141
ListRow オブジェクト …………………………………… 159

● M
max_tokens …………………………………………… 394
message ………………………………………… 403, 422
messages ………………………………………… 223, 403
Me キーワード ………………………………………… 305
Microsoft Excel のセキュリティに関する通知 ………… 27
Mid 関数 ………………………………………… 354, 358
model …………………………………………… 223, 422
Mod 演算子 ……………………………………… 341, 343
MsgBox 関数 …………………………………… 22, 312
MSXML2.XMLHTTP60 ………………………………… 211

● N
New キーワード ……………………………… 219, 220, 411
Not 演算子 ……………………………………… 366, 378
Now 関数 ………………………………………… 368, 370

● O
On Error GoTo 0 ……………………………… 103, 104
On Error Resume Next ステートメント ……… 141, 142
On Error ステートメント …………………………… 102
OpenAI 社 ……………………………………………… 3
　　サイト …………………………………………… 209
Option Explicit ステートメント …………… 58, 205, 207
Or 演算子 ………………………………………… 333, 367

● P
PictureSizeMode プロパティ ……………………… 276
POST ……………………………………………… 221, 222
Private Sub ……………………………………………… 22
Private プロシージャ ………………………………… 22, 37
Public プロシージャ ………………………………… 22, 37

● Q
QueryTables コレクション ……………………………… 96
　　Add メソッド ………………………………… 96, 101
QueryTable オブジェクト ……………………………… 96
　　Delete メソッド …………………………………… 97
　　Refresh メソッド ………………………………… 97
　　TextFileColumnDataTypes プロパティ …………… 97
　　TextFileCommaDelimiter プロパティ …………… 97

426 索　引

索 引

TextFileConsecutiveDelimiter プロパティ ········· 97
TextFilePlatform プロパティ ······················ 97, 100
TextFileSemicolonDelimiter プロパティ ··········· 97
TextFileSpaceDelimiter プロパティ ················· 97
TextFileTabDelimiter プロパティ ···················· 97
生成 ·· 96, 101

●R

Range オブジェクト ·········· 33, 35, 42, 95, 107, 143
   Activate メソッド ································ 159
   Address プロパティ ······························ 364
   Characters プロパティ ·························· 358
   ClearContents メソッド ························ 256
   Column プロパティ ······························ 371
   CurrentRegion プロパティ ···················· 114
   Find メソッド ··································· 156
   Font.Color プロパティ ·························· 257
   RemoveSubtotal メソッド ····················· 121
   Row プロパティ ···························· 159, 160
   Subtotal メソッド ······························ 116
   Text プロパティ ····························· 46, 358
   Value プロパティ ························· 34, 42, 46
   行番号を取得 ·································· 159
   セルを指定 ····································· 34
   列番号を取得 ·································· 371
Range 型 ·························· 87, 119, 147, 357
Range プロパティ ······························· 42, 96
Replace 関数 ······················· 214, 236, 399
Right 関数 ······························· 358, 360
role ·· 218

●S

SetRange メソッド ································ 107
Set ステートメント ························· 87, 91, 220
Shift-JIS ································· 97, 100
SortFields オブジェクト ···························· 107
   Add メソッド ····························· 108, 109
Sort オブジェクト ································· 113
   Apply メソッド ································· 108
   Header プロパティ ························ 107, 108
   MatchCase プロパティ ·························· 108
   Orientation プロパティ ························· 108
   SetRange メソッド ························ 107, 108
   SortFields プロパティ ····················· 107, 113
Split 関数 ····························· 229, 403
String 型 ···················· 43, 46, 82, 261, 262,
338, 355, 357, 392, 393

StrPtr 関数 ························· 51, 56, 263
Sub ステートメント ························· 36, 256
Sub プロシージャ ······················· 258, 338
system ······································ 218

●T

TabIndex プロパティ ······························ 299
TabStop プロパティ ······························ 299
ThisWorkbook プロパティ ····················· 85, 205
Top プロパティ ······························ 280, 304
True ······························ 52, 53, 108, 161, 226,
232, 333, 334, 351, 366

●U

UBound 関数 ································ 231
user ·· 218
UTF-8 ·································· 97, 100

●V

Variant 型 ···················· 211, 235, 236, 399
VBA (Visual Basic for Application) ···················· 3
vbBlack ······································ 257
vbCancel ····································· 312
vbCrLf ······································· 107
vbFormCode ··································· 325
vbFormControlMenu ····························· 324
vbLf ······················· 215, 216, 232, 236
VbMsgBoxResult 列挙型 ·························· 312
vbOK ·· 312
vbOKCancel ································ 57, 312
vbOKOnly ·································· 56, 57
vbRed ·· 359
vbYesNo ······································ 57
Visual Basic Editor (VBE) ···················· 13, 16
   画面構成 ······································ 17
   終了 ··· 25
   表示 ··· 13

●W

Width プロパティ ······························ 273, 280
With ステートメント ······························ 109
Workbook オブジェクト ······················· 85, 95
Workbook 型 ································· 87
Worksheets コレクション ···················· 86, 92, 95
   Add メソッド ································ 86, 91
Worksheets プロパティ ······················· 86, 205

索引

Worksheetオブジェクト ·················· 86, 91, 95
   Activateメソッド ································· 114
   Nameプロパティ ····························· 87, 92
   Sortオブジェクト ······························· 107
   Sortプロパティ ································· 107
   UsedRangeプロパティ ················ 143, 144
Worksheet型 ·················· 87, 92, 105, 139

●X

xlAverage ······································· 116
xlComments ····································· 157
XlConsolidationFunction列挙体 ··········· 116
xlCount ··· 116
XlFindLookIn列挙型 ·························· 157
xlFormulas ····································· 157
xlGuess ··· 144
XlLookAt列挙型 ······························· 157
xlMax ··· 116
xlMin ··· 116
xlNo ······································ 108, 144
xlPart ·· 157
xlProduct ······································· 116
xlSortColumns ································· 108
xlSortRows ····································· 108
xlSrcRange ································ 143, 144
xlSum ··· 116
xlValues ·· 157
xlWhole ··· 157
xlYes ·································· 108, 144, 147

●あ

アクセラレーターキー ························· 297
アクティブ ····················· 85, 114, 159, 169
値 ······························ 35, 42, 200, 391
アンダースコア（_） ············ 36, 77, 304, 311
アンパサンド（&） ······················ 83, 216

●い

イベント ·· 303
イベントハンドラー ··························· 304
イベントプロシージャ ···················· 303, 326
イベントプロシージャ名 ·················· 304, 311
イミディエイトウィンドウ
  ············· 17, 19, 122, 235, 238, 407, 422
イメージコントロール ························· 284
インデックス ·························· 230, 231, 236
インデント ······························· 23, 343

インプットボックス ························· 5, 47
   入力された文字列を取得 ················· 48
   表示 ·· 48

●う

ウォッチウィンドウ ····················· 170, 173
ウォッチ式 ······································ 170
   削除 ·· 174
   追加 ·· 170

●え

エラーハンドラー ············ 103, 106, 140, 169
エラーハンドリング ··························· 119
演算子 ··· 35
エンドポイント ················ 209, 221, 222, 238

●お

オブジェクト ···································· 28
   参照 ·· 86
   参照を取得 ································· 86
   参照を代入 ································· 87
   生成 ······································· 220
   プロパティを使う ·························· 34
オブジェクト型変数 ······················ 87, 220
オブジェクトの配置 ····················· 149, 150
オブジェクトボックス ················ 18, 19, 303

●か

カーソル行の前まで実行 ······················ 66
改行 ··· 77
改行コード ·········· 215, 216, 232, 236, 399, 404
改行文字 ·· 215
[開発] タブ ································· 13, 15
カウンター変数 ································· 340
角かっこ（[]） ····················· 217, 223, 406
型 ··· 43, 232
かっこ（()） ········ 36, 47, 109, 147, 230, 343
カラーパレット ································· 289
空の文字列（""） ····· 52, 64, 236, 263, 315, 399, 411
関数 ··· 28
感嘆符（!） ···································· 317

●き

キー ·································· 200, 218, 391
既定のイベント ································· 311
既定のボタン ··································· 295
キャンセルボタン ······························ 295

索 引

行番号を取得 ……………………………………… 159
行連結文字 …………………………………… 77, 225

●く

組み込み定数 ………………………… 57, 107, 257
繰り返し構文 ………………………… 93, 226, 340
繰り返し処理 ……………………………………… 92

●こ

構文エラー ………………………………………… 93
コード ……………………………………………… 20
コードウィンドウ ………… 17, 18, 44, 131, 303
[コードの表示] ボタン …………………………… 61
コピー …………………………………………… 129
コマンドボタンコントロール ………………… 293
　　Cancel プロパティ ……………………… 295
　　Click イベント …………………… 310, 311
　　Default プロパティ ……………………… 295
コメント ………………………… 68, 70, 408
　　解除 …………………………………………… 70
コレクション ……………………………………… 86
コロン（:）…………………… 83, 96, 103, 200
コンテンツの有効化 ……………………………… 27
コントロール …………………………………… 278
　　削除 ………………………………………… 286
　　選択 ………………………………………… 150
コンマ（,）………………… 75, 200, 230, 318, 405

●さ

最終値 …………………………………………… 340
サブルーチン …………………………………… 258
参照設定 ………………………………… 203, 250
サンプルファイルのダウンロードと使い方 … (3), 9, 35, 81

●し

シークレットキー ………………… 192, 221, 237, 421
式 ………………………………………………… 52
自然言語処理 ……………………………………… 4
実行 ……………………………………………… 23
実行時エラー …… 93, 102, 106, 117, 121, 140, 141
自動クイックヒント …………………… 40, 115
自動データヒント …………………………… 64
自動メンバー表示 ……………………………… 41
集計行 ……………………………………… 6, 116
小計 …………………………………………… 116
小計関数 ……………………………………… 116
条件式 ………………………… 51, 53, 226, 378

条件分岐構文 ……………………………… 51, 52
初期設定 ………………………………………… 253
初期値 …………………………………………… 340
シングルクォーテーション（'）……………… 68

●す

数字 ……………………………………………… 42
数値 ……………………………………………… 42
[図形の書式] タブ ……………………………… 149
スコープ …………………………………… 91, 249
ステータスライン（ステータス行）………… 226
ステートメント ………………………… 28, 52
ステップイン …………………………… 65, 66
ステップ実行 …………………………………… 63
スラッシュ（/）………………………………… 108

●せ

正規表現 ………………………………………… 317
セキュリティの警告 …………………… 26, 30
セミコロン（;）………………………………… 96
セル ……………………………………………… 33
　　参照 …………………………………………… 33
　　文字を入力 ………………………………… 34
　　文字を表示 ………………………………… 36
セル範囲 …………………………………… 33, 96
　　初期化 …………………………………… 255
全角ひらがなモード …………………… 292, 308
宣言 ……………………………………………… 43
全体一致 ………………………………………… 157

●そ

増減値 …………………………………………… 340
操作対象のブックを取得 ……………………… 85
ソート …………………………………………… 107

●た

待機 ……………………………………………… 227
　　秒単位 ……………………………………… 370
　　ミリ秒単位 ………………………………… 369
代入 ……………………………………………… 34
代入演算子 ……………………………… 35, 43
タブオーダー …………………………… 298, 307
ダブルクォーテーション（"）
　… 22, 34, 35, 46, 200, 217, 223, 225, 231, 236

●ち

中断時の行の色を変更 ………………………… 63

索　引　**429**

索引

●つ
ツールバー ······································ 17
ツールボックス ······························ 278

●て
定数 ·· 88
　宣言 ······································ 208, 210
テーブル ·································· 7, 138
　空のテーブルを作成 ····················· 144
　検索 ·· 156
　削除 ·· 165
　作成 ································ 143, 146
　設定を解除 ························ 141, 142
テーブルスタイル ············ 144, 147, 153
テーブル名 ···················· 144, 147
テキストファイルを読み込む ············· 96
テキストボックスコントロール ··· 291, 307, 313
　SetFocus メソッド ····················· 313
　Text プロパティ ····················· 315
　文字列を参照 ························· 335
デバッグ ·································· 58, 170
デバッグ情報 ····························· 122
デフォルトボタン ······················· 295

●と
等号（=） ··························· 34, 83
動作確認 ································· 380
トークン ························ 181, 393, 394
［閉じる］ボタン ······················· 324
トラストセンター ······················· 30

●な
名前付き引数 ················ 83, 113, 115
波かっこ（{}） ··························· 403
並べ替え ···························· 107, 110

●に
入力カーソル ···················· 313, 316
入力フォーカス ························· 340

●は
パース（パーシング） ··················· 237
背景画像 ······················ 275, 276
配列 ······························ 116, 230
配列型変数 ····························· 230
パラメーター ····························· 338
貼り付け ································· 132

●ひ
ハンドル ································· 136
比較演算子 ·········· 52, 227, 231, 232, 351
引数 ······························ 47, 338
ピクチャの読み込み ············ 275, 276
否定 ····································· 317
表示位置 ······················ 280, 304
標準モジュール ············ 18, 20, 38
ピリオド（.） ········· 28, 34, 109, 113, 306, 340, 360

●ふ
ファイルフィルター文字列 ················ 76
［ファイルを開く］ダイアログボックス ········· 75
　表示 ····································· 77
　戻り値 ································· 76
フォーカス ···················· 313, 315
部分一致 ································· 157
フラグ ··································· 333
ブレークポイント ················ 60, 62
　解除 ····································· 67
プログラム ······························ 20
プロシージャ ···················· 21, 407
　途中で変数を宣言 ····················· 160
　フォームコントロールから呼び出す ········· 387
　呼び出す ······························ 258
プロシージャボックス ············ 18, 22, 303
プロシージャ名 ············ 21, 22, 36
プロジェクト ······························ 18
プロジェクトエクスプローラー ······· 17, 18, 38
ブロック ··································· 52
プロトコル ······························ 219
プロパティ ······························ 28
プロパティウィンドウ
　············· 17, 19, 77, 273, 281, 284, 295

●へ
ヘルプ ··································· 225
［編集］ツールバー ······················· 62
変数 ····································· 43
　宣言 ······························ 43, 46
　宣言を強制 ······················ 58, 207
　文字列を代入 ························· 43
変数名 ······························ 43, 46

●ほ
ポイント ································· 284

索 引

ボタン …………………………… 134, 137, 148, 239

●ま
マージンインジケーターバー ……………… 18, 60, 62, 63
マクロの登録 ………… 135, 152, 162, 167, 239, 387
マクロの保存先 ……………………………………… 135
マクロ有効ブック …………………… 24, 26, 38, 81, 134

●み
見出し行 …………………………………… 144, 147

●め
メインプロシージャ ………………………………… 251
メソッド …………………………………………… 28
メッセージ …… 212, 214, 217, 391, 395, 401, 404
　構造 ……………………………………………… 217
メッセージボックス …………………………… 22, 46
　表示 …………………………………………… 22
メニューバー ……………………………………… 17
メンバー ………………………………………… 116

●も
モジュール ………………………………………… 20
モジュール名 …………………………………… 60
モジュールレベル定数 ……… 247, 248, 253, 254, 256
モジュールレベル変数 ……………… 249, 395, 398, 403
文字列 …………………………………… 42, 46, 287
　取得 …………………………………………… 44
　分割 …………………………………………… 229
戻り値 ………………………………………… 48, 109

●ゆ
ユーザーフォーム …………………… 271, 273, 311
　Height プロパティ ……………………………… 273
　Hide メソッド ……………………… 312, 315, 319
　Initialize イベント ……………………………… 303
　Picture プロパティ …………………………… 275
　QueryClose イベント ………………………… 324
　Show メソッド …………………………… 331, 332
　Tag プロパティ ……………… 313, 315, 319, 333
　Unload メソッド ……………………………… 331
　Width プロパティ ……………………………… 273
　終了 …………………………………………… 331
　消去 ……………………………… 313, 315, 319
　初期化 ……………………………………… 303, 304
　表示 …………………………………………… 331
ユーザーフォームウィンドウ …………………… 272

●よ
要件定義 …………………………………………… 246
要素 ……………………………………………… 230

●ら
ラベルコントロール ………… 278, 280, 282, 285, 287
　AutoSize プロパティ …………………………… 186
　BackStyle プロパティ ………………………… 282
　Caption プロパティ ……………………… 285, 287
　Font プロパティ ……………………………… 287
　ForeColor プロパティ …………………… 287, 307
　Height プロパティ …………………………… 280
　Left プロパティ ……………………………… 280
　Picture プロパティ …………………………… 282
　Top プロパティ ……………………………… 280
　Width プロパティ ……………………………… 280

●り
リクエスト ……………………………… 203, 391, 396
リクエストヘッダー …………… 221, 222, 238, 394
リクエストボディ ……… 221, 223, 225, 391, 394, 396
リクエストライン（リクエスト行） ………………… 221
リテラル値 …………………………………… 35, 46, 88

●る
ループ処理 ………………………………………… 92

●れ
例外処理 …………………………………………… 119
レスポンス ……………………………… 203, 391, 396
レスポンスヘッダー …………………………… 226
レスポンスボディ ……………………………… 226
列挙型 …………………………………………… 116
列挙体 …………………………………………… 116
列番号を取得 …………………………………… 371
連結演算子 ……………………………………… 83, 216

●ろ
論理演算子 ………………………………………… 367
論理型 …………………………………………… 366
論理否定 …………………………………………… 367

●わ
ワークシート名 ………………………………… 91, 92
ワークシートを追加 …………………………… 86, 88
ワイルドカードフィルター文字列 ………………… 76

索　引 **431**

●著者紹介

Hello Chipmunk　池谷 京子（いけたに きょうこ）

三重県出身。初めての原稿料を受け取ったのは大学生のとき。筑波大学で民俗学を専攻し、温泉地や観光地でフィールドワークを体験する。大学卒業後は一部上場企業にSEとして勤め、連日の残業と休日出勤をこなしたのち、中学校でパソコン講師を務め子供たちに癒される。任期満了後、IT系ベンチャー企業でのIT系書籍の執筆とシステム開発を経てフリーランスライターとなる。主な著書は『ひと目でわかるExcel VBAアプリケーション開発入門』（日経BP）、『現場ですぐに使える！ Swift逆引き大全555の極意』（共著、秀和システム）など。

● 本書についての最新情報、訂正情報、重要なお知らせについては、下記Webページを開き、書名もしくはISBNで検索してください。ISBNで検索する際はハイフン (-) を抜いて入力してください。

https://bookplus.nikkei.com/catalog/

● 本書に掲載した内容についてのお問い合わせは、下記Webページのお問い合わせフォームからお送りください。郵便、電話、およびファクシミリによるご質問には一切応じておりません。なお、本書の範囲を超えるご質問にはお答えできませんので、あらかじめご了承ください。ご質問の内容によっては、回答に日数を要する場合があります。

https://nkbp.jp/booksQA

● ソフトウェアの機能や操作方法に関するご質問は、ソフトウェア発売元または提供元の製品サポート窓口へお問い合わせください。

作って学べるExcel VBA ＋ ChatGPT APIの基本

2025年3月17日　初版第1刷発行

著　　　者	池谷 京子
発 行 者	中川 ヒロミ
編　　　集	安東 一真
編集協力	生田目 千恵
発　　　行	株式会社日経BP 東京都港区虎ノ門4-3-12　〒105-8308
発　　　売	株式会社日経BPマーケティング 東京都港区虎ノ門4-3-12　〒105-8308
装　　　丁	小口 翔平＋佐々木 信博（tobufune）
DTP制作	株式会社シンクス
印刷・製本	TOPPANクロレ株式会社

本書に記載している会社名および製品名は、各社の商標または登録商標です。なお、本文中に™、®マークは明記しておりません。

本書の例題または画面で使用している会社名、氏名、他のデータは、一部を除いてすべて架空のものです。

本書の無断複写・複製（コピー等）は著作権法上の例外を除き、禁じられています。購入者以外の第三者による電子データ化および電子書籍化は、私的使用を含め一切認められておりません。

本書のサンプルアプリは学習目的で提供しています。サンプルアプリの著作権は著者に帰属しており、有償、無償を問わず、いかなる方法でも配布、公開を禁じます。

© 2025 Kyoko IKETANI

ISBN978-4-296-08037-3　　Printed in Japan